Burgen und Schlösser in Unterfranken

Burgen und Schlösser
in Unterfranken
Das Buch zur Serie der Mediengruppe Main-Post

ISBN 978-3-925232-61-9

© Main-Post, Würzburg 2008
Mediengruppe Main-Post GmbH

Autoren:

Martina Amkreutz-Götz, Kathrin Beck, Markhard Brunecker, Stefan Burkard, Wolfgang Dehm, Ursula Düring, Silvia Eidel, Siegfried Farkas, Michael Fillies, Norbert Finster, Dr. Roland Flade, Alfred Gehring, Klaus Gimmler, Katja Glatzer-Hellmond, Helmut Glauch, Eckhard Heise, Ralph Heringlehner, Wolfgang Hess, Patricia Kaspar, Eva-Maria Kess, Inken Kleibömer, Claudia Kneifel, Alfred Kordwig, Stefan Kritzer, Silke Kurzai, Gerd Landgraf, Eike Lenz, Ursula Lippold, Bianca Löbbert, Michael Mahr, Uschi Merten, Michael Petzold, Thomas Pfeuffer, Helmut Rienecker, Josef Schäfer, Andrea Schartner, Torsten Schleicher, Herbert Schlerf, German Schneider, Siegfried Sebelka, Irene Spiegel, Tilman Toepfer, Regina Urbon, Susanne Wiedemann, Alois Wohlfahrt

Redaktion:

Andrea Czygan, Ursula Düring, Claudia Kneifel

Konzeption und Gestaltung:

Wiebke Höpfert, Rainer Sterzbach

Druck und Weiterverarbeitung:

Konrad Triltsch, Ochsenfurt-Hohestadt

Inhaltsverzeichnis

Vorwort 9

■ WÜRZBURG

Der Palast des Sonnenkönigs von Würzburg 11
– Residenz –
Adelsgeschichten aus Reichenberg 14
– Schloss Reichenberg –
Der Schatz der Reichelsburg 16
– Reichelsburg –
Durch die Weinberge auf die Festung 18
– Festung Marienberg –
Wo Geigen erklingen 22
– Wasserschloss Erlach –
Ein Ritter und sein Richtschwert 24
– Schloss Grumbach –
Befestigungsanlage wird Museum 26
– Ochsenfurter Schlössle –
Vom Jagdhaus zum Lustschloss 28
– Schloss Veitshöchheim –
Ein Mekka für Floriansjünger 32
– Schloss Waldmannshofen –
Von der Burg zur Freilichtbühne 34
– Burg Brattenstein –

■ KITZINGEN

Wo Tradition nicht alles ist 37
– Schloss Castell und Schloss Rüdenhausen –
Junge Stimmen in alten Mauern 40
– Schloss Gaibach –
Swing, Jazz und Oldies 42
– Schloss Hallburg –
Wo Ruhe und Frieden herrschen 44
– Schloss Schwanberg –
Eine Kulisse für Hitchcock 48
– Ruine Wässerndorf –
Die Wiege des Öko-Weinbaus 50
– Vogelsburg –

■ MAIN-SPESSART

Die Fußstapfen der Kunigunde 53
– Burgruine Homburg –
Wo Ritter Hamann Hirsche jagte 56
– Wasserschloss Mespelbrunn –
Wo Schneewittchens Wiege stand 58
– Schloss Lohr –
Steinernes Zeugnis der Zeit 60
– Ruine Karlsburg –
Ein Schloss mit vielen Gesichtern 64
– Schlossanlage Thüngen –
Eine Ruine als Kulturhochburg 66
– Ruine Scherenburg –
Altes Gemäuer im schmucken Park 68
– Neues Schloss Burgsinn –

■ SCHWEINFURT

Gute Besserung in prächtigem Barock – Schloss Werneck –	71
Die mächtige Burg am Main – Peterstirn –	74
Der Förster und die Folterkammer – Schloss Sulzheim –	76
Vom Haarwunder und Pfarrer Braun – Schloss Mainberg –	78
Ein Ort der Stille – Schloss Craheim –	82
Die Landwirtschaft gibt den Ton an – Schloss Obbach –	84
Alter Charme mit neuem Glanz – Schloss Euerbach –	86
Die sicherste Burg im ganzen Bistum – Burg Zabelstein –	88
Kulturtempel im barocken Gemäuer – Schloss Zeilitzheim –	90

■ BAD KISSINGEN

Warum Graf Luxburg sein Vermögen verschenkte – Schloss Aschach –	93
Ein letzter idyllischer Sommer – Fürstenhof –	96
Der doppelte Untergang – Ruine Werberg –	98
Offenes Tor für Alte und Kranke – Schloss Römershag –	100

Kein Schloss und trotzdem königlich – Regentenbau –	102
Vom Schloss, das eine Burg ist – Schloss Saaleck –	106
Die große Liebe zum Mittelalter – Ruine Botenlaube und Trimburg –	108
Stolze Ritter hinter dicken Mauern – Münnerstädter Schloss –	112

■ HASSBERGE

Im Land der Burgen, Schlösser und Ruinen – Burgen- und Schlösser-Wanderweg –	115
Von der Ruine zum Prachtschloss – Schloss Oberschwappach –	118
Die »Frecker« von Altenstein – Burgruine Altenstein –	120
Der Schatz von Raueneck – Ruine Raueneck –	122
Der mystischste Ort der Haßberge – Burgruine Rotenhan –	124
Wo sich einst die Dichter trafen – Bettenburg –	126
Neues Leben im Wasserschloss – Schloss Burgpreppach –	128
Burgvogt zu sein, ist Lebensaufgabe – Stauferburg Königsberg –	130
Von der Ruine zur Villa – Schloss Birkenfeld –	132
»Das Herz der Haßberge« – Ruine Bramberg –	134

■ Inhaltsverzeichnis

»Wie in einem Haus – nur schöner!«   136
– Schloss Friesenhausen –
»Mosaikstein der Zeiler Geschichte«   138
– Burg Schmachtenberg –

■ RHÖN-GRABFELD

Dornröschens zweites Erwachen   141
– Ruine Osterburg –
Geschichten über Geschick und Glück   144
– Wasserschloss Irmelshausen –
Frische Kunst in alten Mauern   146
– Wasserschloss Kleinbardorf –
Fürstlich schmausen bei Gaslicht   150
– Jagdschloss Holzberghof –
Vom Bischof und seinen Lüsten   152
– Ruine Lichtenburg –
Wo man Pfeifen singen lässt   154
– Schloss Hanstein –
Machtzentrum in der Rhön   156
– Salzburg –
An Silvester ins Schloss verliebt   158
– Wasserschloss Unsleben –
Vier Türme für vier Jahreszeiten   160
– Schloss Sternberg –
Hölderlins schlaflose Nächte   162
– Schloss Waltershausen –

■ UMGEBUNG

Puder und Parfüm für perfekte Prinzessinnen   167
– Schloss Weikersheim –
Gottes Auge hinter trutziger Mauer   170
– Deutschordensmuseum –
Heiße Liebe auf der roten Ruine   172
– Burg Wertheim –
Ein Bergfried wie von Riesen erbaut   174
– Burg Colmberg –
Wachgeküsst wie einst Dornröschen   176
– Heldburg –
Montagssänger auf der Milseburg   178
– Milseburg –
Der Koloss über dem Main   182
– Schloss Johannisburg –
Ein Fürst und seine Liebe zur Kunst   186
– Schloss Weißenstein –

Bildnachweise   189

Vorwort

Claudia Kneifel

Ein Wehrturm mit vier Meter dicken Mauern, Kellerverliese, schummrige Gänge, prunkvolle Säle, Deckenmalerei in Schwindel erregender Höhe: Willkommen in der Vergangenheit. Willkommen in der Geschichte Mainfrankens. Willkommen in der Welt der Burgen und Schlösser. In diesem Buch öffnen wir für Sie 70 solcher Prachtbauten und Herrschaftshäuser.

Bis es zur Veröffentlichung der Zeitungsserie und später zur Entstehung des Buches kam, war es ein langer Weg. Fast ein Jahr lang haben die Kolleginnen und Kollegen vor Ort schon recherchiert und fotografiert, bis die Serie »Burgen und Schlösser in Unterfranken« im Sommer 2008 an den Start gehen konnte.

Natürlich finden die Residenz in Würzburg, Schloss Weikersheim oder Schloss Johannisburg in Aschaffenburg genauso Beachtung wie kleinere Adelssitze, die zum Teil auch heute noch in Privatbesitz sind. Einige Familien des fränkischen Uradels – wie Ferdinand Erbgraf zu Castell-Castell oder die 90-jährige Ruth Freifrau von Thüngen – haben ihre Tore für uns geöffnet. Auch unbewohnbare Gemäuer wie die Burg Brattenstein im Landkreis Würzburg, die heute ein bekanntes Freilichttheater, die Festspiele Röttingen beherbergt, finden in diesem Buch Beachtung.

Welche Funktion hatten Burgen überhaupt? Auf wie viele Residenz-Zimmer hatte zu Zeiten der Fürstbischöfe ein Gast Anspruch? Wer wohnt eigentlich im Schloss Reichenberg im Landkreis Würzburg? Und wie lernt und lebt es sich im Internat Schloss Gaibach? Was ist das Besondere an der Salzburg in Bad Neustadt?

Viele weltliche und geistliche Herren prägten unsere Region mit ihren Herrschaftsgebäuden. Wir lüften die Geheimnisse, die hinter den dicken Mauern Unterfrankens schlummern. Zu jedem Schloss finden Sie Ausflugstipps sowie Vorschläge für Wanderungen und Radtouren. Natürlich kommen auch Familien mit Kindern nicht zu kurz – für sie gibt's häufig spezielle Informationen in Sachen Ausflüge. Und wo man besonders gut einkehren kann, erfahren die Leser selbstverständlich ebenfalls.

Das Buch ist in verschiedene Kapitel nach Landkreisen gegliedert. Den Anfang macht der Prachtbau Nummer eins: die Würzburger Residenz. Nach dem Besuch bei der Königin der Barockbauten, geht es über die Landkreise Würzburg, Kitzingen, Main-Spessart, Schweinfurt weiter nach Bad Kissingen, in die Haßberge bis in den Landkreis Rhön-Grabfeld. Natürlich werfen wir auch einen Blick ins benachbarte Baden-Württemberg, nach Hessen und nach Thüringen.

In diesem Buch finden Sie einige Schlösser, die wir in der Zeitungsserie noch nicht vorgestellt haben. Historische Häuser begeistern die Menschen, das haben wir in diesem Sommer bemerkt. Nun wünsche ich Ihnen viel Freude mit dem Buch und viel Spaß beim Reisen und Entdecken.

Ein Buch wie dieses zu produzieren, ist natürlich eine Menge Arbeit und kann nur funktionieren, wenn alle Redaktionen zusammenarbeiten.

Für die 70 Beiträge waren etwa genauso viele Kolleginnen und Kollegen zuständig. An alle Autoren und Fotografen ein ganz herzliches Dankeschön.

Andrea Czygan, Ursula Düring haben beim Lektorat geholfen, und sich von redaktioneller Seite um die Buchproduktion gekümmert.

Wiebke Höpfert war verantwortlich für das Layout und die Gesamtgestaltung des Buches. Jutta Glöckner hat alle Infografiken erstellt. Danke auch an alle, die mit der Serie und dem Buch zu tun hatten und dieses Buch überhaupt ermöglicht haben: Helga Werner, Ute Schlichting, Sabine Dähn-Siegel, Manuela Grimm, Martin Hauschild, Peter Weidner und Gerlinde Hartel.

Der Palast des Sonnenkönigs von Würzburg

Die Residenz ist weltweit eines der wichtigsten Barockbauwerke – berühmt auch durch die Fresken von Tiepolo

Ralph Heringlehner

Der Würzburger Fürstbischof war ein kleiner Sonnenkönig. Das wollte er auch nach außen demonstrieren: Aus seiner Residenz machte er die Königin der Barockbauten.

»Das ist Architektur von Weltrang. Da kann Würzburg mit allen Metropolen mithalten«, urteilt Stefan Kummer, Professor für Kunstgeschichte an der Würzburger Universität. Das von Balthasar Neumann zwischen 1720 und 1744 gebaute Schloss legt Zeugnis ab vom Geist des Barock wie kein anderes Bauwerk in Europa. Die Residenz markiert einen Höhepunkt barocker Architektur und setzt gleichzeitig einen Schlussstrich unter jene Epoche, die Kunstgeschichtler auf die Zeit zwischen 1600 und etwa 1750 datieren.

Das Zeitalter des Barock war auch das Zeitalter der absolutistischen Herrscher. Die wollten mit ihren Schlössern auch Reichtum und Macht demonstrieren. Vorbild war Versailles: Die meisten Schlösser hatten mindestens einen Hauch von dem Prunkschloss Ludwigs XIV. (1638–1715), dem Prototypen des absolutistischen Herrschers.

Auch der Fürstbischof in Würzburg war mächtiger weltlicher Herrscher, Zentralgestirn eines Hofstaates und ein kleiner Sonnenkönig, der seine Größe nach außen zeigen wollte. Beim Bau seiner Residenz wurde also geklotzt und nicht gekleckert. Der Palast verschlang 1,5 Millionen Gulden. Eine gewaltige Summe: Ein Arbeiter verdiente einen Gulden pro Woche.

Sinnbild göttlicher Ordnung

Das Würzburger Schloss ist 170 Meter breit und 90 Meter tief – wahrhaft fürstliche Ausmaße. Von Versailles übernahm Baumeister Neumann die Grundform mit den beiden auf den Residenzplatz vorspringenden Flügeln, die vor dem Eingang einen tiefen Ehrenhof bilden. Zeitgenossen erschraken: »Viel zu groß und viel zu kostbar« sei das Bauwerk, fand Lothar Franz von Schönborn. Dabei hatte der Fürstbischof von Bamberg nur den Rohbau des Nordflügels gesehen…

Die Größe der Residenz wurde aber nicht nur vom gewünschten Show-Effekt diktiert. »Es gab ein strenges Zeremoniell, wie Gäste unterzubringen waren«, erklärt Stefan Kummer. Je nach Rang und Stand hatte ein Gast Anspruch auf eine bestimmte Anzahl von Räumen für sich und sein Gefolge. Auch die Gattin des Gastes – die getrennt vom Mann logierte – hatte festgelegte Ansprüche. Für den Kaiser gar musste eine ganz besondere Zimmerflucht samt »Kaisersaal«, der zurzeit restauriert wird, bereitstehen.

»Die Raumfolge – Vestibül, Treppenhaus, Weißer Saal, Kaisersaal – ist eine der großartigsten, die je im Schlossbau ersonnen wurden«, wirbt die Bayerische Schlösserverwaltung. Drei Generationen von Künstlern und Kunsthandwerkern aus Europa schufen eine

Das Leben ist ein Fest: die Residenz, vom Hofgarten aus. Wunderbar. Das Mozartfest gehört zur Residenz einfach dazu.

Öffnungszeiten

April bis Oktober täglich 9 bis 18 Uhr (Kassenschluss 17.30 Uhr); November bis März täglich 10 bis 16.30 Uhr (Kassenschluss 16 Uhr).

Kontakt

Schloss- und Gartenverwaltung
☎ (0931) 35517-0
www.residenz-wuerzburg.de

Martin-von-Wagner-Museum

Im Südflügel der Residenz befinden sich das Martin-von-Wagner-Museum mit Gemäldesammlung (Dienstag bis Samstag und jeden zweiten Sonntag 10 bis 13.30 Uhr), Antikensammlung (Dienstag bis Samstag 13.30 bis 17, sonntags im 14-tägigen Wechsel 10 bis 13.30 Uhr).

Hofkirche

Die Hofkirche der Residenz, geplant von Balthasar Neumann und dekoriert von Lucas von Hildebrandt, ist einer der vollkommensten Sakralbauten des 18. Jahrhunderts in Deutschland. Sie ist über den Residenzplatz zugänglich.

Innenausstattung, die seinerzeit unübertroffen war. Die Glanzlichter – und fast schon den Schlusspunkt – der Innendekoration setzte Giovanni Battista Tiepolo, der große venezianische Maler, mit seinen 1751 bis 1753 entstandenen Deckenfresken im Kaisersaal und im Treppenhaus. Die Anhäufung scheinbar regelloser und unübersichtlicher Schnörkel in den Zimmern überwältigt den Besucher – das Schloss ist der Öffentlichkeit seit 1921 zugänglich. Doch hinter vermeintlicher Wirrnis steckt Ordnung: Künstler gaben damit barocker Weltsicht in Stein und Stuck, auf Gemälden und in Skulpturen Ausdruck. Der barocke Mensch war überzeugt, dass hinter allem ein göttlicher Plan steckt. Mag die Welt auch noch so kompliziert aussehen.

Das Leben ist ein Fest

Zudem strebten zumindest die Reichen und Mächtigen jener Epoche nach Schönheit. Schönheit schuf die Kunst. Durch künstlerische Gestaltung wollte man dem Leben möglichst viele schöne Seiten abgewinnen. Die Fassade der Residenz signalisiert in ihrer Pracht auch: »Das Leben ist ein Fest.«

Die Front der Würzburger Residenz wurde zum Dom ausgerichtet. Der Vorgänger-Bau, das sogenannte Schlösschen, hatte schräg auf dem Platz gestanden, die Fassade in Richtung der heutigen Theaterstraße gezeigt. Von der neuen Residenz aus wurde im rechten Winkel die Hofstraße gezogen. Sie trifft auf die barocke Schönbornkapelle, die Balthasar Neumann an der Nordostecke des im Grunde romanischen Doms anfügte.

Das Gesamtkonzept der Residenz bezieht einen mit Zirkel und Lineal gezogenen Garten ein. Der Hofgarten dient nicht nur zum Flanieren. Er ist heute auch Kulisse für die über die Republik hinaus bekannten Nachtmusiken des Mozartfestes.

Der Bau der Würzburger Residenz erzählt auch von den Lebensumständen in der ersten Hälfte des 18. Jahrhunderts. Dass seinerzeit daran gedacht werden konnte, Regierungssitz und Wohnung des Würzburger Fürstbischofs in die Stadt zu verlegen, zeige, so Kummer, dass der Staat durchorganisiert war, dass die Polizei wieder funktionierte, dass die Gesellschaft ins Lot kam. Zuvor hatte sich der Fürstbischof hinter den Mauern der Festung verschanzen müssen. Die Zeiten waren offenbar sicherer geworden.

Als die Residenz 1780 endlich komplett ausgestattet war, hatte sich die Epoche eigentlich überlebt, die glanzvollen Zeiten der Fürstbischöfe waren passé. Die Säkularisation, also die Überführung von Herrschaftsgebieten der Kirche in den Besitz des weltlichen Staates und die Auflösung der kirchlichen Herrschaft, bedeutete 1803 das Ende des Fürstbistums Würzburg. 1814 fiel Würzburg endgültig an das Königreich Bayern.

Die Bombennacht

Die Residenz – sie wurde im Vorjahr von 338 400 Besuchern besichtigt – gewährt noch heute einen Einblick in jene Zeit. Und sie zeigt, wie Kunst und der gemeinsame Wille, sie zu erhalten, auch Kriege überlebt. Nach den schweren Luftangriffen am 16. März 1945 brannte das Bauwerk fast völlig aus. Verschont blieb nur das Herzstück – Vestibül, Gartensaal, Weißer Saal, Kaisersaal und Treppenhaus samt Tiepolo-Fresko.

Der Wiederaufbau, eine kunsthandwerkliche Meisterleistung, dauerte bis 1987 und verschlang rund 20 Millionen Euro. 1981 wurde die Residenz von der Unesco als »Weltkulturerbe« eingestuft.

Adelsgeschichten aus Reichenberg

Die Reichsfreiherren und Grafen von Wolffskeel zählen zum fränkischen Uradel

Eva-Maria Kess

Schloss Reichenberg

Schloss Reichenberg im Landkreis Würzburg war 1629 Schauplatz einer Hexenverbrennung, die der Schlossherr zu verhindern suchte. Wolf Bartholomäus Wolfskeel brachte dem »Wolffskeel-Ländle« den protestantischen Glauben. Heute sorgt Schlossherr Christoph von Seydlitz-Wolffskeel für umweltfreundlich geheizte Schlossräume.

Weit über 800 Jahre können die Wolffskeels ihren Stammbaum zurückverfolgen. Das Schloss in Reichenberg erwarb Ritter Eberhard von Wolfskeel 1376 als Lehenssitz. Seitdem nennt sich die Familie, die zum fränkischen Uradel zählt, Wolfskeel von Reichenberg. Reichenberg wurde zum Hauptsitz im »Wolffskeel-Ländle« südlich von Würzburg, zu dem bald auch Rottenbauer, Hattenhausen, Lindflur, Albertshausen, Uengershausen und Geroldshausen als Lehen gehörten.

Heute dient der Nordbau im Renaissance-Stil mit Fachwerkteilen aus dem 17. Jahrhundert der Familie von Seydlitz-Wolffskeel als Wohnhaus. Im Gewölbekeller des Südflügels, der zu den ältesten Teilen der Schlossanlage gehört, finden ab und zu Konzerte statt.

Schloss Reichenberg liegt dominant auf einem Felssporn über Reichenberg. Die Herrschaft der Wolfskeels prägte die Gegend über Jahrhunderte. Etwa, als Wolf Bartholomäus Wolfskeel (1535 bis 1605) in der Zeit der Gegenreformation Streit mit dem Würzburger Fürstbischof Julius Echter bekam und mit seiner Familie um 1580 dem protestantischen Glauben bei-

Schlossbesitzer: Karin und Christoph v. Seydlitz-Wolffskeel.

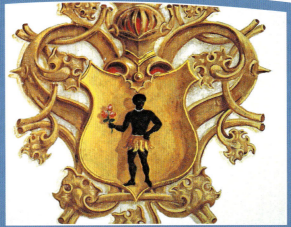

Das Wappen: ein Mohr mit drei Rosen.

Blick in das Wohnzimmer der Familie.

Würzburg

Öffnungszeiten
Schloss Reichenberg ist in Privatbesitz und nur auf Anfrage zu besichtigen.

Ausflugstipp
Im nahegelegenen Guttenberger Forst gibt es schöne Wanderwege und einen Walderlebnispfad für die ganze Familie.
Das Forsthaus Guttenberg lädt zur Einkehr ein: ☎ (0 93 06) 13 23

Anfahrt
Der Weg nach Reichenberg führt von Würzburg aus über die B 19 in südlicher Richtung, Abzweigung Reichenberg. Das Schloss liegt gleich rechts nach der Tierklinik.

Wald-Erlebnispfad
Entlang des zwei Kilometer langen Pfades, der auch mit Kinderwagen oder Rollstuhl besucht werden kann, sind in lockerer Folge zwölf Stationen angelegt. Diese bieten nicht nur Kindern jede Menge Spaß und Aktionen, sondern auch Erholung für die Erwachsenen. Es gibt auch eine »kleine Runde«, sie dauert etwa eine Stunde.

trat. Weil damals des Fürsten Glauben auch der des Volkes sein musste, sind die Dörfer im Wolffskeel-Ländle evangelisch-lutherisch.

Besonders dramatisch spitzten sich die Auseinandersetzungen zwischen dem katholischen Hochstift Würzburg und den evangelischen Wolfskeels zu, als Hans Erhard von Wolfskeel sich schützend vor die Tochter eines Uengershäuser Schäfers stellen wollte. Der vom Hexenverfolgungswahn getriebene Bischof Philipp Adolf von Ehrenberg ließ dem Mädchen unter der Folter ein Geständnis abringen, das sie der Hexerei überführte. Erhard wurde gezwungen, die Verbrennung der angeblichen Hexe im Schlosshof von Reichenberg zu vollziehen.

Wie sein Vorbild Wolf Bartholomäus übernahm auch Christoph von Seydlitz-Wolffskeel die Verantwortung für sein Erbe bereits als knapp 18-Jähriger von seiner Mutter, Gräfin Emma-Sophie (1921 bis 2000). Die begeisterte Reiterin machte Schloss Reichenberg zu einem Zentrum des Reitsports. Das Schloss ist seitdem Lebensaufgabe und Verpflichtung für Christoph und Karin von Seydlitz-Wolffskeel, die für die Restaurierungsarbeiten 1997 mit der Denkmalschutzmedaille des Bayerischen Kultusministeriums ausgezeichnet wurden. Geheizt wird mit einer umweltfreundlichen Holzhackschnitzelheizung.

Übrigens: Das zweite »f« im Namen Wolffskeel erwarb einer der bedeutendsten Familienoberhäupter, Graf Karl, im Dienste des Prinzregenten Luitpold von Bayern. Der erhob seinen treuen, einflussreichen Oberst-hofstallmeister und engen Vertrauten 1901 in den Grafenstand. Und dieser erhöhte Stand wurde mit dem zweiten »f« im Namen angedeutet.

Von Grün überwuchert ist die Fassade von Schloss Reichenberg, das während des Bauernkrieges zerstört wurde. Es erhielt seine heutige Form im 16. Jahrhundert und wurde im 19. Jahrhundert erweitert.

Der Schatz der Reichelsburg

Ausgangspunkt für Wanderungen
im stillen Gollachtal

Alfred Gehring

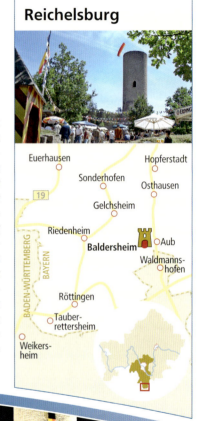

Reichelsburg

Geheimnisvoll liegt im Wald oberhalb des Gollachtals die Reichelsburg. Schon von weitem grüßt zwischen Aub und Baldersheim (Lkr. Würzburg) der Bergfried aus dem Wald. Der Turm, der heute als Aussichtsturm ausgebaut ist und im Sommer auf Anfrage bestiegen werden kann, ist Überbleibsel einer mittelalterlichen Burganlage.

Die Hohenlohische Burg wurde 1230 erstmals als »Reigirberc« urkundlich erwähnt, später gelangte sie in den Besitz des Hochstifts Würzburg. In der ersten Hälfte des 19. Jahrhunderts wurde die Anlage von den Bewohnern der umliegenden Orte »ausgeschlachtet«, die Steine wurden für den Bau eigener Gebäude verwendet.

Der Truchseß hält Hof

1900 machte sich der Verschönerungsverein Aub daran, die Reste der Ruine zu sichern und wieder herzurichten. Heute sind neben einigen Mauerresten noch zwei Kellergewölbe erhalten.

Die meiste Zeit des Jahres liegt die Burganlage verträumt im Wald. Nur einmal im Jahr erwacht sie für ein Wochenende zu neuem Leben: Dann ist der Truchseß selbst wieder auf der Burg, hält Hof mit seinem Gefolge und begrüßt per Handschlag an der wieder errichteten Zugbrücke die Gäste. Da dröhnt an einem Abend der Sound einer Beatband zwischen den Mauerresten, da erschallt Blasmusik im Burghof, da sitzen Gäste in dem mit Lichterketten ausgeleuchteten Burghof. Das Reichelsburg-

Buntes Treiben beim Reichelsburgfest.

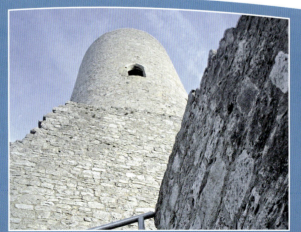
Trutzig ragt die Ruine in die Höhe.

Romantisch beleuchtet: der Bergfried.

Öffnungszeiten

Die Burgruine kann jederzeit besichtigt werden. Wer den Turm besteigen will, muss sich bei der Stadt Aub ☎ (0 93 35) 97 100 anmelden oder www.baldersheim.de

Anfahrt

Der Weg zur Reichelsburg führt über Ochsenfurt, Hopferstadt, Oellingen und Aub. Eine Alternative ist der Gaubahn-Radweg von Ochsenfurt bis zum Ortsende von Baldersheim, dort sieht man den Turm.

Wanderungen

Die Reichelsburg eignet sich für Wanderungen im Gollachtal. So ist es nicht weit bis ins nahe Aub, wo der malerische Marktplatz, die Flusslandschaft »Klein Venedig«, die Stadtpfarrkirche mit der Riemenschneidergruppe oder das Spitalmuseum einen Besuch wert sind. Nach Aub kommen Sie entweder um die Burg herum durch den Wald (breiter Waldweg) oder um den Weiher unterhalb der Reichelsburg entlang der Gollach flussaufwärts (30 Minuten).

fest findet seit den 1950er Jahren jeweils am Wochenende nach Fronleichnam statt.

Die Musikgemeinschaft Baldersheim-Burgerroth, die das Fest ausrichtet, hat sich zur Aufgabe gemacht, die Burgruinenanlage in einem ordentlichen Zustand zu erhalten. Wenn der Gast Glück hat, überraschen die Veranstalter mit einem Laientheater. Da erwacht der Teufelsschmied zu neuem Leben.

Die Sage vom Schmied

Die Geschichte des Teufelsschmiedes ist eng mit der der Reichelsburg verbunden. So liegt auf halbem Weg zwischen Reichelsburg und Kunigundenkapelle im Gollachtal die alte Teufelsschmiede, von der nur noch der alte Mühlgraben und Mauerreste zu erkennen sind. An diesem ruhigen, fast schon unheimlichen Ort lebte in der Zeit der Bauernkriege der Sage nach ein Schmied, der wie kein anderer das Eisen bearbeiten konnte. Als sich die Bauern 1525 gegen ihre Herren erhoben, fehlten ihnen Waffen. Die bestellten sie beim Schmied.

Der arbeitete Tag und Nacht, um den Auftrag zu erfüllen, und wurde trotzdem nicht fertig. Da bot sich der Teufel selbst als Schmiedegeselle an, um ihm bei der Arbeit zu helfen. Allerdings musste ihm der Schmied seine Seele verpfänden. Der Sage nach konnte der Schmied zwar den Auftrag nun erfüllen, bald darauf kam aber der Teufel und holte sich die arme Seele des Schmieds.

Auf der Reichelsburg soll auch ein Schatz liegen, der von einem Hund mit feurigen Augen bewacht wird. Der Hund verteidigt den Schatz. Jeder, der ihn heben will, muss für immer schweigen. Ein Wort, und Schatz mit Hund verschwinden auf Nimmerwiedersehen.

Einmal im Jahr lädt der Truchseß zum Feiern ein: Beim Reichelsburgfest erwacht die Ruine mit ihrem mächtigen Bergfried zu neuem Leben. Den Schatz allerdings, der der Sage nach dort liegt, hat noch keiner der zahlreichen Besucher gefunden.

Durch die Weinberge auf die Festung

Beim Spaziergang zum Maschikuliturm auf dem Marienberg werden Kindheitserinnerungen wach

Ursula Düring

Festung Marienberg

Unser Ausflug über den Judenpfad in die Weinberge fühlte sich jedes Mal schaurig und schön an. Ein bisschen wie Weihnachten und Fiebertraum zusammen. Mein Herz schlug so laut, dass das Geräusch die Fledermäuse aus ihrem Kopfüberschlaf im Dunkel des Maschikuliturms aufwecken musste.

Wohlduft lag über dem Gestrüpp im Leistengrund, während sich unsere kleinen Kinderhände in die warmen Steine des Riesen krallten. Wir waren hier, um den unterirdischen Weg zu suchen, der angeblich nach oben in die Festung führen sollte. Und wir fühlten uns wie Mitglieder der legendären Räuberbande, von der Leonhard Frank seinerzeit zu berichten wusste.

Geheime Gänge

Unsere Kinderfantasien sind heute Realität. Es gibt diese Unterwelt in der Tiefe der Weinstockwurzeln. Seit gut zehn Jahren ist ein Teil der Kasematten geräumt, mit Treppen und Licht ausgestattet und von Zeit zu Zeit zum Staunen und Erkunden geöffnet. Wie oft wir Kinder uns durch die staubigen Löcher der massigen Barock-Bastion gekämpft haben, Angstschweiß auf der Stirn und scheinbar Millionen von flatterndem Viechzeug im Genick, weiß ich nicht mehr.

Bis heute hat der mächtige Turm inmitten der Weinhänge nichts von seiner grandiosen Wirkung eingebüßt. Das schützende Bollwerk am Südhang der Festung Marienberg hoch über den Dächern von Würzburg mit

Der Maschikuliturm überragt den Leistengrund.

Die Festung, aus der Luft betrachtet.

Die Madonna im Strahlenkranz.

Würzburg

Spazierweg
Hinter der Burkarder Kirche führt ein Weg hoch durch die Weinberge. Wer den direkten Fußweg über die Tellsteige wählt, muss links den Wegweisern folgen und 30 Minuten Gehweg einplanen. Der Weg durch die Weinberge beginnt im Leistengrund.

Öffnungszeiten
Das Mainfränkische Museum ist von April bis Oktober täglich außer Montag von 10 bis 17 Uhr geöffnet, vom November bis März von 10 bis 16 Uhr.

Kontakt
Bayerische Schlösser- und Gartenverwaltung Würzburg
Informationen unter
☎ (09 31) 2 05 94 - 0
Auf der Festung gibt es eine Gaststätte und einen Biergarten.

Anfahrt
Die Straße zur Festung ist ausgeschildert, der Pkw-Parkplatz gebührenpflichtig.

Graue Mauern, hohe Türme, grasgrüne Bäume und Sträucher – ein Spaziergang über Wälle und Anlagen überrascht Touristen aus allen Teilen der Welt immer wieder mit spannenden Ein- und Ausblicken.

seinem Kranz von Schießscharten und den in drei Ebenen angeordneten Geschützpforten wurde nach einem Entwurf des Mainzer Hofarchitekten Maximilian von Welsch unter der Oberaufsicht von Balthasar Neumann aufgebaut.

Damals hatte der Burgberg schon jahrhundertelang die Geschichte der Stadt am Main dominiert. In vorchristlicher Zeit waren es Kelten, später Markomannen, nach Christus die Alemannen, bis im 6. Jahrhundert die Frankenherzöge auftauchten. Einer von ihnen, Hedan, ließ im 8. Jahrhundert an der Stelle der alten heidnischen Opferstätte ein Gotteshaus mit 3,65 Meter dicken Mauern bauen und widmete es »Unserer Lieben Frauen Berg«. In meiner Kindheit, wenige Jahre nach Beendigung des Zweiten Weltkriegs, war das Kirchlein noch verschlossen.

Da, wo heute Japaner, Amerikaner und andere Touristen ihre Fotoapparate zücken (knapp 28 000 Führungen im letzten Jahr), pickten sich ein paar Hühner und Gänse durch den öden Burghof, der umgeben war von dachlosen Gebäuden mit hohlen, toten Augen gleichenden Fenstern – die Bomben des 16. März 1945 hatten auch auf dem Marienberg gnadenlos gewütet. Dass Menschen dort gewohnt

haben, war für uns Nachkriegskinder unheimlich, und wir entwarfen beim heimlichen Süßholzrauchen Horrorstorys über die Kämpfe der Bewohner mit den Schlossgespenstern.

Spukgeschichten aus diesen Jahren sind nicht überliefert. Heute ist alles restauriert, steht schmuck da und erzählt von längst vergangenen Jahrhunderten. Kaum jemand der Besucher, die aus allen Himmelsrichtungen und von allen Erdteilen hierher kommen, kann sich satt sehen an der Geschlossenheit des inneren Burghofs mit Bergfried, Kirchlein und Renaissancebrunnen.

Charme und Leichtigkeit

Im Fußboden der Rundkirche der fränkisch-thüringischen Herzöge sind steinerne Gestalten längst verwester Würdenträger eingelassen, im Altarraum hängt ein schlichtes Holzkreuz. Draußen bewachen die steinernen Heiligen Petrus und Paulus die Kirchentür. Das Brunnenhäuschen, dem Julius Echter um 1600 ein Tempelchen aufsetzte, verströmt den Charme und die Leichtigkeit eines Sonnentages.

Angeblich sollen die Brunneneimer aus über 100 Meter Tiefe nicht nur das lebensnotwendige Zisternenwasser geliefert haben. Von einem Geheimgang durch den Brunnenschacht bis hinunter zum Main wurde gemunkelt – die passende Legende für uns Räuberbanden-Kinder. Mit Schaudern malten wir uns die Düsternis im Erdstollen aus. So stellten wir uns den Weg in die Unterwelt vor. Meinten den feuchten Moder in Nase und Mund zu spüren, zu schmecken. Und sehnten uns in unseren kindlichen Gedankenspielen nach dem Glitzern des Mains und der Wärme in den Weinbergen im Leistengrund.

Von welcher Seite auch immer der Weg aus dem Talkessel hinauf auf den Marienberg führt, immer sind dicke Bastionen zu überwinden, düstere Burgtore zu durchschreiten. Damals rochen wir Pech und Schwefel, hörten in unseren Fantasien das wüste Geschrei der Bauern. Oben, im Mainfränkischen Museum, das im Kommandantenbau und der Echterbastei untergebracht ist und im letzten Jahr 96 500 Besucher hatte, sehen und hängen die weltberühmten Werke Tilman Riemenschneiders. Der Bürgermeister des Bauernkriegs hat wie kein anderer zarte Marienfiguren und ergreifende Altarbilder geschnitzt oder aus Stein gehauen. Die von ihm geschaffenen Plastiken von Adam und Eva sind ein Paar von vollkommener Grazie. In stummer Schönheit stehen sie da, rein, ebenmäßig, Menschen aus einer anderen Welt und doch so menschlich. Im Riemenschneider-Saal, neben den berühmten Leuchterengeln, der in Trauer zerfließenden »Acholshäuser Madonna« und der berührenden Gottesmutter mit Christuskind hat das paradiesische Paar seinen Platz gefunden. Kopien hängen an dem Ort, für den sie ehemals geschaffen wurden, an der Marienkapelle auf dem Würzburger Marktplatz.

Wer genügend Zeit mitbringt, findet im Museum nicht nur Bildhauerkunst in Vollendung, sondern ein Kleinod neben dem anderen. Sorgsam zusammengestellt und den vorgegebenen Räumlichkeiten der alten Burg angepasst. Mit den so präsentierten Kunstwerken und Sammelstücken fließen die Jahrhunderte jenseits aller Chronologie ineinander, zeugen von der Größe vergangener Zeiten, verleugnen ihre Gräuel nicht.

Der freistehende, 40 Meter hohe Bergfried aus dem frühen 13. Jahrhundert ist heute kein Angst einflößendes Ungeheuer mehr. Kein Gefangener muss in seiner Tiefe angekettet bei Wasser und Brot darben. Ihm gegenüber, im Ostflügel, wo der Fürstbischof einst sein Haupt bettete, ist heute das Fürstenbaumuseum mit Exponaten zur Stadtgeschichte untergebracht. 40 000 Besucher sahen im letzten Jahr die zwei großen, aus Holz gefertigten Stadtmodelle, die hier stehen. Eines zeigt die mittelalterliche Stadt. Das andere den Zustand Würzburgs nach jenem Schicksalsabend, an dem vom Himmel Feuer gefallen war und die blühende Stadt in einen Schutt- und Aschehaufen verwandelt hatte.

Madonna im Strahlenkranz

Heute ist der Blick von den fürstbischöflichen Zimmern oder von den Wehranlagen aus hinunter ins Maintal und die umgrenzenden Weinberge umwerfend. Grünanlagen, Kirchtürme, Häuser und die barocke Residenz werden überstrahlt von einer Wetterfahne. Es ist eine goldene Madonna im Strahlenkranz, die sich auf dem nordöstlichen Marienturm dreht. Maria, die Patronin Frankens, hat zwei Gesichter: ein mütterliches und ein jungfräuliches. Wenn Touristen und Spaziergänger wieder weg sind, vergnügen sich Eichhörnchenfamilien und Vogelschwärme unter ihrem güldenen Blick.

Wo Geigen erklingen

Im Erlacher Wasserschloss unterrichtet Florian Meierott

Uschi Merten

Wasserschloss Erlach

Fünf Kilometer nördlich von Ochsenfurt liegt das kleine Örtchen Erlach. In der Dorfmitte dominiert ein mittelalterliches Wasserschloss von erstaunlicher Bauform: Das Schloss hat einen achteckigen Grundriss. Heute erklingen Geigen in den geschichtsträchtigen Räumen, denn dort lebt der Berufsgeiger Florian Meierott.

Der schützende Wassergraben, der einst das Schloss umgab, ist trocken. Heute umrahmen ein abwechslungsreicher Terrassengarten und Rasenplatz mit Schatten verheißenden Bäumen das Schloss. Bei einem Rundgang durch das Gebäude, auf dem weiträumigen Speicher oder im Turm fühlt man sich in die Vergangenheit versetzt. Man wird eingefangen vom Zauber und Charme der alten Mauern und glaubt zu träumen, wenn bei der Betrachtung Geigen erklingen.

Seit vier Jahren lebt der Geiger Florian Meierott in dieser romantischen Umgebung. Das Erlacher Wasserschloss bietet für ihn und seine Meisterschüler aus der ganzen Welt einen idealen Übungsrahmen. Als Meierott bei einem Besuch in Franken das Schloss entdeckte, war er sofort begeistert. »Jede Menge Platz und keine Nachbarn, die sich über zu lautes und zu häufiges Geigenüben beschweren können. Schloss Erlach ist einfach perfekt für mich«, sagt Meierott. Der Berufsgeiger, der in der ganzen Welt unterwegs ist, liebt seine fränkische Heimat: »Hier finde ich die höchste Lebensqualität, hier fühle ich mich wohl, da ich auch von den Menschen akzeptiert werde.«

Der Erker des Wasserschlosses.

Der Altarraum…

…und ein Turm der Simultankirche.

Würzburg

Öffnungszeiten
Führungen durch das Wasserschloss und die Simultankirche sind auf Anfrage bei Theo Michel, ☎ (0 93 31) 49 74, möglich.

Ausflugstipp
Ganz in der Nähe von Erlach befindet sich das über fünf Hektar große Naturschutzgebiet Zeubelrieder Moor mit seinen seltenen Pflanzen.

Übernachtung
Familie Schmidt bietet in Erlach in der Schwarzenbergstraße 18 ein Heuhotel. Ein Spaß für Familien oder kleinere Gruppen.
Infos ☎ (0 93 31) 45 81

Schlosskonzert
Informationen über Florian Meierott und die Erlacher Schlosskonzerte unter ☎ (0 93 31) 98 04 28 oder www.meierott.de

Anfahrt
Von Würzburg aus geht es über die B 13 Richtung Ochsenfurt. Vor Sommerhausen ist der Abzweig nach Erlach ausgeschildert.

Das Schloss wurde im 12. Jahrhundert von den Herren von Erlach erbaut und erlebte, wie die dazugehörende Bevölkerung, im Lauf der Geschichte verschiedene Herrschaftsgeschlechter. Etwa 200 Jahre lang herrschten die Herren von Seinsheim, anschließend etwa 150 Jahre die Grafen von Schwarzenberg. Das Schloss wurde schließlich für einen symbolischen Taler an die katholische Kirchengemeinde verkauft. Anfang des 19. Jahrhunderts beherbergte es die Schule und die Lehrerwohnung.

Neben dem Schloss befindet sich die Dorfkirche Sankt Johannes. Sie wurde um 1300 in gotischem Stil erbaut und mehrmals verändert und vergrößert. Fürst Ferdinand erklärte die Kirche ab 1701 zum Simultaneum, was bedeutet, dass die Kirche sowohl von protestantischen als auch von katholischen Christen genutzt wird. 1987 wurde die Kirche restauriert und in den ursprünglichen neugotischen Zustand zurückversetzt. Das helle Steingrau der Epithaphien hebt sich wieder wirkungsvoll von den kräftig getönten Wänden ab.

Das Schloss ist die optimale Kulisse für Schlosskonzerte und Schlossfeste, die Florian Meierott mehrmals im Jahr veranstaltet.

Im Wasserschloss in Erlach, das mit seinem achteckigen Grundriss beeindruckt, lebt seit einigen Jahren der Geiger Florian Meierott. Dort organisiert der Musiker Schlossfeste und Schlosskonzerte mit internationalen Künstlern.

Ein Ritter und sein Richtschwert

Das Grumbach-Schloss in Rimpar ist heute kulturelles Zentrum der Gemeinde

Eva-Maria Kess

Schloss Grumbach

Stolzes Wahrzeichen von Rimpar im Landkreis Würzburg ist das Grumbach-Schloss. Bis ins 14. Jahrhundert geht die Entstehungsgeschichte des mächtigen Bauwerks zurück. 1371 werden erstmals die Herren von Grumbach »als gesessen zu Rimpar« erwähnt. Diese Dienstadelsfamilie entstammte dem Geschlecht derer von Wolffskeel und nannte sich später nach der Burg im benachbarten Burggrumbach.

Zwei Deutschmeister sowie hohe geistliche Würdenträger und Ritter in verantwortungsvollen Positionen hat dieses Geschlecht hervorgebracht. Schloss Grumbach war Sitz einer der schillerndsten Figuren des 16. Jahrhunderts: Reichsritter Wilhelm von Grumbach (1503 bis 1567), der den Fürstbischof Melchior von Zobel zu Giebelstadt ermorden ließ. Grumbach wehrte sich mutig und stolz immer wieder gegen seine ungerechte Enteignung durch die Würzburger Fürstbischöfe. Die »Grumbachschen Händel«, mit denen Wilhelm von Grumbach den Herzog von Sachsen – Coburg – Eisenach unterstützen wollte, gehören zu den meist dokumentierten geschichtliche Geschehnissen dieser Zeit.

Edwin Hamberger, profunder Kenner des Schlosses und seiner Geschichte, berichtet eine Anekdote, die den unerschrockenen Reichsritter charakterisiert: In einem Schreiben an den Fürstbischof Friedrich von Wirsberg und dessen Verbündeten forderte Wilhelm von Grumbach den Bischof zum Zweikampf heraus. Wer den Kampf verweigere, solle »von männiglich für einen

Hat Tradition: Plätzchen backen im Rittersaal.

Der Innenhof des Grumbach-Schlosses.

Beliebt: die Führungen durch das Schloss.

Würzburg

Ausflugstipp
Schloss Grumbach ist ein lohnenswertes Ausflugsziel. Das Rimparer Schlossfest findet im August statt und lädt zum Feiern im Schatten der Burg ein.
Der Rimparer Theatersommer bietet Freilichttheater in historischer Kulisse und Konzerte.
Infos: www.rimpar.de

Öffnungszeiten
Von April bis Oktober können das Archäologische-Museum, das Bäckerei-Museum, das Kriminal-Museum im Grumbach-Gefängnis sowie eine Trachtensammlung im Greiffenklau-Saal nach Absprache mit Edwin Hamberger besichtigt werden.

Führungen
Schlossführungen für Gruppen und Einzelpersonen sind möglich
Edwin Hamberger
☎ (0 93 65) 92 45
oder im Netz:
www.schloss-grumbach.de

verzagten, ehrenlosen, feigen Ehrendieb gehalten werden und niemand mit ihm essen, trinken, noch einige Gemeinschaft haben«, zitiert Hamberger den zornigen Ritter.

Mit dem Zweikampf wurde es nichts, den Rimparer Ritter traf jedoch zweimal die Reichsacht des deutschen Kaisers, bevor er in Gotha gefoltert, geviertelt und geköpft wurde. Das Richtschwert, mit dem Wilhelm von Grumbach auf dem Marktplatz von Gotha am 18. April 1567 hingerichtet wurde, schrieb auch im 21. Jahrhundert noch Geschichte. Es wurde der Familie von Zobel als »Sühneschwert« für den Tod Melchiors von Zobel übergeben und verblieb im Schloss zu Giebelstadt.

Bis der Erbe, Freiherr Stefan Zobel von Giebelstadt, in Geldnot kam und das Schloss samt Inventar veräußern musste. Zwei Rimparer wollten das Richtschwert als Attraktion für das Archäologische Museum im Grumbach-Schloss ersteigern, hatten auch schon den Zuschlag, bis die Denkmalbehörde eingriff und die Veräußerung verhinderte. Derzeit ist das Schwert dennoch in Rimpar zu sehen – vorläufig als Leihgabe.

Der Sohn Wilhelms von Grumbach war nach der Hinrichtung des Vaters gezwungen, das Schloss 1593 mit allen seinen Liegenschaften an das Hochstift Würzburg zu verkaufen. 1603 starb das Geschlecht in Rimpar, 1612 in Burggrumbach und 1682 auch in Estenfeld aus. Der Kauf der dreiflügeligen Schlossanlage kam dem Hochstift Würzburg damals sehr willkommen. Das Schloss lag schließlich direkt vor den Toren der Stadt Würzburg und eignete sich durch seine Größe vorzüglich als Landresidenz.

Der erste fürstliche Hausherr, Fürstbischof Julius Echter, ließ vermutlich die Ostseite baulich verändern.

Nach der Säkularisation kam das Schloss an das Kurfürstentum Bayern, später Königreich Bayern. Bis zum Jahre 1973 wohnten dort Forstbeamte und walteten ihres Amtes. 1980 kaufte die Marktgemeinde Rimpar das Schloss. Heute ist es Rathaus und kulturelles Zentrum der Gemeinde.

Stolzes Wahrzeichen von Rimpar ist das Grumbach-Schloss. Im Museum gibt es vier unterschiedliche Sammlungen, außerdem ist das Schloss Rathaus und kulturelles Zentrum der Gemeinde.

Befestigungsanlage wird Museum

Das Ochsenfurter Schlössle war häufig Schauplatz von Kampfhandlungen

Helmut Rienecker

Schlössle Ochsenfurt

Das Schlössle ist ein markantes Gebäude an der Südrampe der Alten Mainbrücke. Früher gaben ihm die Chronisten die Namen Kämmerlein oder Bürglein. Heute befindet sich darin ein Museum für Weinbau, Stadtgeschichte und Zunftwesen.

Im Jahr 1338 war das Schlössle Teil einer kompletten Befestigungsanlage. Zweimal berichten Chronisten von missglückten Versuchen, Ochsenfurt über dieses Einfallstor zu erstürmen. Das erste Mal war es der Ritter Luitpold, Küchenmeister von Nordenberg, der an der Befestigung scheiterte. Lorenz Fries, Chronist der Würzburger Bischöfe, schreibt im 16. Jahrhundert: »Der Küchenmeister bestürmte das Schloss gar heftig, da er wusste, wenn er das Schloss nicht gewinne, er auch die Stadt nicht halten könne.«

Auch 1440 war das Schlösschen Schauplatz einer Kampfhandlung: Markgraf Albrecht von Brandenburg stürmte die Stadt mit seinem Heer. Die Bürger verzogen sich auf das Dach des Vorwerkes und griffen die Gegner von oben an. Dabei ist wohl das Gewölbe, das früher den Eingangsbereich des Schlösschens überspannte, zerstört worden.

Drei Kapitelle erhalten

Von der Existenz des Gewölbes über der »Großen Stube« zeugen heute noch drei erhaltene Kapitelle, von denen eines einen Ritterkopf und ein anderes einen bärtigen Mann zierten. In den späteren Jahrhunderten ließen

Eingang zum Heimatmuseum.

Zweichoriger massiver Rechteckbau.

Die Originaltracht der Fischer- und Schifferinnung.

■ Würzburg

Öffnungszeiten
Das Heimatmuseum der Stadt Ochsenfurt in der Brückenstraße 26, sowie das Trachtenmuseum in der Spitalgasse 26 sind von Ostern bis Allerheiligen jeweils Samstag, Sonntag und an Feiertagen von 14.30 bis 16.30 Uhr geöffnet.

Kontakt
Touristeninformation Ochsenfurt
Weitere Infos: ☎ (0 93 31) 58 55 oder info@ochsenfurt.com oder im Internet www.ochsenfurt.de

Anfahrt
Wenn man in Ochsenfurt der Beschilderung zum großen Parkplatz am Main folgt und dort sein Auto abstellt, kann man das Schlössle an der Südseite der Alten Mainbrücke schon sehen.

die Bedrohungen der Stadt durch fremde Heere nach. Die kleine Burg verlor an Bedeutung.

In späteren, weniger kriegerischen Zeiten bauten die Ochsenfurter schließlich die Befestigungsanlagen um das Schlösschen ab. Zu Beginn des 19. Jahrhunderts wurde dann der Turm abgetragen. Nur noch das Unterteil, mit dem Tor zur Brücke hin, blieb stehen. Zwischen 1860 und 1878 verschwand dann auch dieses, mitsamt dem festungsartigen Vorwerk und der Ummauerung.

Wohnen im Schlössle

Über viele Jahrhunderte war der schmucklose gotische Bau mit den Treppengiebeln im Besitz des Würzburger Domkapitels. Nach der Säkularisation ging das Schlössle in den Besitz der Stadt Ochsenfurt über. Es diente seitdem ärmeren Bürgern als Wohnung. 1949 regten Ochsenfurter Bürger an, im Schlössle ein Museum einzurichten, das 1959 eröffnet werden konnte.

Bei der Neukonzeption der Ausstellung wurden 1988 viele der Museumsstücke ausgelagert. Der Schwerpunkt der Ausstellung berichtet über Stadtgeschichte, das Rathaus und seine Aufgaben, das Zunftwesen, historischen Weinbau und das Büttnerhandwerk in Ochsenfurt. Nur einige Schritte vom Schlössle entfernt befindet sich das überregional bedeutende Trachtenmuseum im barocken Greisinghaus in der Spitalgasse. Dort sind die prachtvollen Ochsenfurter Gautrachten zu sehen. Wer Lust hat, selbst in eine Tracht zu schlüpfen, kann im Anziehkämmerle eine original Ochsenfurter Gautracht anprobieren.

Touristenmagnet in Ochsenfurt: das Heimatmuseum im Schlössle. Der schmucklose gotische Bau war über Jahrhunderte im Besitz des Würzburger Domkapitels. Heute begeistert im Museum die reiche Ochsenfurter Tracht.

Vom Jagdhaus zum Lustschloss

Wo der Fürstbischof seine Sinne erregte – Veitshöchheim erzählt Geschichten über den Wandel der Kunst zu leben

Ralph Heringlehner

Schloss Veitshöchheim

280 Figuren beleben zwischen 14 Kilometer Hecken den Veitshöchheimer Hofgarten. Wer durch die 270 mal 475 Meter große Anlage flaniert, findet sich in einer Welt voller Märchen, voller Zauber und Geheimnisse. Garten und Schloss Veitshöchheim – überwiegend im Stil des Rokoko gestaltet – erlauben einen Blick auf die Weltsicht der Menschen um die Mitte des 18. Jahrhunderts.

»Man hatte eine Vorliebe für das Geheimnisvolle und Exotische«, erklärt die Kunsthistorikerin Ulrike Bausewein. Die gebürtige Veitshöchheimerin führt immer wieder durch Garten und Schloss Veitshöchheim. Im Rokoko, der Spätzeit des Barock, tanzten Faune und Satyrn fröhlich durch die Formenwelt der Bildhauer und Maler.

Die Figuren im Schlossgarten hat Ferdinand Tietz (1708 bis 1777) »mit einem Augenzwinkern« geschaffen, erklärt Claudia Lichte, Leiterin des Mainfränkischen Museums in Würzburg. Die Tietz'schen Originale haben ihre neue Heimat in dem Museum auf der Festung gefunden. Hier sind sie vor Wind und Wetter geschützt. In Veitshöchheim stehen Kopien. Lichte freut sich über Tietz' Humor, zeigt hier auf ein unter der Jacke hervorquellendes Hemd, dort auf ein fast karikaturistisch überzeichnetes Gesicht oder ein sich vorwitzig wölbendes Bäuchlein.

Kunstexpertin Lichte bewundert den Detailreichtum der Tietz'schen Arbeiten, die genaue Darstellung der Mode seiner Zeit. Da lässt sich an den bestrumpften Waden eines Schäfers sogar das

Ein Billardtisch lädt zum Spielen ein.

Figur aus der Hauskapelle.

Das Treppenhaus, gestaltet von Balthasar Neumann.

Würzburg

Öffnungszeiten

Hofgarten Veitshöchheim ganzjährig ab 7 Uhr bis zum Einbruch der Dunkelheit; Schloss: April bis Oktober 9 bis 18 Uhr, montags geschlossen; Schlossführungen von 10 bis 12 und von 14 bis 17 Uhr stündlich.

Die Bayerische Schlösserverwaltung bietet einen Audioguide durch den Garten an. Die interaktive und abwechslungsreich erzählte Führung begleitet Besucher des Hofgartens Veitshöchheim bei ihrem Spaziergang. An 18 verschiedenen Stationen lässt die teilweise mit Musik unterlegte Audioführung die Geschichte und Entwicklung des Hofgartens, seine Besonderheiten und die wesentlichen Gestaltungselemente lebendig werden.

Kontakt

☎ (09 31) 9 15 82, Internet: www.schloesser.bayern.de

Anfahrt

Von Würzburg aus die B 27 Richtung Karlstadt. In Veitshöchheim ist der Hofgarten ausgeschildert.

14 Kilometer lang sind die grünen gepflegten Hecken im Hofgarten von Veitshöchheim. Zwischen ihren Zweigen ragen 280 steinerne Engel, Fabelwesen und Göttergestalten hervor.

Strickmuster erkennen – »Vier rechts, vier links«, schmunzelt Claudia Lichte. Tietz' Skulpturen zeigen, wie der Mensch jener Zeit auch seinen Spieltrieb entdeckte. Rokoko-Künstler trieben die Formensprache des Barock auf die Spitze. Ornamente wurden immer komplizierter, immer reicher, immer feiner. Manchmal, so scheint es heute, war es weniger wichtig, Inhalte zu transportieren. Vielmehr sollten die Sinne des Besuchers erregt werden.

Genutzt wurde das Schlösschen von Würzburgs Fürstbischöfen. »Rokoko-Typisches zeigt sich vor allem in der Innendekoration«, erklärt Kunsthistorikerin Ulrike Bausewein und weist im ersten Stock des Veitshöchheimer Schlösschens an die reich verzierten Zimmerdecken. Dort ließ der Stuckateur Antonio Bossi – seinerzeit einer der Besten seines Faches – aus C- und S-förmigen Grundformen Blattwerk ranken, Vogelklauen entstehen und Menschenköpfe wachsen. Nicht, um noch wie in früheren Zeiten böse Geister abzuwehren, sondern aus Spaß an der dekorativen Form.

»Man muss sich Zeit nehmen«, empfiehlt Ulrike Bausewein. Menschen des hektischen 21. Jahrhunderts neigen dazu, die reiche Ornamentik mit

■ Würzburg

einem Blick zu streifen, sie als »überladen« abzutun und das nächste Objekt ins Auge zu fassen. Dabei gebe es so viele Details zu entdecken, schwärmt die Kunsthistorikerin. Besonders angetan hat es ihr eine Szene, die Bossi an der Decke des ersten »Toskana-Raums« zeigte: Aus Blattwerk- und Muschel-Ornamentik – der Begriff Rokoko leitet sich vom französischen Rocaille (Muschel) ab – wachsen organisch eine barbusige Nixe und ein kleiner Knabe (»Putto«), der munter einen Wasserstrahl in die Luft spuckt.

Spielen am Billardtisch

Das Veitshöchheimer Schloss ist vergleichsweise klein, die Zimmer haben wohnliche Ausmaße. Das Bauwerk diente zunächst als Jagdschloss. Die Fürstbischöfe kamen mit ihren Gästen aus Würzburg, schossen im Park ausgesetzte Tiere und reisten wieder zurück in die Residenzstadt. Der erste Stock des Bauwerks diente zunächst lediglich zur Aufbewahrung von Jagd-Utensilien.

Balthasar Neumann, Architekt der Würzburger Residenz, gestaltete zwischen 1749 und 1753 das 1680 bis 1682 erbaute Schlösschen um. Eine breite Treppe ersetzte die kleine Wendeltreppe,

Anbauten und der Ausbau des ersten Stocks machten das Gebäude wohnlich. Bausewein: »Dass der Fürstbischof jetzt auch längere Zeit hier wohnte und nicht in der Residenz-Stadt Würzburg, zeigt, wie sich das Leben geändert hatte.« Was der Fürstbischof und seine Gäste im Garten zwischen all den frivolen Figürchen trieben, ist nicht völlig geklärt. Im Schlösschen jedenfalls wurde auch gespielt – unter anderem auf dem großen Billardtisch.

Ein paar Schritte weiter gerät der Schlösschen-Besucher in eine neue Epoche. Er gelangt aus der Welt des Rokoko in die des Klassizismus. Zwischen 1806 und 1814 nutzte Ferdinand von Toskana, der in Würzburg residierte, Veitshöchheim als Sommersitz. Der Großherzog ließ die Räume nördlich des Treppenhauses im Stil der Zeit einrichten. Möbel und Tapeten sind noch weitgehend original erhalten. Wer aus den schnörkeligen Rokoko-Sälen kommt, findet hier Möbel mit geraden, klaren Linien. Die Toskana-Säle wirken nahezu nüchtern und modern.

Der Wille zur Vereinfachung in Kunst und Alltagskultur zeigt, wie sich die gesellschaftlichen Verhältnisse geändert hatten. Der Klassizismus ist ein bewusstes Gegenmodell zur »Verschwendungssucht« des Barock

und Rokoko. Ein Zimmer war nicht mehr zum Repräsentieren da, wie noch im Barock. Es sollte wohnlich und gemütlich sein.

Auch im Hofgarten erlebt der Spaziergänger den Stil-Wandel. Mit wenigen Schritten kommt er aus der Welt der frivolen Barbusigen in die Welt ernsthafter Antiken-Verehrung: Entlang der Ost-Mauer des Gartens hat der Klassizismus das Rokoko abgelöst. »Hier wirkt alles viel strenger«, fasst Ulrike Bausewein den Wechsel des Geschmacks zusammen, der ab etwa 1770 um sich griff.

Weg mit den Schnörkeln

Vergessen waren schnörkelige Ornamente, vergessen war das schöne Äußere, das oft über die Inhalte dominierte. Vergessen war auch die Verspieltheit. In der klassizistischen Kunst wurde die ganze Welt wieder ernst. So ernst wie das Bild der klassischen Antike, das Künstler und Denker in der zweiten Hälfte des 18. Jahrhunderts vor Augen hatten. Die Suche nach dem Antiken beherrschte in dieser Zeit Malerei, Bildhauerei, Literatur und Architektur.

Goethe wollte »das Land der Griechen mit der Seele suchen«, auch Schiller dichtete im Stil der

Antike, Architekten orientierten sich an den Formen griechischer Tempelanlagen, Bildhauer meißelten Figuren wie das 500 Jahre vor Christus Phidias getan hatte – oder so, wie sie glaubten, dass der große Bildhauer gemeißelt hatte: im Geiste von »edler Einfalt, stiller Größe«, wie es Johann Joachim Winckelmann, ein Vordenker des Klassizismus, formulierte.

Apoll und Amor

Der Besucher des Veitshöchheimer Hofgartens wandert bei seinem Spaziergang aus einer geheimnisvoll-verspielten Welt in eine ernsthaft-geordnete. Im klassizistischen Teil des Gartens findet sich nicht nur eine große Plastik des Chronos, dem Gott der Zeit, der Amor, dem Gott der Liebe, die Flügel stutzt. Auch Apoll, der Gott der Klassik schlechthin, hat hier Platz gefunden. Säulen-Fragmente erinnern an antike griechische oder römische Ruinen.

In Veitshöchheim kann sich der Besucher somit noch heute auf die kleine Zeitreise zwischen Rokoko und Klassizismus machen. Im Schloss nutzten 2007 18 000 Besucher diese einmalige Möglichkeit. Die Spaziergänger im Hofgarten sind unzählbar.

Ein Mekka für Floriansjünger

Anziehungspunkt nicht nur für Feuerwehrmänner – Wasserschloss Waldmannshofen

Herbert Schlerf

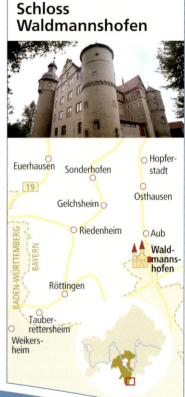

Schloss Waldmannshofen

Im Schloss Waldmannshofen befindet sich seit 1967 ein Feuerwehrmuseum, und zwar eines der ältesten in Deutschland. Was dort auf drei Etagen mit über 1000 Quadratmetern zu sehen ist, lässt das Herz eines Feuerwehrmanns höher schlagen.

Gezeigt werden Geräte und Fahrzeuge aus mehr als 200 Jahren, von einer Handdruckspritze von 1733 über eine von Pferden gezogene Fahrspritze von 1825 bis hin zum holzbereiften Hydrantenwagen.

Ausführlich dokumentiert sind zudem die immer weiter verbesserte Alarmierung der Feuerwehr sowie Uniformen, Ausrüstungsgegenstände und Helme, nicht nur aus Deutschland einschließlich der früheren DDR, sondern auch aus Brasilien. Dazu kommen Fahnen, Orden, Ehren- und Leistungsabzeichen, Festgeschenke und sonstige Feuerwehr-Devotionalien.

Attraktionen für Kinder dürften die Sammlungen von Hunderten Spielzeug-Feuerwehrautos aus aller Welt und von Feuerwehrfiguren aus Zinn sein. Ebenso werden manche kleine Museumsgäste mit leuchtenden Augen vor den Miniatur-Feuerwehrszenen stehen, die Jugendfeuerwehren in liebevoller Detailarbeit aufgebaut haben.

Abgerundet wird die Ausstellung durch die Ehrentafel der Feuerwehr-Kommandanten des Altkreises Mergentheim, eine Sammlung von Feuerwehrgesetzen und -verordnungen und eine Darstellung der Legende des Feuerwehr-Schutzheiligen Sankt Florian. An der Helm-

Feuerwehr-Exponate aus mehr als 200 Jahren.

Lebensgroße Puppen präsentieren die Uniformen.

Schutzkleidung aus den 1980er Jahren.

Öffnungszeiten

Das Feuerwehrmuseum Waldmannshofen ist täglich von 10 bis 12 und von 14 bis 17 Uhr geöffnet. Führungen können nach rechtzeitiger Voranmeldung vereinbart werden.

Kontakt

Weitere Infos unter
☎ (0 93 35) 6 74
sowie im Internet unter
www.feuerwehrmuseum-schloss-waldmannshofen.de

Anfahrt

Der Weg nach Waldmannshofen führt über Ochsenfurt, Hopferstadt, Oellingen und Aub.
Eine Alternative ist der Gaubahn-Radweg von Ochsenfurt bis zum südlichen Ortsende von Baldersheim. Von dort ist ein Radweg nach Waldmannshofen ausgeschildert.

Im Schloss Waldmannshofen ist seit 40 Jahren ein Feuerwehrmuseum untergebracht. Der imposante Bau wurde in seinen Grundzügen Mitte des 16. Jahrhunderts errichtet und später weiter um- und ausgebaut.

sammlung lässt sich ebenso wie an den verschiedenen Veränderungen der Uniformen ablesen, wie sich die jeweiligen Bedürfnisse der Feuerwehren und des Militärs verquicken. Sie umfasst somit die gesamte Bandbreite von Messing- und Lederhelmen aus diversen Ländern über Stahl- und Aluminiumhelme bis hin zu speziell für die Feuerwehren konzipierten Hightechgebilden aus Kunststoffen.

Waldmannshofen ist ein Stadtteil von Creglingen (Main-Tauber-Kreis) und hat 220 Einwohner. Von 1805 bis 1810 gehörte Waldmannshofen zu Bayern. Das Schloss wurde 1405 erstmals urkundlich erwähnt. Dorf- und Schlossherren waren damals die Herren von Truchseß aus dem benachbarten Baldersheim, ab Ende des 15. Jahrhunderts gefolgt von den Herren von Rosenberg.

Für die Umgestaltung zum heutigen Renaissance-Wasserschloss waren im 17. Jahrhundert die Grafen von Hatzfeld verantwortlich. 1886 verkauften sie das Schloss an die damalige Gemeinde Waldmannshofen, die es unter anderem als Speicher, Armenhaus und Rathaus nutzte. In den 1950er Jahren entschloss man sich, grundlegend zu sanieren. Heutiger Eigentümer ist die Stadt Creglingen.

Von der Burg zur Freilichtbühne

Brattenstein verzauberte schon Prominente wie Senta Berger oder Maria Schell

Markhard Brunecker

Burg Brattenstein

Der Burghof der mittelalterlichen Burg Brattenstein bildet seit 1984 alljährlich von Mitte Juli bis Mitte August die malerische Kulisse für das Freilichttheater der »Festspiele Röttingen«. Eingebunden in die mittelalterliche Stadtmauer mit ihren noch sieben erhaltenen Wehrtürmen zählt Burg Brattenstein zu den Wahrzeichen Röttingens.

Weltstars wie Senta Berger, Klaus Maria Brandauer oder Gudrun Landgrebe waren bei ihren Gastspielen vom Flair der Spiele begeistert. Mitte der 1970er Jahre wurde über den weiteren Bestand der hochmittelalterlichen Burganlage heftig diskutiert. Am 5. November 1971 stürzte ein Teil des südöstlichen Flügels der Burg ein. Bei der wohl größten Tragödie in der über 900-jährigen Geschichte des Taubertalstädtchens starben vier Frauen der 46 Beschäftigten einer Näherei, elf Menschen wurden zum Teil schwer verletzt. Auslöser für das Unglück waren Bauarbeiten an der Burganlage. Den Erschütterungen, die durch Baumaschinen und die schweren Bügelmaschinen der Näherei im Trakt des Gebäudes verursacht wurden, hielten die Mauern nicht stand.

Zu dieser Zeit gab es viele Befürworter für den Abriss der Anlage. Anfang der 1980er Jahre suchte der in Sommerhausen wirkende Veit Relin einen neuen Festspielort. Röttingens Bürgermeister Günter Rudolf bot die inzwischen umfangreich sanierte Burg dem Prinzipal des Torturmtheaters an, und die Burg erwachte aus ihrem Dornröschenschlaf. Aus der Ruine wurde eine Freilichtbühne.

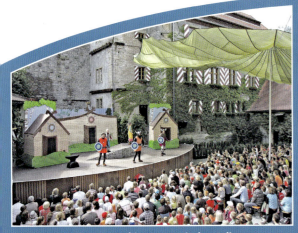
Die Burg im Hintergrund ist romantische Kulisse.

Festspiele von Juli bis August.

Einer der hochkarätigen Darsteller: Klaus Maria Brandauer

■ Würzburg

Öffnungszeiten
Die Burg Brattenstein kann nur nach Vereinbarung mit der Touristeninformation besichtigt werden.

Weinbaumuseum
Das Weinbaumuseum dokumentiert in Verbindung mit dem Museumsweinberg die Geschichte des Weinbaues in Röttingen im lieblichen Taubertal.

Festspiele
Die Festspiele finden jährlich von Mitte Juli bis Mitte August statt www.festspiele-roettingen.de

Kontakt
Tourist-Information Röttingen, ☎ (0 93 38) 97 28 55, per E-Mail info@roettingen.de oder unter www.roettingen.de

Anfahrt
Röttingen und Burg Brattenstein liegen inmitten des fränkischen Autobahnvierecks und ist von jeder Abfahrt: A 3 Heidingsfeld, A 7 Marktbreit oder Rothenburg ob der Tauber und A 81 Boxberg maximal 30 Minuten entfernt.

Im Jahr 1230 wurde die Burg erstmals urkundlich erwähnt. Zwischen 1230 und 1345 war sie im Besitz der Herren von Hohenlohe.

Ab 1345 gab es wechselnde Besitzer, unter anderem das Hochstift Würzburg. Um 1440 kam es zur Einbeziehung der ursprünglich außerhalb des Ortes gelegenen Burg in die Stadtmauer. Im 16. Jahrhundert diente die Burg einem fürstbischöflichen Amtmann als Wohnung. Im 19. Jahrhundert war das Rentamt in der Burg untergebracht.

Spiel der Wiener Schauspieler

Seit 1984 ließen die Burg und die weit über die Region Unterfrankens hinaus bekannten Festspiele nicht mehr voneinander los. Inklusive Kindertheater (Mai bis Juli) zählt man alljährlich an die 40 000 Besucher im Burghof. Die Gäste sind vom romantischen Ambiente, vom Spiel bekannter Wiener Schauspieler und einem Schoppen aus der Röttinger Weinlage »Feuerstein«, den sie sich während der Vorstellung munden lassen können, begeistert. Im Burghof erstreckt sich der ehemalige Speicher für Getreide, genannt Zehntscheune. Die kleine Burg hat viel erlebt, sogar amerikanische Truppen bewohnten die Burg, bis sie dann im Jahre 1946 als Flüchtlings-Durchgangslager Verwendung fand.

Im Bacchuskeller der Burg Brattenstein ist ein neu eingerichtetes Weinmuseum untergebracht. Für Kreisheimatpfleger Herbert Haas ist vor allem die noch original erhaltene Farbfassung im Foyer des Museums eine Besonderheit und noch dazu einmalig in Tauberfranken. Der im Juni 2006 eröffnete Paracelsus-Garten (Heilkräuter) macht das Kleinod im staatlich anerkannten Erholungsort zum beliebten Ausflugsziel für Touristen und Einheimische.

Zwischen Mai und Juli steht im Burghof von Burg Brattenstein Kindertheater auf dem Programm, bevor im Hochsommer die Erwachsenen bei einem Schoppen Wein aus der Gegend Klassiker, Musicals und Operetten genießen können.

■ Kitzingen

Wo Tradition nicht alles ist

In Castell und Rüdenhausen hält man viel auf die eigene Geschichte – und geht dennoch mit der Zeit

Torsten Schleicher

Castell/Rüdenhausen

Die Spur der Familie Castell lässt sich bis ins Jahr 1057 zurückverfolgen. Die Schlösser in Castell und Rüdenhausen sind Teil einer spannenden Familiengeschichte.

Alwin und Mellow schieben einen ruhigen Dienst. Hinterm geschmiedeten Tor blinzeln die beiden Haus- und Hofhunde des Casteller Schlosses in die Sonne des Spätnachmittags. Nur ein sachtes Heben der Ohrspitzen signalisiert so etwas wie Aufmerksamkeit. Doch weil ihnen der Besucher nicht zu nahe kommt und obendrein brav an der Schnur der Türglocke zieht, lassen sich die beiden nicht aus der Ruhe bringen und dösen weiter vor sich hin.

Das ändert sich erst, als der Schlossherr auftaucht. Ferdinand Erbgraf zu Castell-Castell hat die Vierbeiner im Griff, auch wenn ihm die herrische Attitüde sonst fremd ist. Der 43-Jährige ist Geschäftsmann, das Rationale liegt ihm mehr als das Repräsentative. »Bewohner dieses Schlosses zu sein, lässt sich vom Unternehmersein nicht trennen«, sagt er. Eine Maxime, die die Familie inzwischen über Generationen hinweg begleitet. Weinbau, Forst, Landwirtschaft und natürlich die Castell-Bank – Bayerns ältestes privates Geldinstitut – sind die Säulen, auf denen nicht nur die Existenz der Familie, sondern sinnbildlich auch das Casteller Schloss steht.

**Kein Pomp,
sondern Gediegenheit**

Dessen Architektur, obwohl Ende des 17. Jahrhunderts entstanden, passt perfekt zum heutigen Selbstverständnis der Familie: kein zur Schau getragener Pomp, dafür Gediegenheit und – so weit das bei einem Schloss dieser Zeit möglich war – sogar etwas Sachlichkeit. Der Barock des neuen Schlosses – vom alten Haus auf dem Schlossberg zeugt heute nur noch ein Treppenturm – ist von unaufdringlicher Eleganz. Und sogar revolutionär: »Unser Schloss dürfte wohl die älteste Drei-Flügel-Anlage in Franken sein«, sagt Graf Ferdinand, ehe er, nun doch ein wenig mit Stolz in der Stimme, hinzufügt: »Und wir haben wohl auch das erste Mansarddach in Süddeutschland.«

Von der Pforte bis zum Dachboden – ein Schloss hat viele Zimmer. Welches ist das schönste? Graf Ferdinand scheint auf diese Frage gewartet zu haben und antwortet mit den Worten seines Vaters, des heute 83-jährigen Fürsten Albrecht zu Castell-Castell. Der habe einmal gesagt, der in den Hang des Berges gebaute Weinkeller sei »die wertvollste Etage des Hauses«. Das wirtschaftliche Fundament und das sorgsam gepflegte Image der ehrbahren Kaufleute – an dieser Kombination mögen die Casteller Grafen bis heute nicht rütteln – wie auch die Vertreter der anderen Linie des Hauses Castell, die Grafen und Fürsten zu Castell-Rüdenhausen.

Deren Schloss liegt zwar nicht einen Steinwurf, aber doch nur einen ausgedehnten Spazier-

Ferdinand Erbgraf zu Castell-Castell. Hoftor am Casteller Schloss. Fürstin und Fürst zu Castell-Rüdenhausen.

Öffnungszeiten

Der Schlosspark Castell ist täglich geöffnet und zum Teil zu besichtigen. Die Schlossanlage Rüdenhausen ist wegen laufenden Umbaus nicht zugänglich. Der Schlossgarten in Castell und die Reithalle sind Schauplatz für Konzerte, Theateraufführungen und Ausstellungen. Die Veranstaltungen der »Casteller Jahreszeiten« führt kulinarisch durch das Weinjahr. Am 3. und 4. Juliwochenende jeden Jahres mobilisiert das Casteller Weinfest jede Menge Menschen, dabei bilden die Linden und Kastanien des Schlossgartens die einmalige Kulisse für Weinfreuden, Tanz und gute Unterhaltung.

Umgebung

Lohnenswert sind Ausflüge in den Steigerwald, zum Beispiel zum Friedrichsberg bei Abtswind und zum Schwanberg bei Wiesenbronn. Nur wenige Kilometer entfernt ist das Freizeitland Geiselwind.

Kontakt

Fürstlich Castell'sches Domänenamt ☎ (0 93 25) 6 01 62.

gang weit entfernt. Mit der Casteller Anlage ist das Rüdenhäuser Schloss praktisch in nichts zu vergleichen: Was in Castell das elegante Landhaus am Hang, das ist in Rüdenhausen die fast trutzig wirkende Burg. Noch heute lässt das Alte Schloss den Burggraben erahnen, Symbol der einstigen Wehrhaftigkeit.

Vom Wasserschloss, das es einmal war, ist sonst nicht mehr viel zu sehen. Die hohen Mauern mit dem geschwungenen Dach, die unvermittelt hinterm Gassengewirr des Ortes auftauchen, sind auch heute noch reizvoll genug. Ein Ort für Mittelalter-Romantiker, aber auch ein Ort zum Leben und Wohnen, zumal es das »Neue Schloss« ja längst nicht mehr gibt. Der Anfang des 19. Jahrhunderts im klassizistischen Stil errichtete Bau, der dem Alten Schloss seitlich gegenüber stand, wurde 1973 abgebrochen, die Erhaltung wäre zu teuer gewesen.

Um Erhaltung und Sanierung geht es auch heute wieder in Rüdenhausen. Dass die Bewohner, Johann Friedrich Fürst zu Castell-Rüdenhausen, Fürstin Maria und die Familie, im Moment nur selten im Schloss anzutreffen sind, hat damit zu tun. Das Fürstenpaar wohnt zurzeit im kleinen Schlösschen auf dem Friedrichsberg bei Abtswind.

Derweil haben im Rüdenhäuser Schloss noch bis 2009 Bauarbeiter und Handwerker das Sagen.

Das Schloss, dessen Ursprünge wohl bis in die Zeit um 1500 reichen, hat viele Umbauten erfahren. Die ältesten Teile sind der Unterbau und die beiden Rundtürme. 1905 erfolgte ein Anbau, der sich unauffällig in das Gesamt-Ensemble einfügt.

Nun soll Schloss Rüdenhausen für das 21. Jahrhundert fit gemacht werden – zum Beispiel mit einem modernen Hackschnitzel-Heizkraftwerk. Steigende Energiekosten machen auch vor fürstlichem Geblüt nicht Halt.

Seit Anfang März wird in Rüdenhausen gewerkelt. Die nötige Baufreiheit hat die fürstliche Familie mit einer radikalen Lösung geschaffen: Das ganze Schloss ist praktisch leer. »Bis auf ein paar ganz schwere Schränke«, sagt Fürst Johann-Friedrich, »die hätte niemand die enge Wendeltreppe hinuntergebracht«. Zwei Wochen lang war ein vierköpfiges Umzugsteam zugange; eingelagert wurde der fürstliche Haushalt in einer Lagerhalle.

In den Schlagzeilen ist Rüdenhausen immer mal wieder. Auch weil der heutige Chef des Hauses Hohenzollern, Georg Friedrich Prinz von Preußen (32), hier seine Wurzeln hat. Seine Mut-

ter ist Donata Gräfin zu Castell-Rüdenhausen. Sein Vater, Louis Ferdinand jun. von Preußen, starb 1977 bei einem Unfall.

Nicht für Touristen geöffnet

Bei den beiden Linien Castell-Castell und Castell-Rüdenhausen setzt man für gewöhnlich jedoch eher auf Zurückhaltung. So sind auch die beiden Schlösser als Privatwohnsitze nicht für Touristen geöffnet. Letztere kommen dennoch auf ihre Kosten, ebenso wie die Einheimischen. Der untere Teil des Casteller Schlossparks ist ständig für Besucher zugänglich, außerdem finden im Park regelmäßig öffentliche Veranstaltungen statt. Auch in Rüdenhausen kann die Öffentlichkeit wenigstens einmal im Jahr den Fuß in den Schlosspark setzen.

Um aufgesetzte »Leutseligkeit« geht es weder in Castell noch in Rüdenhausen. Graf Ferdinand zu Castell-Castell sieht's pragmatisch: »Unser Weinfest im Schlosspark ist eine schöne Sache, aber nicht nur reines Vergnügen. Es ist Teil unserer unternehmerischen Tätigkeit.« Frankens Adel im 21. Jahrhundert: Tradition ist wichtig, aber eben nicht alles.

Junge Stimmen in alten Mauern

Schönborn-Schloss Gaibach ist seit 50 Jahren ein Internat

Torsten Schleicher

Schloss Gaibach

Allzu viel Betulichkeit und Ehrfurcht darf man im Schloss Gaibach bei Volkach (Lkr. Kitzingen) nicht erwarten: Hier wohnen junge Menschen zwischen zehn und 19 Jahren.

Es ist 18.45 Uhr: Im Torhaus des Gaibacher Schlosses wird es lebendig. Gerade ist das Abendbrot im Internat des Franken-Landschulheims vorüber, jetzt wollen die Jugendlichen noch den Sommerabend genießen. Florian Schulz und sein Zimmerkamerad Jan-Niklas Kraus können heute Abend nicht mit Kumpels abhängen. Auf sie wartet noch ein Termin bei der Schulfeuerwehr. Die beiden wohnen schon seit sechs Jahren im Internat, das im imposanten Schloss der Grafen von Schönborn untergebracht ist.

Florian, der aus Hammelburg stammt, kann sich noch gut erinnern, wie er sich Gaibach für seine Gymnasialzeit ausgesucht hat. »Ich habe mir mit meinen Eltern einige Internate angeschaut, Gaibach hat mir gleich am besten gefallen.« Für Jan-Niklas gab der Rat eines Schulfreundes den Ausschlag. Trotzdem war es für ihn am Anfang nicht leicht, sich in die neue Umgebung einzugewöhnen. »Ich bin mitten im Schuljahr hierher gewechselt, da kannten sich die anderen natürlich alle schon.« In seinem Zimmerkameraden Florian hat er dann aber bald einen guten Kumpel gefunden.

Inzwischen müsste er gar nicht mehr im Internat leben, die Familie wohnt jetzt im nahen Grafenrheinfeld. Doch an einen Ab-

Ein Landschaftsgarten umgibt das Schloss.

Wasserschloss im Renaissance-Stil.

Im Internat leben etwa 180 Schüler.

Kitzingen

Öffnungszeiten
Das Gaibacher Schloss wird als Internat genutzt und kann nicht besichtigt werden. Ausnahme ist der Tag der offenen Tür.

Umgebung
Auf dem Sonnenberg befindet sich die Konstitutionssäule, die von Leo von Klenze erbaut und 1828 in Beisein von König Ludwig I. eingeweiht wurde. Sie erinnert an die bayerische Verfassung von 1818. Lohnenswert ist auch ein Blick in die nach Plänen von Balthasar Neumann von 1740 bis 1745 erbaute Gaibacher Pfarrkirche.

Kontakt
Franken-Landschulheim, Schönbornstraße 2, ☎ (0 93 81) 8 06 20, E-Mail schule@flshgaibach.de

Anfahrt
Gaibach erreicht man über die A 3 (Abfahrt aus Richtung Nürnberg bei der Anschlussstelle Wiesentheid; aus Richtung Frankfurt Anschlussstelle Kitzingen / Schwarzach) oder über die A 7 (Abfahrt Anschlussstelle Estenfeld).

schied vom Internatsleben mag er nicht denken. »Ich könnte jeden Tag nach Hause fahren, aber ich fühl' mich wohl.«

Das Internatsleben ist eben etwas Besonderes. Im Schuljahr 1949/50 zogen erstmals Schüler ins Schloss ein – unter damals noch schwierigen räumlichen Verhältnissen. Schließlich mussten sich anfangs Schule und Internat das alte Gebäude teilen.

Die Geschichte des Gaibacher Schlosses erfuhr mit der Einrichtung des Landschulheims eine entscheidende Wendung. Um 1600 hatte Valentin Echter von Mespelbrunn ein befestigtes Wasserschloss erbauen lassen. 1650 kaufte Philipp Erwein von Schönborn die Anlage, die zwischen 1694 und 1710 unter Lothar Franz Kurfürst von Mainz umgebaut wurde. Hauptattraktion des Schlosses ist der im Stil des Klassizismus eingerichtete »Konstitutionssaal«, so benannt in Erinnerung an die bayerische Verfassung von 1818.

Altes Gemäuer ist freilich nicht nach jedermanns Geschmack. Die 14-jährige Verena Greulich aus Castell, die seit vier Jahren im Internat lebt, findet, dass »so ein altes Schloss schon auch Nachteile« hat: »Manches ist nicht so modern.« Wohl fühlt sie sich trotzdem, genau wie ihre 15-jährige Freundin Corinne Salz, die Gaibach »ganz okay findet«. Auch wenn's natürlich feste Regeln für die derzeit 165 Internatsbewohner (bei insgesamt 1575 Schülern in Realschule und Gymnasium) gibt: Ausgehen nach Volkach erst ab 16, Außer-Haus-Übernachten erst ab 18.

Da muss man durch. Dafür bekommt man etwas, was viele andere, die nicht ihre Schulzeit in einem Schloss verbracht haben, nicht haben: Nach Abi und Internatsleben Erinnerungen, die mit etwas Abstand immer schöner werden.

Seit 1949 ist im Schönborn-Schloss in Gaibach ein Internat untergebracht. Jan-Niklas Kraus, Florian Schulz, Verena Greulich und Corinne Salz (von links) wohnen derzeit dort.

Swing, Jazz und Oldies

Von der Künstlerkolonie zum Jazztempel – auf Schloss Hallburg geht es seit langem musikalisch zu

Torsten Schleicher

Hallburg

Unweit von Volkach im Landkreis Kitzingen zieht ein Kleinod inmitten von Weinbergen seit Jahren Freunde der Jazz- und Unterhaltungsmusik an: Schloss Hallburg.

Die Gegend um die Volkacher Mainschleife bietet viele reizvolle Fleckchen. Wer's so richtig romantisch mag, der sollte einen Abstecher zur Hallburg nicht versäumen. Schon die Anfahrt bietet was fürs Auge: Nach dem Abzweig von der Volkacher Umgehung führt eine kurze Fahrt durch ein schattiges Waldstück – bis auf einmal als Krönung eines Wiesengrunds und Weinbergs die trutzige Silhouette der Hallburg auftaucht. »Burg« ist dabei durchaus wörtlich zu nehmen, denn der mächtige Burgturm suggeriert Wehrhaftigkeit pur.

Ganzjähriges Ausflugsziel

Nun sind die Zeiten schon ein Weilchen vorbei, in denen die Hallburg tatsächlich als Veste dienen musste. Der 1000 Jahre alte Turm wüsste wohl eine Menge zu erzählen, doch zu erleben gibt es auch heute noch viel. Denn Schloss Hallburg, wie die im Besitz der Grafen von Schönborn befindliche Anlage offiziell heißt, bietet sich als Ausflugsziel geradezu an. Und das im ganzen Jahr, wenn's in der warmen Jahreszeit auch am schönsten ist. Dann verwandelt sich die Terrasse des Gastronomiebetriebes zum Treffpunkt für Musikenthusiasten aus nah und fern. Vor allem die Freunde der Jazzmusik haben auf der Hallburg einen Anlaufpunkt gefunden.

Ein beliebtes Ausflugsziel: Schloss Hallburg.

Die Hallburg von oben.

Die Hallburg in herbstlicher Farbenpracht.

Öffnungszeiten
Von April bis Oktober täglich ab 11 Uhr, an Sonn- und Feiertagen ab 10.30 Uhr. In den Monaten November bis März in der Regel Montag und Dienstag Ruhetag, ansonsten ab 15 Uhr bzw. Samstag und Sonntag ab 11 Uhr.

Umgebung
Zu empfehlen sind Abstecher in die historische Altstadt von Volkach und die umliegenden Weinorte.

Anfahrt
Die Hallburg erreicht man von Würzburg aus zunächst über die B 19 und dann weiter Richtung Volkach. Nach der Volkacher Mainbrücke fährt man in Richtung Sommerach und biegt dann zur Hallburg ab.

Kontakt
Schloss Hallburg
☏ (0 93 81) 23 40
E-Mail info@schlosshallburg.de
oder unter www.weinrestaurant-schlosshallburg.de

Längst den Status eines Geheimtipps hinter sich gelassen hat so der Jazz-Frühschoppen, der sonntags bei schönem Wetter von April bis Oktober für eine volle Schlosserrasse sorgt. Nicht weniger beliebt sind die zahlreichen musikalischen Abendveranstaltungen. Und an den Nummernschildern der Autos erkennt man's: Für Jazz, Swing und Oldies auf der Hallburg nehmen die Besucher gern auch mal ein paar Kilometer mehr Anfahrtsstrecke auf sich.

Konzerte im Burghof

Musik hat auf der Burg, um die sich manche Sage rankt, eine längere Tradition. Ab Mitte der 1920er Jahre hatte sich dort eine Künstlerkolonie gebildet, die auf Anregung von Erwein von Schönborn entstand. Der Musik liebende Graf hatte bei Berchtesgaden den Violoncello-Virtuosen Willy Lamping kennen- und schätzengelernt und ihm Räume auf der Hallburg zunächst als Sommersitz überlassen.

Es dauerte nicht lange, und schon hatte Willy Lamping einige seiner Schüler und befreundete Künstler um sich versammelt. Das Ergebnis dieser Treffen waren schließlich immer häufigere Konzerte – entweder auf der Hallburg selbst oder in der Umgebung. Über den Erfolg der Künstlerkolonie kann man auch in einem 1929 erschienenen Buch von David Brinkmann nachlesen: »Der Erfolg des ersten Konzertes sprach sich herum: Bald waren hundert und mehr Besucher da, und des Beifalls war kein Ende. Adlige, Bürger und Bauern Unterfrankens saßen einträchtig nebeneinander und lauschten der hehren Frau Musica.« Für 1929 zieht Brinkmann eine beeindruckende Bilanz: »Alles in allem gerechnet mögen wohl in diesem Jahr gegen 5000 Personen an den sämtlichen Konzerten der Hallburger teilgenommen haben.«

Seinerzeit waren es die klassischen Klänge, die vom Garten der Hallburg in die Umgebung hinausschallten, heute sind es Saxophon und Schlagzeug. Geblieben ist die Freude an Musik und Entspannung an einem der schönsten Fleckchen Mainfrankens.

Inmitten von Wald und Weinbergen: Zwei Kilometer südlich von Volkach, unweit der Autobahn Nürnberg–Würzburg, taucht Schloss Hallburg auf, romantisch an der Mainschleife gelegen.

Wo Ruhe und Frieden herrschen

Schloss Schwanberg erzählt viele Geschichten – Heute ist es geistliches Zentrum und Ausflugsziel

Siegfried Sebelka

Schwanberg

Das war knapp im Sommer 2005: Ein Jahr nach dem Tod von Radulf Graf zu Castell-Rüdenhausen sollte der Nachlass des letzten Schlossherren unter den Hammer kommen. Die Steinfiguren aus dem viel besuchten Schwanbergpark waren unter den 2828 Einzelstücken für die Versteigerung. Sie wären in alle Winde verstreut worden – der Park nicht mehr das, was er war. Die Rettung kam in letzter Sekunde.

Denkmalschützer wurden aktiv, die Öffentlichkeit aufmerksam und die Figuren wurden aus dem Katalog genommen. Inzwischen haben Paten für die Restaurierung gesorgt. Der Park hat seine Figuren und seinen Charakter behalten. Wenn er auch etwas verwildert ist, er ist vor allem an Wochenenden das Ziel zahlreicher Besucher.

Legenden und Sagen

Das ist nur eine kleine Geschichte aus der jüngeren Zeit von einem Berg und seinem Schloss, um den sich seit Jahrhunderten Legenden und Sagen ranken. Der Schwanberg überragt das vor ihm liegende Maintal und ist der prägende Berg im Landkreis Kitzingen. Er ist Ausflugsziel, Kreuzungspunkt von Wanderwegen (der Schwanberg ist Teil des Keltenwanderweges von Meiningen nach Bad Windsheim), Anziehungspunkt für Radfahrer, Aussichtsplattform und Sitz der Communität Casteller Ring.

Die Gemeinschaft von Frauen gestaltet ihr Leben in evangelisch-lutherischer Tradition und

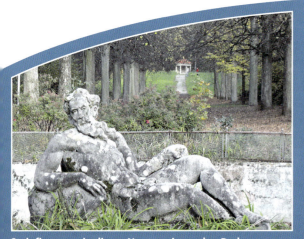
Steinfiguren wie dieser Neptun zieren den Park.

Gotteshaus St. Michael auf dem Schwanberg.

Ruhe genießen.

Schloss- und Kirchenführungen

Das Schloss wird vom Verein Geistliches Zentrum Schwanberg als Tagungsstätte genutzt und ist in der Regel nicht öffentlich zugänglich. Jeden ersten Sonntag im Monat (von Mai bis September) sind auf dem Schwanberg Schloss und Kirchenführungen möglich. Die Schlossführung beginnt um 15.30 Uhr, die Kirchenführung um 16.15 Uhr. Der Park und die Kirche sind immer zugänglich.

Bildungs- und Seminarangebot

Auf dem Schwanberg werden ganzjährig Fortbildungen und Seminare angeboten.
Das Programm gibt es per E-Mail bildung-begleitung@schwanberg.de

Kontakt

Geistliches Zentrum Schwanberg
Schwanberg 3
97348 Rödelsee
☎ (0 93 23) 3 20
E-Mail info@schwanberg.de und
www.schwanberg.de

Der Park von Schloss Schwanberg ist ein beliebter Ausflugsort. Dort kreuzen sich mehrere Wanderwege wie der Keltenwanderweg von Meiningen nach Bad Windsheim.

im Geist der Regeln St. Benedikts. Der Schwanberg ist damit neben der Abtei Münsterschwarzach das geistliche Zentrum im Landkreis Kitzingen.

Der Verein Geistliches Zentrum Schwanberg bietet einen Ort für interessierte Menschen, die die Möglichkeiten der Tagungshäuser Schloss Schwanberg, Haus St. Michael oder Jugendhof nutzen und die Ruhe genießen wollen. Die 1987 eingeweihte St. Michaelskirche zieht Gläubige an und ist deswegen nicht nur in der Osternacht oder an Weihnachten gut gefüllt.

Ein besonderer Friedwald

Und seit 2006 gibt es sogar noch einen Friedwald. Auch er ist etwas ganz Besonderes, weil es ein evangelisch-lutherischer Friedwald ist. Es gibt hier im Gegensatz zu anderen Naturfriedhöfen und Friedwäldern keine anonymen Bestattungen. Unter den alten Bäumen und in Begleitung der Schwestern der Communität finden hier immer mehr Menschen die letzte Ruhe. Bis Mitte 2008 waren es bereits 200 Urnenbeisetzungen. Der Schwanberg ist in diesem Bereich ein Platz der Ruhe und des Friedens.

Ruhe ist das Stichwort. Denn auf dem markanten Berg mit einem weiten Blick auf das Maintal ist es nicht immer ruhig zugegangen. Der Berg zieht seit grauer Vorzeit die Aufmerksamkeit der Menschen auf sich. Auf www.schwanberg.de ist die Geschichte im Internet kurz zusammengefasst.

Danach war der Schwanberg bereits seit frühester Zeit besiedelt. Um 100 000 vor Christus waren es noch streifende Jäger der Neandertaler gewesen. Doch schon in der Mittelsteinzeit rund 7000 vor Christus hat eine ständige Siedlung bestanden. Um 500 vor Christus sind dann schließlich die beiden Wall-Anlagen entstanden, die die flach abfallende Seite des Schwanbergs vor Angreifern schützen sollten.

Franken bringen den Glauben

Die vordringenden Kelten haben die Anlage mit einer Trockenmauer ergänzt und so das Plateau zu einem keltischen Oppidum ausgebaut. Diese »Stadt« nutzten auch die nachrückenden Germanen für sich, bis sie schließlich von den Franken im 6. Jahrhundert verdrängt wurden.

Mit den Franken drang auch der christliche Glaube vor. Durch das Wirken des heiligen Bonifatius und anderer irischer Mönche wurden Kirchen zu Ehren des streitbaren Erzengels Michael auf alte Kultstätten des ebenfalls streitbaren Wotan gesetzt. Um 745 wurde das Kloster Kitzingen vom Schwanberg aus gegründet. Dazu gibt es auch eine Sage. Danach war Hadeloga, eine Schwester Pippins des Kurzen, für die Gründung verantwortlich.

Zwischen Würzburg und Bamberg

Die Bistümer Würzburg und Bamberg bestimmten in der Folge die Besitzverhältnisse des Schwanbergs. So stammt die älteste bekannte urkundliche Erwähnung des Schwanbergs vom 18. Januar 1230. Die Ursache war ein Grenzstreit zwischen »Kastel Yppehofen et Swaneberk«.

In dieser Zeit ist auch das Schloss umgebaut worden, 1248 bis 1268. Damals diente es als Sitz von Vögten. Von 1438 bis 1605 übernahmen die Herrn von Wenkheim diesen Dienst. Danach gingen Burg und Grundbesitz an Fürstbischof Julius Echter von Mespelbrunn in Würzburg.

Zweimal niedergebrannt

Das Schloss wurde zweimal niedergebrannt. Zuerst im Bauernkrieg 1525 – der Wiederaufbau war 1573 abgeschlossen, wovon die Jahreszahl im Kamingewölbe erzählt. Zerstört wurde es dann auch im Dreißigjährigen Krieg 1633.

Wechselnde Besitzer

Nach der Säkularisation 1803 hatte das Schloss immer wieder wechselnde Besitzer. 1897 erwarb Jean Dern das Anwesen. Und er gilt auch als der Wiederhersteller des Schwanbergs. Er machte den Berg zu einem beliebten Ausflugsziel und zu einem Treffpunkt fränkischer Dichter.

1911 ging der Besitz an Alexander Graf zu Castell-Rüdenhausen. Er legte den oben erwähnten Park nach den Ideen des Jugendstils an – ein Zeugnis der Gartenbaukunst um 1920. Den Zweiten Weltkrieg überstand das Schloss zum Glück unbeschadet.

Der im Jahr 2004 verstorbene letzte Schlossherr, Radulf Graf zu Castell-Rüdenhausen, hat 1957 dem Pfadfinderinnen-Dienst das Schloss Schwanberg verpachtet. Daraus entwickelte sich

dann die Communität Casteller Ring. Das Schloss wurde zu einer Tagungsstätte umgestaltet und im Lauf der Jahre immer wieder modernisiert.

Als Teil des Geistlichen Zentrums Schwanberg stehen in der Tagungsstätte Schloss Schwanberg für Gruppen und Urlaubsgäste insgesamt 44 Einzel- und 13 Doppelzimmer zur Verfügung. Zwei alte Gewölbe – eines mit offenem Kamin – und die Turmstube sind ein stilvolles Ambiente.

Verkauf des Schlosses

Das letzte wichtige Datum in der bisherigen Geschichte des Schlosses war der 14. Dezember 2005. An diesem Tag verkauften die Erben von Graf Radulf aus dem Hause Castell das Schloss, weitere Gebäude und ein Einrichtungen auf dem Schwanberg an die Communität Casteller Ring und das Geistliche Zentrum Schwanberg. Damit war die Zukunft des Schwanbergs gesichert.

Eine Kulisse für Hitchcock

Nur noch die äußeren Fragmente sind seit Kriegsende von Schloss Wässerndorf erhalten

Eike Lenz

Ruine Wässerndorf

Zwei Wochen lang züngelten die Flammen lichterloh auf Schloss Wässerndorf (Lkr. Kitzingen), dann war von den einstigen Schätzen nichts mehr übrig. Heute ranken sich nur noch Bäume um das verlassene Anwesen.

Der Himmel über Wässerndorf hat sich verfinstert, ein Sommergewitter hängt in der schwülwarmen Luft. Vielleicht ist das gerade die richtige Stimmung, um sich dem geheimnisvollen Ort zu nähern. Der Weg nach oben ist dornenreich, und im Gegenlicht ragen die Mauern der Ruine wie Fragmente in den schwarz getünchten Himmel. In solch düsterer Kulisse hat Alfred Hitchcock sein Sozialdrama »Psycho« gedreht. Auch auf dieser Anhöhe über Wässerndorf hat sich vor 63 Jahren eine kleine Tragödie zugetragen: Es war kein wahnwitziger Frauenmörder, der hier sein Unwesen trieb, doch die Geschichte, die sich in den letzten Kriegstagen in der ländlichen Idylle abspielte, dürfte mindestens ebenso filmreif gewesen sein.

Das einst mächtige Schloss mit seinen hohen Mauern war im Zweiten Weltkrieg zur Zufluchtsstätte für fast 80 Menschen geworden. Als im April 1945 vor dem Schloss ein amerikanischer Offizier getötet wurde, ließ ein mit dem Gefallenen befreundeter Soldat die Menschen heraustreiben. Sie hatten beteuert, keinen Schuss abgegeben zu haben, doch die von Rache getriebenen Amerikaner steckten die ehemalige Burg am 5. April in Brand. Zwei Wochen wütete das Feuer. Zwei Bauern,

Geheimnisvoller Ort: Schlossruine Wässerndorf.

Einmal im Jahr ist die Ruine für Besucher geöffnet.

Ritterspiele wie im Mittelalter.

Kitzingen

Öffnungszeiten
Da sich die Schlossruine in privatem Besitz befindet, sind Besichtigungen nur nach Anfrage oder zu offiziellen Anlässen möglich.

Umgebung
1965/66 erbaute man in Wässerndorf für die aus Bonnland stammenden Familien die Michaelskapelle. Mehrere Exponate brachten die zwangsumgesiedelten Bürger mit, etwa die Grabplatte der jüngsten Tochter Friedrich Schillers oder das Renaissance-Epitaph des Philipp von Thüngen.

Kontakt
Schlossruinenverein Wässerndorf
Monika Rützel, Brunnesberg 14
97342 Seinsheim
☏ (0 93 32) 49 08

Anfahrt
Aus Richtung Würzburg oder Nürnberg kommend, der B 8 bis Mainbernheim folgen. Von dort nach Willanzheim abbiegen und der Wegweisung nach Seinsheim folgen. Dort auf Abzweigung nach Wässerndorf achten.

die den Brand aus Angst um ihre nahen Gehöfte zu ersticken versuchten, wurden nach Angaben von Zeitzeugen von den Amerikanern erschossen.

Als der Rauch sich verzogen hatte, war in den Trümmern und der Asche nicht mehr viel zu finden. Von dem eindrucksvollen alten Schloss – 1250 durch die Seinsheimer als Trutzburg errichtet und 1555 von Friedrich von Schwarzenberg zum repräsentativen Wasserschloss umgebaut – stand nur noch ein Gerippe. Nicht nur das Hab und Gut der Familie von Pölnitz, die das Gebäude von 1910 an bewohnte, war zum Raub der Flammen geworden.

Kompositionen Knabs verbrannten

Es verbrannten auch viele historisch wertvolle Stücke des Würzburger Staats- und Stadtarchivs sowie viele Kunstgegenstände umliegender Gemeinden, die vorher im Glauben, sie seien an dieser Stelle sicherer, nach Wässerndorf gebracht worden waren. Unter den zerstörten Urkunden waren die Säkularisationsakten, Kompositionen des in Kitzingen aufgewachsenen Musikers Armin Knab sowie die Archive zweier Adelshäuser.

Mehr als sechs Jahrzehnte sind seit dem verheerenden Brand vergangen. Die Natur hat sich zurückgeholt, was einmal ihr gehörte. Die von Türmen, einem Mauerring und einem Graben umgebene Ruine ist von Bäumen gesäumt, und vielleicht wirkt sie gerade deswegen auf viele Betrachter wie im Dornröschenschlaf versunken. »Verwunschener Ort, ein wunderschönes Plätzchen«, hat einer der vielen Ruinengänger ins Internet geschrieben. Über eine steinerne Brücke führt der Weg durch den halbrunden Torturm in den Schlosshof, der von den dreigeschossigen Mauerwänden der einstigen Wohn- und Wirtschaftsgebäude umgeben ist.

Einmal jährlich öffnet sich das Schloss dann auch einer breiten Öffentlichkeit. Der kulturell aktive Schlossruinenverein führt die Besucher durch das Gemäuer, und in der Fantasie fügt sich das Mosaik zu einem Gesamtbild, wie das mächtige Anwesen ehedem ausgesehen haben mag.

»Eins der beeindruckendsten Teile war ein mit Ranken-Fresken versehenes Zimmer«, ist im Internet-Lexikon Wikipedia zu lesen. Der vierflügelige Bau mit Atrium war mit vier Giebeln verziert. Die Reste der Ruine sind im Privatbesitz und nur noch selten zugänglich. Aber die Aura des Geheimnisvollen und des Mystischen dieser Umgebung nimmt einen noch heute gefangen.

Das als Wasserschloss erbaute Schloss mit viereckigem Innenhof wurde am 5. April 1945 von den amerikanischen Streitkräften in Brand gesteckt und ist bis auf die Grundmauern niedergebrannt.

Die Wiege des Öko-Weinbaus

Die Augustinus-Schwestern von der Vogelsburg und ihre revolutionäre Idee

Torsten Schleicher

Vogelsburg

Schon Anfang der 1960er Jahre verzichteten die Augustinus-Schwestern in ihren Weinbergen an der Vogelsburg bei Volkach auf den Einsatz von Spritzmitteln – was seinerzeit eher für Kopfschütteln sorgte.

Es ist einer von diesen Tagen, die Hedwig Mayer gar nicht mag. Feiner Regen liegt über den Weinbergen an der Volkacher Mainschleife, dazu weht ein frischer Wind. »Wenn man draußen im Weinberg arbeitet, dann ist man dem Wetter so schutzlos ausgeliefert«, sagt sie. In der Gaststube der Vogelsburg bei Volkach ist es dagegen angenehm heimelig. Und den Arbeitstag hat Hedwig Mayer für heute auch hinter sich gebracht.

Die Augustinus-Schwester, die gemeinsam mit fünf weiteren Mitgliedern der säkularen (nicht-klösterlichen) Gemeinschaft auf der Vogelsburg lebt und arbeitet, ist Herrin über immerhin zwei Hektar Weinberge – und Bewahrerin einer Tradition, die bis ins Jahr 906 zurückreicht. In einer Schenkungsurkunde wird der Weinbau an der Vogelsburg erstmals erwähnt. Eine große Verantwortung: »Es geht uns schon auch um die Bewahrung der Schöpfung an diesem Ort«, sagt Schwester Hedwig, die vor 35 Jahren aus Erlangen hierher kam.

Schon damals, 1973, war die Vogelsburg nicht nur eine Stätte von langer Geschichte, sondern auch ein Hort der Avantgarde – zumindest, was den Weinbau betrifft. Anfang der 1960er Jahre wurde hier begonnen, nach ökologischen Prinzipien

Ein Ort zum Auftanken.

Schwester Hedwig Mayer bei der Arbeit.

Blick hinunter ins Maintal.

Kitzingen

Öffnungszeiten
Die Kirche auf der Vogelsburg kann besichtigt werden, und die Ausflugsgaststätte ist täglich außer Montag von 10 bis 20 Uhr geöffnet.
Kontakt ☎ (0 93 81) 30 20
E-Mail vogelsburg@t-online.de

Umgebung
Zu empfehlen sind Abstecher in die historische Altstadt von Volkach und die umliegenden Weinorte (Nordheim, Sommerach, Escherndorf). Lohnenswert ist auch ein Abstecher nach Gaibach mit Schloss (nur von außen zu besichtigen), Balthasar-Neumann-Kirche und Konstitutionssäule. Ebenfalls nur einen Katzensprung entfernt ist die Wallfahrtskirche »Maria im Weingarten« mit Tilman Riemenschneiders »Maria im Rosenkranz«.

Anfahrt
Die Vogelsburg erreicht man von Würzburg aus zunächst über die B 19 und dann weiter Richtung Volkach.

zu wirtschaften. Hedwig Mayers Vorgängerin, Schwester Christa Schleser, verzichtete auf den Einsatz von Herbiziden und Insektiziden. Auslöser war keine »ökologische Erleuchtung«, sondern schlicht die Gesundheit. Die hatte bei Schwester Christa durch die Spritzmittel Schaden genommen. So versuchte sie, ohne die chemische Keule auszukommen. Seit 1973 verzichtete man auf der Vogelsburg auch auf Fungizide.

»Für uns bedeutete das damals, gegen den Strom zu schwimmen«, berichtet Mayer. Mit den anderen Winzern in der Umgebung wollten die Augustinus-Schwestern »den Erfahrungsvorsprung teilen« und stießen auf Ablehnung. Bis die Winzerinnen von der Vogelsburg mit ihren Methoden akzeptiert wurden, hat es »geraume Zeit gedauert«. Heute ist der Öko-Wein im wahrsten Sinne des Wortes in aller Munde.

Auf der Vogelsburg werden die flüssigen Ergebnisse des Weinbaus vor allem in der eigenen Gaststätte ausgeschenkt. Von deren Terrasse aus öffnet sich der Blick auf die Nordheimer Weininsel und auf Escherndorf. Wie ein Paradiesgarten wirkt von hier aus das fränkische Weinland. Das dürfte wohl auch Bischof Friedhelm Hofmann so empfunden haben. »Hier liegt Ihnen ein Stück der Welt zu Füßen, habe ich dem Bischof gesagt, als er bei uns zu Besuch war«, erzählt Hedwig Mayer.

Nicht nur ein Stück der Welt, auch ein Stück Kultur- und Religionsgeschichte: Die alte Höhenfestung der Kelten wird 874 als Königsgut der Karolinger erstmals urkundlich erwähnt. Anfang des zehnten Jahrhunderts ziehen Benediktinermönche auf der Burg ein. Im Bauernkrieg 1525 bleibt die Burg nicht verschont – die Chronik berichtet von einer Feuersbrunst in Kirche und Haus. Mit der Säkularisation 1803 endet auch auf der Vogelsburg das mönchische Leben. 1957 übergibt Besitzerin Philippine Walter das Anwesen an die Gemeinschaft der Augustinus-Schwestern, die die Weinberge bewirtschaften und ein Tagungshaus und die Gaststätte betreiben. Die Kirche der Vogelsburg »Mariä Schutz« ist als Ort der Ruhe und Besinnung beliebt.

Als »Ort zum Auftanken« bezeichnet Schwester Hedwig die Vogelsburg. »Wenn ich mich hier umschaue, dann kommt mir die Schöpfungsgeschichte in den Sinn: Gott setzte den Menschen in den Garten Eden, ihn zu bebauen und zu behüten.« Am nächsten Morgen wird sie wieder in den Weinberg ziehen.

Im saftigen Grün der Weinberge: Die Vogelsburg bei Volkach ist beliebtes Ausflugsziel und Ort der Besinnung zugleich. Die Winzerinnen dort oben arbeiten nach ökologischen Prinzipien.

■ Main-Spessart

Die Fußstapfen der Kunigunde

Herrschaftswohnsitz, Steinbruch, Heimaterbe: Bei den Führungen wird die Burgruine Homburg lebendig

Bianca Löbbert

Ruine Homburg

Erhaben liegt sie über dem Werntal auf dem Setzberg: die Homburg, Deutschlands zweitgrößte Burgruine. Zwischen dem Burgtor und der Ringmauer mit den zwei Türmen, zwischen romanischen und gotischen Fensterbögen und jahrhundertealtem Gemäuer der Burgkapelle wird ihre Geschichte ein ums andere Mal lebendig.

Historische Führungen der besonderen Art lassen die einstigen Bewohner der Homburg wieder auferstehen. Die Besucher erfahren so nicht nur Fakten, sondern tauchen in das mittelalterliche Leben ein: Sie begegnen den Burgherren und wohnen tragischen Liebesgeschichten bei, sie lernen von den rüden Tischsitten und erfahren, warum in Gössenheim kaum ein Haus steht, das nicht den einen oder anderen Stein der Homburg im Fundament trägt.

»Welch seltsam Volk kommt nahe meiner Burg? Sie tragen so bunte Kleid, sind's etwa Gaukler?« Nein, es ist kein »Lumpenpack«, sondern »braves Volk«, das Reinhard von Hohenberg vor seinem Wohnsitz in die Arme läuft. Der edle Burgherr und Erbauer der Homburg in Gestalt von Manfred Kleinwechter mustert seine Besucher ganz genau. Gekleidet in mittelalterlichem Gewand, lässt er die Gruppe das Burgtor passieren. »Wo bleibt denn bloß das Weibe«, schimpft der Ritter. »Immer wenn man sie braucht, ist sie nicht da.« Die Besucher lachen. Solche Sprüche kennt man auch nach tausend Jahren noch.

Sieben Liter Wein pro Tag

Was der Besichtigungstrupp aus der Neuzeit nicht weiß: Ein Edelfräulein aus damaliger Zeit hatte Anspruch auf sieben Liter Wein am Tag. Eine stolze Menge, aber dafür war der Wein auch nicht so stark. Solche und andere Anekdoten erzählt die Burgfrau Anna von Hohenberg, alias Annemarie Heuler, am Rande. Die Geschichtsstudentin aus Eußenheim hat sich mit der Homburg intensiv auseinandergesetzt.

Zur Zeit König Heinrichs II., im Jahr 1008, kamen die Brüder Adolf und Reinhard von Hohenberg aus Hessen nach Franken. Während Adolf im heutigen Adelsberg die Burg Adolfsbühl baute, errichtete Reinhard, vermählt mit Anna von Trimburg, ab dem Jahr 1018 die Homburg. Mehr als drei Jahrhunderte sollte sie im Besitz der »Reinhardschen« Linie bleiben.

1381 stirbt der letzte männliche Nachkomme des adligen Ritters. Es ist Dietrich von Hohenberg, der in hohem Alter verbittert und verspottet wird, weil er keinen männlichen Erben gezeugt hat. Die gesamte Hinterlassenschaft fällt seiner Tochter Christina und deren hoch verschuldeten Gatten Konrad von Bickenbach zu. Damit ist schließlich der Ruin der Herrschaft Hohenberg eingeleitet, der sich mit dem Niedergang des Kleinadels im Spätmittelalter paart.

Eingebettet in ein Naturschutzgebiet: Ruine Homburg.

Spektakulär: Deutschlands zweitgrößte Burgruine.

Annemarie Heuler mimt das Burgfräulein.

Öffnungszeiten

Die Burgruine Homburg ist ganzjährig kostenlos zu besichtigen. Historische Führungen bietet die Pension Heuler nach Vereinbarung an, ☎ (0 93 53) 16 28.
Der Homburg- und Denkmalschutzverein bietet kostenlose Führungen an. Spenden werden zum Erhalt der Burgruine verwendet.

Einkehrtipps

Für Besucher bietet die Weinschänke »Schoppenfranz«, direkt an der Burg gelegen, landestypische Spezialitäten und fränkische Weine bei Panoramaausblick.

Kontakt

Homburg- und Denkmalschutzverein, 1. Vorsitzender Hans Popp, ☎ (0 93 53) 2 10 oder VG Gemünden, ☎ (0 93 51) 9 72 40.

Anfahrt

Von Würzburg aus die B 27 Richtung Karlstadt, kurz vor Ortsausgang Karlstadt Richtung Eußenheim, Gössenheim abbiegen. In Gössenheim ist der Weg zur Burgruine ausgeschildert.

Noch bis 1481 wird die Homburg von den Nachkommen der von Bickenbachs bewohnt, dann geht der Besitz aufgrund eines Kaufvertrags an den Fürstbischof von Würzburg über. Für kurze Zeit wird die Homburg schließlich zum Amtssitz, den Bauernkrieg (1525) übersteht sie glücklicherweise schadlos.

Im Jahr 1680 jedoch läutet ein Brand im Herrenhaus der Hauptburg den Verfall ein. Einhundert Jahre später, 1780, teilt die Fürstbischöfliche Hofkammer den Besitz auf: Die Gemeinde Karsbach erhält den Schlosshof mit den dazugehörigen Gebäuden, die Gemeinde Gössenheim das Hauptgebäude. Doch die Homburg verfällt zusehends. Zum Steinbruch für die umliegenden Ortschaften geworden, tragen die Bewohner nach und nach ihr Gemäuer ab.

Bedeutung als Heimaterbe

Gestoppt wird dieser Raubbau erst 1901, als Graf von Luxburg, Regierungspräsident von Unterfranken, die Bedeutung der Homburg als Heimaterbe erkennt. 1960 gründet sich der Denkmalschutzverein Homburg, der sich seitdem für die Renovierung und den Erhalt der Burg einsetzt.

Den Großteil der Führung machen diese historischen Eckdaten aus, die Vermittlung dieses Wissens aber erfolgt auf ungewöhnliche Weise: In der ehemaligen Kapelle singt ein Mönch barfuß vor Kerzen gregorianische Gesänge, im Haupthaus schaut plötzlich der Burgherr durchs Fenster und beklagt, nicht einmal an diesem »stillen Örtchen« seine Ruhe zu haben, und vor der Kemenate (Kaminraum) trällert ein verliebter Knappe Liebeslieder für Kunigunde – einer Nachfahrin der Burgfrau Anna.

Einer Legende nach soll man noch heute den Fußstapfen Kunigundes unter ihrem Fenster sehen können. Wie die Geschichte besagt, sei das Burgfräulein in einen Knappen verliebt gewesen. Der Vater habe sie deswegen in ihrem Zimmer eingesperrt. Beim Fluchtversuch mit einem selbst geflochtenen Seil sei sie aus dem Fenster gefallen.

Die Idee zu den außergewöhnlichen Führungen hatte ursprünglich Manfred Kleinwechter. Der Sonderschullehrer aus Eußenheim wollte damit wieder Leben in das Gemäuer bringen. Gisela Heuler, die in Eußenheim eine Pension betreibt, hat die Idee aufgenommen und gemeinsam mit Kleinwechter weiterentwickelt.

Neben den Erlebnisbesichtigungen bieten auch die Gemeinden Gössenheim und Karsbach Führungen an. Mehrmals im Jahr finden Veranstaltungen wie Weinfeste, Mittelalterspektakel oder auch die beliebten Sängerfeste an Pfingsten auf der Homburg statt. Über die Jahre hinweg ist sie wegen der reizvollen Kulturlandschaft zu einem beliebten Ausflugsziel für Touristen geworden.

Von Gössenheim aus führt eine asphaltierte Straße zur Burg hinauf, zudem gibt es mehrere Wander- und Naturlehrpfade. Das Naturschutzgebiet »Ruine Homburg« hat wegen seines Lebensraums für seltene Insekten und Pflanzen landesweite Bedeutung gewonnen.

Ein Knochen für alle

Ein Schmankerl können Interessierte aber bei der historischen Führung erleben: Vor einem gemeinsamen Mahl erklärt der Burgherr, »wie's Sitte ist bei Rittern, wenn sie zu Mahle schreiten«. Die wichtigste Tischregel, zu der auch die Gäste angehalten werden: Man lege den abgenagten Knochen nicht zurück in die Schüssel – schließlich will vielleicht noch ein anderer weiter daran nagen.

Wo Ritter Hamann Hirsche jagte

Schloss Mespelbrunn im Spessart, Wohnsitz einer adeligen Familie, diente schon als Filmkulisse

Kathrin Beck

Wasserschloss Mespelbrunn

Fast scheint es sich vor neugierigen Blicken verstecken zu wollen. In einem Seitental des Elsava-Tals verborgen, blinzelt Schloss Mespelbrunn nach einigen Minuten Fußmarsch zwischen den Blättern hervor. Wer es entdeckt hat, der meint in ein Märchen der Brüder Grimm geraten zu sein.

Kein Wunder, dass das Schloss schon häufiger in Film und Fernsehen als Schauplatz für Märchen und Sagen dienen durfte. Umschlossen von den rauschenden Wäldern des Spessarts, liegt es in der Morgensonne wie ein verwunschenes Schloss. Es fehlt nur eine hübsche zu rettende Prinzessin und ein zur Rettung bereiter Prinz.

Tapfer soll auch Ritter Hamann von Echter gewesen sein. Dem schenkte der Erzbischof Johann von Mainz 1412 diesen Grund, auf dem er mit Haus und Hof den Grundstein für das Schloss legte. Einer Legende nach verdankt er diese Schenkung einer selbstlosen Tat auf einer gemeinsamen Hirschjagd mit dem Kurfürsten Johann. Der war nach einer langen, anstrengenden Jagd bei heißem Wetter völlig erschöpft, brannte vor Durst. Dem Ritter ging es zwar ähnlich, er machte sich aber dennoch erfolgreich auf die Suche nach einer Quelle und trug – mangels Trinkgefäß – seinen aller Kräfte beraubten Dienstherren zum dringend benötigten Nass. Als Dank erhielt Hamann den »Platz zum Espelborn«.

Aber schon vor dem Ritter hatten sich an diesem Ort Echter-Sprösslinge verirrt. Einer von drei Brüdern, die durch

Das Wappen der Herren von Mespelbrunn.

Blick in den Innenhof.

Der mächtige Burgturm.

Geschichte

1412 schenkt der Kurmainzer Erzbischof Johann seinem Forstmeister Hamann von Echter den »Platz zum Espelborn«. Sein jetziges Erscheinungsbild erhält das Schloss durch den Umbau von Peter Echter von Mespelbrunn und seiner Frau Gertraud von Adelsheim 1551 bis 1569. 1655 endet die Linie der Echter im Mannesstamm; Maria Ottilia, genannt die letzte Echterin, heiratet 1648 Ludwig von Ingelheim.

Öffnungszeiten

Das Schloss ist in Privatbesitz; der Nordflügel ist für die Öffentlichkeit von Karfreitag bis Allerheiligen zugänglich: Montag bis Samstag 9 bis 12 Uhr, 13 bis 17 Uhr; sonn- und feiertags 9 bis 17 Uhr. Besichtigung nur mit Führung.

Kinder-Tipp

Kindern macht es Spaß, die Fische im Wassergraben zu füttern. Wolpertinger, jene legendäre Tierspezies gehörnter Hasen, sind ausgestopft im Treppenaufgang zu bewundern.

Raubrittertum bei Kaiser Barbarossa in Ungnade gefallen waren und sich deshalb in den Spessart geflüchtet hatten, siedelte hier. Nur gelegentlich trafen sich die Brüder – an einer Eisenstange mit drei Ringen, an denen sie ihre Pferde anbanden. Der Ort, Echterspfahl genannt, liegt nur wenige Kilometer vom Schloss entfernt. Die drei Ringe fanden Eingang in das Wappen der Echter. Das ist überall im Schloss zu finden, denn hier ist der Stammsitz des Geschlechts.

Märchenhaftes Versprechen

Auch heute wohnen noch Echter-Nachfahren im Schloss; es ist im Familienbesitz der Grafen von Ingelheim, genannt Echter von und zu Mespelbrunn. Daher kann auch nur der Nordflügel besichtigt werden. Doch das reicht aus, denn das Schloss hält im Inneren, was es außen märchenhaft verspricht. Dem Besucher begegnen dort schön gearbeitete Räume, teures Porzellan, Jagdtrophäen und Waffen.

Im heute noch genutzten Speisesaal im Obergeschoss findet sich eine Besonderheit: das Zeremonialschwert des Fürstbischofs von Würzburg, Zeugnis für den bekanntesten Spross der Familie Echter: Fürstbischof Julius Echter von Mespelbrunn, der Erbauer des Juliusspitals in Würzburg und Gründer der Würzburger Universität, erblickte in diesem Schloss 1545 das Licht der Welt – als eines von zehn Kindern seiner Eltern Peter Echter von Mespelbrunn und Gertraud von Adelsheim. Unter diesen beiden wandelte sich das Wasserschloss in 18 Jahren Bauzeit zum verträumten Renaissance-Schlösschen, das es heute ist.

Über ein halbes Jahrtausend ist seit den Anfängen des Schlosses vergangen. Und immer noch steht es da, überwacht der imposante Burgturm das Geschehen. Seiner verborgenen Lage inmitten des Spessarts verdankt das Schloss vermutlich, dass ihm weder Krieg noch die Zeit Schaden zufügen konnten – vielleicht haben auch die kleinen, in den Sandstein gemeißelten Fratzen, die böse Geister abhalten sollten, ihren Teil dazu beigetragen.

Schloss Mespelbrunn ist im Privatbesitz der Grafen von Ingelheim, genannt Echter von und zu Mespelbrunn. Dort wurde der Film »Wirtshaus im Spessart« mit Liselotte Pulver gedreht.

Wo Schneewittchens Wiege stand

Ab und zu wird das schöne Mädchen auch heute noch im Lohrer Schloss gesehen

Wolfgang Dehm

Schloss Lohr

Seit fast 700 Jahren trotzt es Wind und Wetter: das Lohrer Schloss. Früher war es Adelssitz, dann waren dort Ämter untergebracht, heute befindet sich in dem altehrwürdigen Gebäude das Spessartmuseum.

Wer dem Museum einen Besuch abstattet – mehr als 20 000 Menschen tun dies jedes Jahr – kann viel über den Spessart und seine Bewohner erfahren. Die Not, die in dem düsteren Waldgebiet herrschte, wird genauso beleuchtet wie die Wirtschaftszweige, die dort wegen des Reichtums an Bäumen entstanden sind. Natürlich werden auch die legendären Spessarträuber hinreichend gewürdigt. Liselotte Pulver und das Wirtshaus im Spessart lassen grüßen.

Und dann wäre da noch etwas. Etwas, das vor allem die Kinderherzen höher schlagen lässt: Im Lohrer Schloss stand die Wiege von Schneewittchen. Das zumindest hat der Lohrer Apotheker Karlheinz Bartels, der sich nebenbei als »Fabulant« einen Ruf gemacht hat, herausgefunden. Seinen Recherchen zufolge wurde Schneewittchen am 19. Juni 1729 im Lohrer Schloss als Maria Sophia Margaretha Catharina Freifräulein von Erthal geboren.

Als der bösen Stiefmutter, Claudia Elisabeth von Erthal, geborene von Reichenstein, das Mädchen zu schön wurde, verdonnerte sie den Förster dazu, das Freifräulein in den Wald zu bringen und zu töten. Doch der Mann brachte es nicht übers Herz. So ließ er Schneewittchen einfach im Wald zurück.

Blick von oben auf das Lohrer Schloss.

Romantisch: das Schloss bei Nacht.

Räubergeschichten bei der Kinderführung.

Geschichte
Der Grundstein für das Lohrer Schloss wurde um 1340 von Graf Gerhard V. von Rieneck gelegt. Urkundlich erstmals erwähnt wurde das Lohrer Schloss 1389. Seit 1936 ist im Schloss das Heimat- und Spessartmuseum Lohr eingerichtet.

Öffnungszeiten
Dienstag bis Samstag
10 bis 16 Uhr
Sonn- und Feiertage
10 bis 17 Uhr.

Kontakt
Weitere Infos gibt's unter
☎ (0 93 52) 20 61 oder im Internet unter www.spessartmuseum.de

Anfahrt
Das Lohrer Schloss steht im Herzen der Lohrer Innenstadt am Schlossplatz, in der Nähe des Kreiskrankenhauses und des neuen Rathauses. Lohr erreicht man von Würzburg aus über die Staatsstraße über Karlstadt oder mit der Bahn. Allerdings liegt der Bahnhof rund einen Kilometer von der Innenstadt entfernt.

Es lief vorbei an den Glashütten im Reichengrund, vorbei an Partenstein und Frammersbach. Nachdem es sieben Berge hinter sich gelassen hatte, kam es bei den Zwergen im Biebergrund an. Das waren von schwerer Arbeit gebeugte Bergleute, die nach Kupfer und Silber schürften.

Die eitle Stiefmutter, die einen Spiegel mit der Inschrift »Sie ist so schön wie das Licht« besaß, fand schließlich doch heraus, wo sich Schneewittchen aufhielt. Folglich startete sie einen erneuten Versuch, die Konkurrentin in Sachen Schönheit ins Jenseits zu befördern.

Sie sorgte dafür, dass Schneewittchen in einen mit Tollkirschsaft präparierten Apfel biss. Daraufhin fiel die Schöne in einen todesähnlichen Schlaf. Als die Bergleute den Glassarg, in den sie ihre Freundin gebettet hatten, durch den Wald trugen, kam es zu Erschütterungen. Diese bewirkten, dass Schneewittchen das halbverschluckte Apfelstückchen ausspuckte und das Gift aufhörte zu wirken. Nach dem Tode der Stiefmutter ließ sich das unsterbliche Schneewittchen übrigens wieder öfter in Lohr sehen.

Es gibt Menschen, die glauben, dass diese Geschichte nur ein Märchen ist. Ihnen sei ans Herz gelegt, Lohr einfach einmal einen Besuch abzustatten. Mit ein bisschen Glück können sie dann Schneewittchen durch die Straßen und Gassen des Städtchens ziehen sehen. Manch einer behauptet sogar, er habe in Lohr schon mehrere Schneewittchen auf einmal gesehen – ohne zuvor zu tief ins Glas geschaut zu haben…

Immer eine Attraktion: das schöne Schneewittchen, umrahmt von seinen sieben Zwergen, vor dem Lohrer Schloss. Innen gibt es das Heimat- und Spessart-Museum mit den berühmten Lohrer Spiegeln und den Spessart-Räubern.

Steinernes Zeugnis der Zeit

1525 wurde die Karlsburg im Bauernkrieg niedergebrannt

Martina Amkreutz-Götz

Ruine Karlsburg

Wer die Ruine Karlsburg erleben und den Panoramablick auf Karlstadt und das Maintal genießen will, muss die Burgruine zu Fuß erobern. Der aufsteigende Burgweg, der links vom Kino »Burg-Lichtspiele« in Mühlbach startet und durch Schatten spendende Bäume führt, bringt den Spaziergänger in gut 15 Minuten auf das Wehrgelände über der Kreisstadt Main-Spessarts.

Seit 1525 hat die Burgruine ihr Angesicht nicht deutlich verändert. In der zweiten Maihälfte jenes Jahres (vermutlich zwischen dem 15. Mai und 3. Juni) wurde die Burg im Bauernkrieg niedergebrannt. Unter den neun Rädelsführern, die am 17. August 1525 auf dem Karlstadter Marktplatz geköpft wurden, soll auch jenen das Leben genommen worden sein, die die Burg angezündet hatten.

Sie wurde nicht wieder aufgebaut. Wozu auch. Ihre eigentliche Funktion – Bollwerk des Würzburger Bischofs gegen die Mainzer und Rienecker – hatte sich im 16. Jahrhundert überlebt. Lebendig geblieben ist dagegen die Sage, Karl Martell, der Großvater Karls des Großen und Vater des Karolinger Geschlechts, sei unterhalb der Karlsburg in einer Mühlbacher Mühle geboren worden. Auch ohne einen großen Namen der damaligen Zeitgeschichte war die Karlsburg bedeutend. Ihre frühe Geschichte greift auf das Jahr 741 zurück.

In jenem Jahr stattete König Karlmann das neu gegründete Bistum Würzburg mit 25 königlichen Eigenkirchen aus und schenkte das Marienkloster am Ort (villa) Karlburg. Im 12. Jahr-

Vom Maintor zur Karlsburg.

Main und Ruine auf einen Blick – Romantik pur.

Hier hausten einst die Rittersleut.

Geschichte

Die Karlsburg hat ihren Namen nicht vom männlichen Vornamen Karl, wie man annehmen könnte aufgrund der Legendenbildung, Karl Martell sei unterhalb der Burg in Mühlbach geboren worden. Auch ist nicht verbrieft, dass Kaiser Karl der Große jemals die Burg betreten hat. Auch die Karolinger sind kaum Namensgeber, da die Entstehung der Burg weit vor der Karolingerzeit liegt. Wahrscheinlich stammt der Namen von Karle, das bedeutet »Burg der Männer«. Die Burgruine ist seit September 2008 Teil eines sechs Kilometer langen Rundwanderwegs.

Öffnungszeiten

Die Burgruine Karlsburg ist offen zugänglich und zu Fuß erreichbar auf einem Weg, der am Mühlbacher Kino »Burg-Lichtspiele« an der Mainbrücke beginnt (Hinweisschild). Es gibt keine Gastwirtschaft.

Mehr Informationen im Internet
www.karlstadt.de
www.mainspessart.de

Blick von der Burg auf Karlstadt. Sie war durch ihre fast unzugängliche Lage auf einem Felsen, südlich und östlich steil abfallend, ein strategisch wichtiger Stützpunkt für alle Würzburger Fürstbischöfe.

hundert nannte Ekkehard von Aura in einer Lebensbeschreibung des ersten Würzburger Bischofs Burkard Karlburg nicht mehr villa, sondern Kastell (castellum) mit einem Königsgut. Waren es – wie heute – zwei verschiedene Stellen, hier der Ort und dort die Burg? Nun heißt castellum »befestigter Platz« mit Schanze, Graben und Palisade. Eine solche Befestigung wurde auf dem nördlichen und westlichen Vorgelände zwischen 1971 und 1974 ausgegraben und in Schnitt- und Flächengrabungen erforscht.

Diese Grabungen erbrachten das Ausmaß der ersten Festung. Sie war eine bewallte Befestigung mit einem Nord-Süd-Durchmesser von 170 Metern und einem Ost-West-Durchmesser von 120 Metern. Die Hauptanlage stammt aus der Merowingerzeit (bis 751 n. Chr.).

Ihre fast unzugängliche Lage auf einem Felsen, südlich und östlich steil abfallend, machte die Karlburg oder heute Karlsburg zu einem strategischen Stützpunkt für alle Würzburger Fürstbischöfe. Bis zur Jahrtausendwende 1000 nutzte der König die Burg, um Land, Leute und Main zu sichern und seine Verwaltungsstruktur auszubauen. Sie hatte damals die gleiche strategische Bedeutung wie die

Würzburger Festung Marienberg. Die alte Festung aus Bastionen, Mauern und Wällen bestand bis ins 12. Jahrhundert. Dann errichtete man die hochmittelalterliche Burg, deren Ruine als Fragment nach dem Brand die Jahrhunderte überlebte.

Fehde mit den Rieneckern

Mit der Territorialpolitik des Bischof Konrad von Querfurt (1198 bis zur Ermordung 1204) erreichte die Karlsburg ihre Trutzbedeutung. Bei der Fehde mit den Rieneckern, die sich Richtung Würzburg ausbreiten wollten, war die Karlsburg militärisch besetzt. Historiker nehmen als früheste Entstehungszeit der Karlsburg 1133 an.

Am Ende der Rienecker Fehde 1243 war die Burg wohl schon vorhanden. 1286, als Bischof Berthold seine Weinberge am Fronberg unterhalb der Karlsburg verschenkte, wurde die Burg in ihren noch heute bestehenden Ausmaßen genannt. Heute weiß man, dass ein Teil des Berings und der im Nordosten gelegene Wohnbaurest als ältestes erhaltenes Mauerwerk aus der Romanik stammen, während der Palas und der Zwinger auf der Nordseite mit zwei Halbtürmen der Gotik zugeordnet werden.

Im 13. und 14. Jahrhundert hatte die Karlsburg eine große Bedeutung für die Würzburger Bischöfe, die sie unter ihrer unmittelbaren Kontrolle behielten. 1307 regierte sogar Bischof Andreas von Gundelfingen zeitweise sein Hochstift von ihren sicheren Mauern aus. 1335 begab sich im Kampf um den Bischofsstuhl Otto von Wolfskehl (Kandidat des Papstes gegen Hermann von Lichtenberg, Kandidat des Kaisers) von Würzburg aus in den Schutz der Karlsburg.

Von der 1336 genannten Gertraudenkapelle finden sich bis heute keine Spuren auf dem Burgareal. Das birgt mit seinen Vorbauten, Erdwällen, Gräben und Brunnen noch Geheimnisse. Seit dem Brand im Bauernkrieg 1525 steht sie als Ruine hoch über dem Main. Das heutige Wahrzeichen Karlstadts gehörte dem Hochstift und ging nach der Säkularisation an das Land Bayern über, das die Ruine 1806 an den früheren herrschaftlichen Zehnt-Inspektor Ernst Albert aus Mühlbach verkaufte, wie Burg-Chronist Joseph Hoernes 1898 aufzeichnete.

Albert ließ die baufälligen Mauern und Türme abbrechen und den doppelten tiefen Graben an der Westseite einebnen. Um die Burg herum angelegte Weinterrassen und Obstgär-

ten verwischten die ursprüngliche Form der Burganlage. Der Burgbrunnen, den Ernst Albert herrichten ließ, verfiel wieder. Er lässt heute erneut die Besucher beim Blick in die schwarze Tiefe erschaudern. 1851 wurde der Hauptturm, der Bergfried abgebrochen. Die Mühlbacher Schlossfamilie Broili verkaufte die Burg 1961 an den Landkreis Main-Spessart.

Leider weigert sich das Landesamt für Denkmalpflege, die einfallenden Terrassenmauern als erhaltenswürdig anzuerkennen. Einige Steine purzeln schon zu Tale und bedrohen Mühlbacher Wohnhäuser. Der Landkreis sicherte den Hang mit Teilrodungen und einem Fangzaun.

Enge Verbindung Burg und Karlburg

Die Karlsburg ist eng mit der Geschichte Karlburgs verbunden. Die Funktion der Siedlung im Tal bestand in der Versorgung der Bewohner der Fliehburg mit Nahrung, Produkten des täglichen Bedarfs sowie wahrscheinlich auch Baumaterial und Arbeitskräften für die Baumaßnahmen in der Burg.

Als die heutige Burg ihre Hochzeit erlebte, war Karlburg bei der Rienecker Fehde in Schutt und

Asche gelegt worden. Das genaue Jahr weiß man nicht. In einem Vertrag vom 9. Mai 1243 heißt es, Gräfin Adelheid und ihre Söhne Ludwig und Gerhard hätten Karlburg, das Dorf im Tal, niedergebrannt. Zu diesem Zeitpunkt war Karlburg schon bedeutungslos gegenüber der an Einfluss gewinnenden Stadt Würzburg und der sich prächtig entwickelnden, erst um 1200 planmäßig gegründeten Stadt Karlstadt am gegenüberliegenden Mainufer.

Für die heutige Geschichtsschreibung und wegen der wertvollen Erkenntnisse über Leben und Arbeiten unserer Vorfahren ist die Zerstörung der Karlburg ein Glücksfall. Ihr verdanken wir Tausende von Fundstücken aus der früh- und hochmittelalterlichen Zeit, Reste von Alltagsgegenständen, Tierknochen sowie Gruben- und Pfostenhäusern, die Archäologen aus dem Boden zu Tage förderten.

Die im Mainfränkischen Museum in Würzburg gezeigte Ausstellung »Eine Welt in Bewegung« hob die herausragende Stellung Karlburgs als Handwerks- und Fernhandelsort hervor. Karlburg hatte die komplexe Struktur einer großflächigen Siedlung, die mit dem Beginn der Karolingerzeit, das war spätestens ab 751, auch seinen Namen bekam.

Ein Schloss mit vielen Gesichtern

In der Thüngener Burganlage treffen verschiedene kunsthistorische Stile aufeinander

Wolfgang Heß

Schlossanlage Thüngen

Im Raum Main-Spessart und in der Rhön sind Schlösser und Burgen eng mit dem Namen Thüngen verbunden. Das Bild der Werntalgemeinde Thüngen wird geprägt von einer ganzen Schlossanlage inmitten der Parkanlage »Bangerts«. Zwei Familien von Thüngen bewohnen die Gemäuer.

Fremden ist das Betreten der privat genutzten Schlossanlage normalerweise nicht gestattet. Ich werde erwartet und nach dem Durchschreiten des Hoftores stürmisch von fünf lebhaften Dackeln begrüßt. Doch Eric von Thüngen hat seine »Leibgarde« gut im Griff. Und freundlich erklärt er mir die Burganlage, die sich aus drei unterschiedlichen Trakten zusammensetzt.

Barock trifft Neogotik

Der westliche Teil, das Burgschloss, besteht aus einem barocken Obergeschoss und einem Renaissance-Unterbau. Der östliche Teil, der durch seinen neugotischen Stil mit Türmen und Zinnen auffällt, nennt sich Spitalschloss. Zur Burganlage gehört außerdem das älteste Gebäude im Schlosshof, der »Alte Stock«, der erstmals im Jahre 997 urkundlich erwähnt wurde.

Der zerstörte Altbau des Burgschlosses stammt aus dem 12. Jahrhundert. Nach dem Bauernkrieg war der Trakt nur noch eine Ruine. Diese wurde 1579 wieder aufgebaut und damals »Neuenburg« genannt. Als es keine Ortskirche gab, wurden dort auch Sonntags-Gottesdienste abgehalten.

Das Schloss prägt das Thüngener Ortsbild.

Blick von oben auf die Schlossanlage.

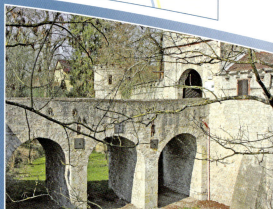
Über den Schlossgraben führt eine Brücke.

Besichtigung

Die Thüngener Burgen und Schlösser sind in Privatbesitz, deshalb ist eine Besichtigung nicht möglich. Nur zu besonderen Anlässen gestatten die Besitzer ihren Gästen einen Blick hinter die Schlossmauern.

Ausflug-Tipps

Wanderwege, Pferdehöfe, Übernachtungsmöglichkeiten, Gaststätten und Kartenmaterial werden im Internet angeboten unter:
www.markt-thuengen.de

Anfahrt

Der Markt Thüngen liegt etwa 25 Kilometer nördlich von Würzburg und 30 Kilometer westlich von Schweinfurt am südöstlichen Rand des Kreises Main-Spessart. Von Würzburg erreicht man Thüngen über die B 27 und biegt nach Retzbach ab in Richtung Thüngen. Von Karlstadt erreicht man den Ort über die B 26 Richtung Arnstein.

Das Burgschloss wird heute von Erics Verwandten Hanskarl von Thüngen und dessen Familie bewohnt.

Das Spitalschloss wurde von 1561 bis 1564 als dreigeschossiger Bau mit Zwiebeltürmen erbaut. Vorher befanden sich in diesem Bereich neben Wohngebäuden auch Ställe, Lager und Wirtschaftsräume, die 1525 im verheerenden Bauernkrieg zerstört worden waren.

Der Name des Schlosses erklärt sich aus der Verpfändung des Bauwerkes an das Würzburger Juliusspital im Jahre 1564. Thüngen musste sich am Bau des Juliusspitals mit Frondiensten und Zahlungen beteiligen. Weil der lebensfrohe Neidhard von Thüngen dem Würzburger Bischof gegenüber in Zahlungsschwierigkeiten geraten war, wurde das Schloss und ein Viertel des damaligen Ortes an das Juliusspital übergeben.

Erst 1854 konnten die Brüder Wolfgang und Wilhelm von Thüngen das Schloss, das sich zu dieser Zeit in einem ruinösen Zustand befunden haben soll, wieder in den Familienbesitz zurückführen. Bis zum Ende der 1860er Jahre wurde das Spitalschloss im neugotischen Stil aufgebaut. Es wird heute von Eric von Thüngen mit Familie und seinen Eltern bewohnt.

Der »Alte Stock«

Der »Alte Stock«, dessen Mauern am Fuße etwa 4,50 Meter dick sind, diente bis etwa 1700 als Wohngebäude. Die Abtritte, in denen die Notdurft verrichtet wurde, sind heute noch vorhanden. Da es im »Alten Stock« keine Toiletten gab, sammelten sich die Exkremente der Bewohner im Schlossgraben, der mehrmals im Jahr von den Untertanen gesäubert werden musste. Gegenüber dem Schlosstor liegt die Orangerie.

Den Barockbau hat man vermutlich 1741 nach Entwürfen des Würzburger Baumeisters Balthasar Neumann errichtet. Von 1979 bis 1981 wurde das ehemalige Gartenhaus aufwändig renoviert und dient seither als schmuckes Wohnhaus.

Das Juwel in der Marktgemeinde Thüngen ist die große Schlossanlage in der Ortsmitte. Der westliche Teil der Anlage, das Burgschloss, besteht aus einem barockem Obergeschoss und einem Renaissance-Unterbau.

Eine Ruine als Kulturhochburg

Die Scherenburgfestspiele in Gemünden locken jeden Sommer 25 000 Zuschauer

Michael Fillies

Ruine Scherenburg

Wohl wenige Wahrzeichen liegen so ortsnah und ungenutzt wie die Scherenburgruine über Gemünden. Als nach kurzem, steilen Anstieg erreichbarer Aussichtspunkt thront das vielleicht 800 Jahre alte Gemäuer das ganze Jahr ruhig über den Dächern der Dreiflüssestadt. Außer im Sommer: Dann wird die Scherenburg dank der Festspiele zur Kulturhochburg.

So wie die nahezu dreieckige Burganlage den Südosten der fast quadratischen Stadtbefestigung deckt, bildet das Freilichttheater den kulturellen Eckpfeiler im Veranstaltungskalender Gemündens und des Landkreises Main-Spessart. Bis zu 25 000 Zuschauer erklimmen jährlich den Schlossberg und lassen sich von klassischen Stücken, Musicals und Kindertheater professionell unterhalten.

Dass der Hof zwischen der erhaltenen Giebelmauer und dem Bergfried eine prächtige Kulisse für Theateraufführungen abgibt, hatten die Stadtväter schon vor 100 Jahren erkannt. Bereits 1909 wurde die Gemündener Sage vom Schlüsselfräulein und seiner unglücklichen Liebe dort aufgeführt. Drei Jahre später endeten die Festspiele in einem finanziellen Desaster.

Stoff für ein Drama

Ob sich Bürgermeister Otto Christin, seit 25 Jahren im Amt und 1912 zum Ehrenbürger ernannt, deswegen 1913 das Leben nahm, ist ungewiss. Sicher aber böten diese ersten Festspiele den Stoff zu einem Dra-

Romantische Kulisse: Scherenburg bei Nacht.

Der Brandner Kasper bei den Festspielen.

Interessante Perspektive.

Geschichte

Erste Erwähnungen der Scherenburg existieren aus dem 13. Jahrhundert. Zunächst gehörte die Burg den Grafen von Rieneck, ab 1466 dem Hochstift Würzburg. Seither trägt sie den Namen des damaligen Herren, Fürstbischof Rudolf von Scherenberg. Ab 1825 in Privatbesitz, wurde sie in den letzten Kriegsmonaten schwer beschädigt.

Zugang

Der Aufgang zur Scherenburg beginnt direkt am Marktplatz. Sie ist nur zu Fuß zu erreichen. Der Weg führt etwa acht Minuten in Serpentinen und über Treppen hinauf. Parkmöglichkeiten gibt es an der Mainlände und auf dem Großparkplatz Lindenwiese.

Kontakt

Tourist-Info Gemünden
Frankfurter Straße 2
☎ (0 93 51) 38 30

Scherenburgfestspiele

Infos und Karten:
www.scherenburgfestspiele.de

---

ma. Christins Tochter hatte die Hauptrolle gespielt und er wie auch andere Honoratioren der Stadt mit eigenem Vermögen für die Festspiele gebürgt.

Ruine wird zum Veranstaltungsort

Ein Amtsnachfolger Christins, der heutige Coburger Bundestagsabgeordnete Hans Michelbach, griff in den 1980er Jahren die Idee der Burgfestspiele wieder auf. Eine Laienspielschar führte 1990 eine Neuauflage des »Schlüsselfräuleins« auf. Zuvor hatten ehrenamtliche Helfer den mit Schutt angefüllten Burgkeller geräumt und nutzbar gemacht. Das zweischiffige Kreuzgewölbe unter dem Burghof, das auf sechs Rundsäulen und zwei rechteckigen Pfeilern ruht, dient heute als gediegener Veranstaltungsort und ist in der Festspielzeit bewirtet.

1998 standen die Festspiele – mittlerweile unter professioneller Leitung – wiederum aus finanziellen Gründen vor dem Aus. Die Stadt mochte das Defizit und das Risiko der wetterabhängigen Freilichtaufführungen nicht mehr tragen. Daraufhin gründete sich unter Vorsitz von Hans Michelbach der Festspielverein. Der erwirtschaftete seither in zehn erfolgreichen Theaterjahren rund 350 000 Euro, mit denen eine mobile Tribüne (585 Sitzplätze) und Überdachung sowie technische Ausstattung angeschafft wurden.

2002 hatte die Stadt den Burgkeller und die Toilettenanlagen für 280 000 Euro renoviert; sieben Jahre zuvor war in den Burgkeller eingebrochen und Feuer gelegt worden, so dass die Statik gefährdet war: Der Keller bekam eine Stahlbetonhaube.

Von der modernen Baukunst ist in der imposanten Burgruine nichts zu sehen.

Wenn ab Mitte August das geschwungene Zeltdach, die Sitzreihen und die Kulissen der Festspiele abgebaut sind, verströmt das Gemäuer wieder mittelalterliche Atmosphäre. Dann gehört die Ruine für zehn Monate wieder allein den Touristen, Spaziergängern, Fledermäusen und – dem Geist des Schlüsselfräuleins.

Auch Schafen gefällt die Scherenburg. Über den Stadtkern von Gemünden ragt die Ruine Scherenburg heraus, die einst dem Grafen Rieneck gehörte und heute für Sommertheater genutzt wird.

Altes Gemäuer im schmucken Park

90-jährige Freifrau von Thüngen bewohnt das Neue Schloss in Burgsinn

Inken Kleibömer

Neues Schloss

Nordöstlich des Ortes befindet sich am Rande von Burgsinn (Lkr. Main-Spessart) das jüngste von insgesamt drei Schlössern: das Neue Schloss. Es wurde in der Zeit von 1590 bis 1620 von Melchior III. und Philipp Kaspar von Thüngen erbaut. Noch heute ist es in Familienbesitz. Dort lebt die 90-jährige Ruth Freifrau von Thüngen, die Witwe von Wolfram von Thüngen, gestorben 1989.

Im unteren Stockwerk residieren zeitweise die Nachkommen von Hubert von Thüngen, einem Halbbruder Wolframs: Roswitha und Reinhard mit Familie. Die »Baronin«, wie Ruth von Thüngen heute noch von vielen Burgsinnern tituliert wird, berichtet, dass das Leben in einem derartig alten Gemäuer nicht immer einfach ist.

Heimat für Flüchtlinge

Sie kam im Sommer 1949 als junge Ehefrau in den Sinngrund und widmete sich neben der Familie dem einen Hektar großen Park und dem Garten.

»Damals«, so erinnert sich die Freifrau, »bauten wir dort und in den Gewächshäusern Gemüse an und verkauften es auf auswärtigen Märkten«. Im Schloss wohnten zu dieser Zeit sogar noch 37 Flüchtlinge, bis zu vier in einem Raum. Einige Zimmer hatten gar keinen eigenen Kamin, sodass bei Kälte mit einem Rohr zum Fenster hinaus geheizt wurde. Erst 1955 konnten Wolfram und seine Familie allein in der ersten Etage des Spätrenaissancebaus ihr Leben aufnehmen.

Altes Gemäuer und junges Grün.

Das Neue Schloss am Rand von Burgsinn.

Die Zeit hinterlässt Spuren.

Burgsinn

Das bedeutendste Baudenkmal von Burgsinn ist das »Alte Schloss« in der Ortsmitte. Die Wasserburg der Freiherrn von Thüngen dominiert das Ortsbild. Am Rande von Burgsinn ist das »Neue Schloss« – ein weiteres Gut der Familie von Thüngen. Das Schloss wurde von 1590 bis 1620 von Melchior III. und vermutlich Philipp Kaspar I. erbaut. Ebenfalls der Renaissance kann das dritte Schloss der Thüngen in Burgsinn zugeordnet werden. Das Fronhofer Schlösschen liegt mitten im Ort an der Kreuzgasse.

Öffnungszeiten

Alle drei Schlösser sind in Privatbesitz und können nur von außen besichtigt werden.

Anfahrt

Von Gemünden fährt man nach Rieneck und weiter nach Burgsinn. Durch den Ort durch in Richtung Bad Brückenau, dann die erste Möglichkeit rechts nach Gräfendorf und dann wieder rechts.

Zunächst musste renoviert werden: die Küche sowie die Wohnfläche von etwa 350 Quadratmetern, verteilt auf sieben verschieden große Räume. Die Holz- und Kachelöfen wurden erst in den 1970er Jahren durch Ölheizungen ersetzt. Bis dahin behalf man sich mit warmer Kleidung. Dafür war es im Sommer angenehm temperiert.

Auch die Kanalisation war unmodern, auf den Wasserrohren war kein Druck, da das Schloss auf einem Hang gelegen ist.

Wohnung in der Kegelbahn

Uralte Blutbuchen und Kiefern sowie herrliche Magnolienbäume und vieles mehr umgeben auf drei verschiedenen Ebenen das Schloss mit der alten Uhr im Treppenturm, die täglich aufgezogen werden muss.

Ausgetretene Sandsteinstufen führen vom Hochparterre in den ersten Stock und auf den Dachboden. Ein nicht mehr bewirtschafteter Obstgarten mit erhaltenswerten alten Apfelsorten, die ehemaligen Wirtschaftsgebäude und das Verwalterhaus bilden die Westgrenze des Gutes, nördlich liegt die ehemalige Kegelbahn, die heute zu einer Wohnung umgebaut ist. Etwa 1500 Meter Sandsteinmauern umschließen das Areal, auf dem noch eine renovierte Fachwerkvilla steht.

Efeu und Wein umranken die Fassade, die im Laufe der Jahrhunderte durch Witterungseinflüsse gelitten hat. Das Dach müsste repariert werden, aber die geschätzten 500 000 Euro dafür befinden sich nicht auf dem gemeinsamen Konto der Erbengemeinschaft.

Löcher in den Decken, sowohl im Ess- wie im Arbeitszimmer, machen diese Räume schon seit einigen Jahren unbewohnbar – sehr zum Bedauern der alten Dame. Die aber kann sich trotz der diversen Unbequemlichkeiten einfach keinen schöneren Alterssitz vorstellen. Zu viel Liebe und Arbeit hat sie schließlich in das Schloss und den Park gesteckt.

Die 90-jährige Ruth Freifrau von Thüngen: Sie kann sich keinen schöneren Alterssitz als das Schloss vorstellen, obwohl das Leben in einem derartig alten Gemäuer nicht immer einfach ist und einige Räume seit Jahren unbewohnbar sind.

■ Schweinfurt

Gute Besserung in prächtigem Barock

Schloss Werneck: Die frühere Sommerresidenz der Fürstbischöfe beherbergt die Orthopädische Klinik des Bezirks

Josef Schäfer

Monumente und Medizin, Historie und Hightech, Himmelsaal und Hüftgelenk. Im Schloss Werneck könnten die Gegensätze kaum größer sein. Auf der einen Seite die über 265 Jahre alte bischöfliche Sommerresidenz nach Entwürfen von Balthasar Neumann, auf der anderen Seite ein moderner Gesundheitsbetrieb des Bezirks Unterfranken.

Offensiv verkauft der Bezirk Unterfranken im Internet die Symbiose aus architektonischem Kulturgut und medizinischem Alltag als »eine der schönsten orthopädischen Kliniken Deutschlands«. Und wer vom Krankenbett aus in den großen Park auf Kastanien und Putten, auf den kleinen See und die Blumenbeete blicken kann, vergisst vielleicht wirklich für einige Momente den Bandscheibenvorfall, den Meniskusschaden oder die Knieprothese. »Das ist durchaus ein Standortvorteil im Konkurrenzkampf der Kliniken«, sagt der Geschäftsleiter des Bezirks, Rainer Klingert.

Klingert war bis 2007, als er die Geschäfte in die Hände von Bernd Pallasch legte, 16 Jahre Verwaltungsleiter der fünf medizinischen Einrichtungen des Bezirks in Werneck und kennt sich aus wie kaum ein anderer. Für Nichteingeweihte ist es erstaunlich, dass die Geschichte des Schlosses als Krankenhaus deutlich länger ist als die als Sommersitz des Würzburger Bischofs. Im frühen 18. Jahrhundert hatte Friedrich Karl von Schönborn den Neubau verfügt, nachdem das Vorgängergebäude niedergebrannt war. Balthasar Neumann schuf ein prächtiges Barockschloss, das 1742 vollendet war.

Eine noble Adresse

Die Säkularisierung brachte die Anlage in die Hände des bayerischen Königreichs; der Adel wusste mit dem Schloss nichts anzufangen. 1853 begann dessen Klinikgeschichte, als Dr. Bernhard von Gudden – dessen Leben 33 Jahre später an der Seite von König Ludwig II. im Starnberger See enden sollte – eine »Irrenanstalt« aufbaute.

»Das war eine noble Adresse«, berichtet Klingert. Von Gudden entwickelte sich zu einem der angesehensten Psychiater seiner Zeit. Viele Privatpatienten kamen nach Werneck; die Klinik war gleichzeitig ein selbstversorgender landwirtschaftlicher Betrieb mit 100 Hektar, den die Patienten führten – eine frühe Form der Arbeitstherapie. Sie legten auch den See im Park an, der von der »Fürstenquelle« gespeist wird. Mit dem Aufbau des Krankenhauses gingen die ersten baulichen Sünden einher: Die Residenz wurde umgekrempelt, Kranken-, Behandlungszimmer und Schlafsäle wurden gebraucht.

Nur noch die kleine Schlosskirche ist bis heute authentisch geblieben. Fast das Wasser in die Augen treibt Klingert der Umstand, dass das barocke Neumann-Treppenhaus im Hauptgebäude geopfert wurde. Es

Schloss Werneck

Melancholie in Sandstein. **Eine Luftaufnahme von Schloss Werneck.** **Blick vom Himmelsaal auf den Park.**

Schweinfurt

Öffnungszeiten

Innenhof und Schlosspark sind tagsüber öffentlich zugänglich, Himmelsaal und Schlosskapelle nur bei Veranstaltungen. Besucher sollten in jedem Fall Rücksicht auf den Krankenhausbetrieb nehmen.

Kontakt

Informationen über das Schloss im Internet unter www.kh-schloss-werneck.de Geschichtliches bietet die (private) Homepage www.schloss-werneck.de

Veranstaltungen

Im Schloss und im Park werden Konzerte veranstaltet; dort findet auch ein Teil des jährlichen »Wernecker Kulturfrühlings« statt. Informationen im Internet unter www.werneck.de

Anfahrt

Werneck liegt direkt an der B 19 sowie am Schnittpunkt der drei Autobahnen 7, 70 und 71. Die Gemeinde ist Teil des Main-Werra-Radwanderwegs.

konnte es zwar nicht mit dem prächtigen Aufgang in der Würzburger Residenz und dem Blick auf das umwerfende Tiepolo-Fresko aufnehmen: Aber ein architektonisches Kleinod war es schon, was der Spitzhacke zum Opfer gefallen ist. »Das tut mir immer noch weh«, sagt Klingert, wenn er auf das Modell in der Eingangshalle blickt, das den ursprünglichen Zustand zeigt.

Orthopädie und Psychiatrie

Ein vorläufiges Ende bereiteten die Nationalsozialisten der Psychiatrie in Werneck. Im Rahmen der Euthanasie-Verbrechen räumten sie 1940 das Krankenhaus und verlegten die Patienten in andere Einrichtungen – mit meist tödlichem Ende. Ein Denkmal im Schlosspark erinnert daran. Bekanntlich betreibt heute der Bezirk wieder eine psychiatrische Klinik in Werneck, die vor Jahrzehnten in einen Neubau auf dem weitläufigen Gelände eingezogen ist.

Das Schlossgebäude funktionierten die Nazis in ein Lager für Umsiedler und eine Unteroffiziersschule um, nach Kriegsende entstand in den historischen Mauern ein Versehrtenkrankenhaus – die Wiege der heutigen

Orthopädieklinik. Die hat sich in den vergangenen Jahren kräftig gemausert: Die Bezirkseinrichtungen in Werneck sind mit 1000 Beschäftigten der größte Arbeitgeber im Landkreis Schweinfurt.

Das medizinische Angebot wird ständig erweitert, internationale Medizinkongresse finden den Weg ins Schloss. Der Bezirk investierte in den vergangenen Jahren kräftig: allein 11,8 Millionen Euro in Operationssäle, Röntgenabteilung und Notfallaufnahme. Wenn die Fragen der Förderung geregelt sind, so Klingert, will man bald mit dem vierten Abschnitt des Umbauprojekts beginnen.

Wie verträgt sich das mit der historischen Bausubstanz? Klingert räumt ein, dass die Bausünden des 19. Jahrhunderts eine brauchbare Basis für den Krankenhausbetrieb geschaffen haben. Und die Bautechnik mache es möglich, dass man heute fast alles einbauen kann, was an moderner Medizin nötig sei. »Alles in Absprache mit dem Denkmalschutz.« Ein störender Querbau inmitten des Ehrenhofs wurde vor Jahren wieder entfernt.

Vorbei sind auch die Zeiten, als sich das Schloss von Werneck abgeschottet hat: Es hat seinen Frieden mit dem Ort gemacht,

deren Bewohner das Treiben hinter den Mauern oft argwöhnisch beäugt hatten. Der langjährige Ärztliche Direktor Albrecht Schottky setzte sich dafür ein, dass vor allem die Parkanlage für die Bevölkerung geöffnet wird. Inzwischen kann man dort aus- und eingehen und sich im Freien einen Kaffee gönnen. In der Schlosskirche trauen sich Paare fürs Leben, in den Himmelsaal marschieren Besucher an den Krankenzimmern vorbei zu Empfängen oder Konzerten.

Im Park gibt es Kinderfeste, eine Sportveranstaltung gar und viel Kultur; das Ambiente ist dafür geradezu prädestiniert, da kommen auch Weltstars: Joan Baez sang vor der Schlosskulisse, Carlos Santana griff in die Saiten und Yehudi Menuhin dirigierte. Alles in einem verträglichen Maß, so dass der Klinikbetrieb nicht allzu sehr gestört wird.

Gerade die kulturelle Facette sollte ausgebaut werden: Eine Freilichtbühne, das »Teatro«, wollte das renommierte Kammerorchester Schloss Werneck installieren und nutzen. Das Projekt scheiterte am Veto der Wernecker Bürger; das läutete auch das Ende des Orchesters ein, das Ensemble zog unter neuem Namen nach Bad Brückenau um.

Die mächtige Burg am Main

Auf der Peterstirn begann die Geschichte der Stadt Schweinfurt – Heute werden dort Weinfeste gefeiert

Gerd Landgraf

Der »Karlsturm« auf der Peterstirn am Main sieht aus, als künde er von mittelalterlicher Zeit. Das im Stil des Historismus errichtete Gebäude stammt jedoch aus dem Jahr 1874, ist also gerade einmal gut 130 Jahre alt. Ganz oben auf der Peterstirn, gleich neben einem Aussichtsturm, gibt es ein Wasserloch, einst Teil des Wassergrabens der Burg der Babenberger.

Die Burg, Sitz der mächtigen Schweinfurter Babenberger, muss ein gewaltiges Bauwerk gewesen sein. Erstmals erwähnt wurde die 170 Meter lange und bis zu 60 Meter breite Anlage im Jahr 1003 – ein verheerendes Datum für das Geschlecht der Babenberger.

Hans Thoma, Maler

Das Land der Markgrafen reichte von der Rhön bis nach Eichstätt. Ihrem stets zuverlässigen Gefolgsmann, dem Grafen Berthold (er wird als erstes Glied des Hauses der Markgrafen von Schweinfurt erstmals 941 genannt), hatten die Kaiser Otto II. und Otto III. gar das Herzogtum Bayern versprochen. Doch Heinrich II., Herzog von Bayern, der Zänker genannt, scherte sich nicht um diese Zusagen, was Bertholds Sohn Hezilo gegen den Kaiser ziehen ließ. Hezilo verlor im Jahr 1003. Die Babenberger versanken in der Bedeutungslosigkeit.

Hezilos Mutter Eila erreichte, dass die Schweinfurter Burg nicht geschleift wurde. Als Dank dafür errichtete sie unterhalb der Burg, wo heute der Karlsturm steht, ein

Weinanbau hat hier Tradition.

Auf der Peterstirn stand früher ein Frauenkloster.

Eines der beiden Turmzimmer.

Schweinfurt

Öffnungszeiten

Die Peterstirn ist heute im Besitz der Schweinfurter Weinbauernfamilie Dahms. Mitte Juni und am dritten Wochenende im Juli werden dort Weinfeste gefeiert. Wer das Umfeld der Burg zu Fuß erkunden will, parkt am Ortsausgang von Schweinfurt in Richtung Schonungen am Fuß der Peterstirn. Kontakt ☎ (0 97 21) 6 91 23

Geschichte

Auf einem Bergsporn namens Peterstirn steht eine der Stammburgen der Markgrafen von Schweinfurt. Einem Bericht des Thietmar von Merseburg zufolge stiftete Eilica, die Mutter des Hezilo, noch im Jahr 1003 oder bald darauf ein Frauenkloster unterhalb der Burg. Nach einigen Besitzwechseln wurde das Frauenkloster in ein Benediktinerkloster namens »Stella Petri« umgewandelt; aus der deutschen Übersetzung »Peterstern« wurde im Lauf der Jahre »Peterstirn«.

Nonnenkloster mit der Kirche St. Peter. Und weiter unterhalb, im Höllental, wuchs die erste Schweinfurter Siedlung, woran noch heute Straßennamen wie Babenberger-, Hezilo- oder Graf-Berthold-Straße erinnern.

Vor 1155 wurde das Nonnen- in ein Mönchskloster der Benediktiner umgewandelt und bekam den Namen Stella Petri. 1236 ging das Kloster an den Deutschen Orden. 1437 erwarb die Stadt die Peterstirn und ließ die Bauten – als Steinbruch – abtragen. Die Peterstirn wurde ein Weinberg. 1872 kaufte die Industriellenfamilie Sattler Teile der Peterstirn. 1895 erwarb das Anwesen der Weingroßhändler Lebküchner. Mitte der 1990er Jahre kaufte dann Schweinfurts einzige Winzerfamilie Dahms das Grundstück. In und um den Karlsturm werden seither Weinproben abgehalten, Weinfeste gefeiert.

Das obere der beiden Turmzimmer ist etwas ganz Besonderes. Die Wand- und Deckengemälde stammen von den Malern Johann Ernst Sattler und seinem Freund Hans Thoma, einem bekannten Vertreter der Deutschen Malerei des 19. Jahrhunderts. Von Thoma sind Werke im Schweinfurter Museum Georg Schäfer oder auch in der Münchner Pinakothek ausgestellt.

Thoma besuchte 1874 Johann Ernst Sattler. Beide wohnten auf Schloss Mainberg, das Sattlers Großvater erworben hatte. Tagsüber hielten sie sich oft im Turm an der Peterstirn auf, hatten der Familie zugesichert, Wände und Decken zu bemalen. Nach Briefen von Thoma zu urteilen, ging es dabei nicht bierernst, sondern ganz offensichtlich ziemlich weinfröhlich zu.

Zum Abschluss der Arbeiten schrieb Thoma: »Mutig, ohne viel Plan, fing ich an der Decke an und malte einen Kranz von insektenflügeligen Amoretten. Dann malte ich in die Ecken die vier Winde. Währenddessen trieb sich Sattler an den Wänden herum und malte Marmorsäulen und Amore, die Weinlese halten. In halber Arbeit, nachdem er überall angefangen hatte, sollte ich fertig machen. Es war mir arg, es war alles unten herum so ganz anders als ich die Decke gemacht hatte.«

Thoma vollendete das Werk und meinte: »Wir sahen zu spät ein, dass so eine Arbeit nur einem Kopfe entspringen kann.«

Der Karlsturm auf der Peterstirn wurde 1874 im Stil des Historismus erbaut. Doch die Geschichte reicht viel weiter in die Vergangenheit zurück bis zu einem verheerenden Datum in der Geschichte der Babenberger.

Der Förster und die Folterkammer

Die Ebracher Zisterzienser nutzten Schloss Sulzheim als repräsentativen Amtshof

Patricia Kaspar

Schloss Sulzheim

Imposant und anmutig liegt es inmitten der rund 1000 Einwohner zählenden Gemeinde Sulzheim (Lkr. Schweinfurt) und gilt als Wahrzeichen des Ortes: Schloss Sulzheim. Die prächtige Anlage mit dreistöckigem Mittelbau und zwei Seitenflügeln, die 1728 fertiggestellt wurde, war einst Verwaltungsgebäude der Zisterzienserabtei Ebrach.

Erbaut wurde sie unter Abt Wilhelm Söllner (1714 bis 1741). Er leitete seinen Namen vom lateinischen »sol« wie Sonne ab und führte daher in seinem Wappen eine stilisierte Sonnenblume, die an vielen Bauelementen noch heute zu finden ist. Mitte des 12. Jahrhunderts geht das im Jahr 822 erstmals urkundlich erwähnte Dorf Sulzheim aus dem Besitz des Domkapitels an das Zisterzienserkloster Ebrach über.

In der folgenden Zeit erlebte der Amtshof durch weitere Schenkungen sehr schnell einen enormen Aufschwung. Wichtige Einnahmequellen waren die Schafhaltung, der Weinbau und der Holzverkauf. Die Abgaben, in Form von Getreide und Feldfrüchten, die die Bevölkerung entrichten musste, lagerte man im Schüttbau oder Zehntspeicher.

Barocke Bauleidenschaft

Dieser stammt aus dem Jahr 1673 und wurde vom bekannten Barockbaumeister Johann Leonhard Dientzenhofer errichtet. Die Planung zu dieser Baumaßnahme beinhaltet einen Bestandsplan, der die einzige Do-

Ausladendes Treppenhaus.

Eines der Deckengemälde.

Antiker Flohmarkt im Schloss.

Schweinfurt

Öffnungszeiten

Auf Anfrage für geschlossene Gesellschaften wie Hochzeiten, Geburtstage, Firmenfeiern. Ein Jahresprogramm ist erhältlich. Der Förderkreis Schloss Sulzheim bietet Führungen an.

Umgebung

Zu empfehlen sind Abstecher in die historische Altstadt von Gerolzhofen mit dem Stadtmuseum, der Johanniskapelle und in die umliegenden Weinorte.

Anfahrt

Sulzheim liegt an der B 286 zwischen Schweinfurt und Gerolzhofen. An der Abfahrt Alitzheim / Sulzheim biegt man nach Sulzheim ab und stößt direkt auf das Schloss am Ortseingang.

Kontakt

Schloss Sulzheim
☎ (0 93 82) 86 28
E-Mail info@schloss-sulzheim.de
unter www.schloss-sulzheim.de

kumentation der vorbarocken Anlage des Amtshofes darstellt. Die aufblühende Baubegeisterung des Barocks Mitte des 17. bis Mitte des 18. Jahrhunderts erfasste auch das Zisterzienserkloster Ebrach. So wurden neben dem Klostergebäude in Ebrach auch die Amtshöfe in Oberschwappach, Burgwindheim und Sulzheim repräsentativ und großzügig neu erbaut. Der Baumeister der Schlossanlage ist nicht sicher belegt, da fast alle schriftlichen Aufzeichnungen vernichtet wurden.

Neuere Untersuchungen lassen vermuten, dass der Barockbaumeister Joseph Greising am Neubau von Schloss Sulzheim mitgewirkt hat. Das Hauptgebäude beherbergte die Schlossküche, Amts- und Gerichtsräume, die Kelterhalle und die Unterkünfte für bis zu drei Zisterzienserpatres, die vor Ort die Verwaltungsaufgaben regelten.

Der Mittelbau des Schlosses wird geprägt durch eine eindrucksvolle zweiläufige Treppenanlage, die von einer imposanten Deckenmalerei überspannt wird. Die Kapelle im östlichen Seitenflügel hat ein Deckengemälde mit Szenen aus dem Alten und Neuen Testament. Den Außenbereich zierte eine barocke Gartenanlage mit zwei Springbrunnen.

Die Blütezeit der Abtei Ebrach und damit auch die des Schlosses Sulzheim endete im Dezember 1802 mit der Säkularisation, wodurch das Schloss entschädigungslos in Staatsbesitz überging. Das Fürstenhaus Thurn und Taxis wurde für die Übertragung des Postregals an den Bayerischen Staat unter anderem mit dem Amtshof in Sulzheim und den noch verbliebenen Waldbesitzungen im Umland im Jahr 1818 entschädigt.

Grausame Sage

Mitte der 1970er Jahre wurde die dort untergebrachte fürstliche Forstverwaltung aufgelöst, und die Familie Pöter, die im ehemaligen Zehntspeicher seit 1969 einen Antiquitätenhandel mit Schreinerei eingerichtet hatte, kaufte die Anlage. Anfang der 1990er Jahre entstand ein Gastronomiebetrieb, der sich unter der Leitung von Armin Pöter auf die Ausrichtung von Hochzeiten, privaten und geschäftlichen Veranstaltungen spezialisiert hat. Seit dem Jahr 2005 existiert ein Förderkreis, der den Erhalt des Schlosses unterstützt.

Auch die bekannte Sage »Die Folterkammer im Schloss« rankt sich um Schloss Sulzheim. Ihr

Inhalt: Zur Zeit des Hexenwahns war ein Raum des Sulzheimer Amtshauses mit grausigen Marterwerkzeugen ausgestattet. Die Aufsicht über diese Folterkammer hatte ein Oberförster, ein großer, starker Mann mit einem grausamen, gefühllosen Herzen. Seine größte Freude war es, hilflose Menschen zu Tode zu quälen.

Eines Tages wurde ein armer Wandergeselle ergriffen und in die Folterkammer gebracht, weil er bei einem Bauern ein Stück Brot erbettelt hatte. 25 Schläge auf die Ferse bekam der Mann verabreicht. Er nahm es ohne Klage hin. Als er dann aber humpelnd das Schloss verließ, sprach er zu seinem Peiniger: »Merke dir, ich war der Letzte, den du gefoltert hast! Wie der Schnee an der Sonne sollst du zergehen! Bald wird es mit dir zu Ende sein!«

Doch der grausame Mensch gab ihm zum Abschied noch einen Fußtritt und rief höhnisch: »Das mit dem Zergehen musst du mir erst vormachen!« Aber schon am nächsten Tage hatte er eine unheilbare Krankheit und war nach einer Woche tot. Sein qualvolles Sterben war, so sagen die Leute, ein Strafgericht Gottes. Seit dieser Zeit aber wurde in Sulzheim niemand mehr gefoltert.

Vom Haarwunder und Pfarrer Braun

Schloss Mainberg hat eine lange Historie und kann skurrile Geschichten erzählen

Josef Schäfer

Schloss Mainberg

Ein Farbenproduzent, Nazi-Größen, Großindustrielle, ein Playboy, ein Haarwassererfinder, TV-Schauspieler. Die Geschichte von Schloss Mainberg ist nicht nur lang, sondern auch reich an berühmten Namen, denen der Bau aus dem 13. Jahrhundert entweder gehörte oder die zu Gast waren. Eine wechselvolle Historie aus schillernden Mosaiksteinchen, die den Menschen dort nicht immer Freude bereitete.

Durch das marode Dach strömte der Regen, alte Gewölbe waren in sich zusammengestürzt, ganze Mauern verschwunden: Menschen aus der Umgebung hatten sich aus den Schlossteilen Baumaterial gesichert. In diesem erbärmlichen Zustand präsentierte sich die einstmals so prächtige Burg mit ihrem wuchtigen Turm und dem dreigiebeligen Haupthaus anno 1822. 2700 Gulden warf der Schweinfurter Kaufmann Wilhelm Sattler damals in die Schatulle des Königreichs Bayern, dem kurz zuvor der Bau hoch über dem Maintal vor den Toren Schweinfurts zugefallen war.

Riemenschneiders Werke

Die Familie Sattler ließ das halb verfallene Bauwerk wieder herausputzen und münzte seinen vorhandenen Reichtum in wertvolle Sammlungen mit Kunstgegenständen (unter anderem mit Werken Tilman Riemenschneiders), Waffen, Krügen, Dosen und einer kostbaren Bibliothek um. Im Rittersaal untermauerte Sattler seinen unternehmerischen Weltruf: Er baute die erste Tapetenfabrik Bayerns auf; 600 Rollen verließen täglich die

Im Sommer sieht das Schloss besonders idyllisch aus.

Elinor und Willy Sachs mit Ernst Wilhelm und Gunter.

Der Innenhof von Schloss Mainberg.

Schweinfurt

Geschichte

Erstmals wurde die Burg Mainberg 1245 urkundlich erwähnt. Zu Beginn des 13. Jahrhunderts nahmen die Grafen von Henneberg das Schloss unter ihre Verwaltung. 1542 ging es an die Fürstbischöfe von Würzburg. 1822 kaufte der Fabrikant Wilhelm Sattler das Anwesen. 1915 erwarb es der Geheimrat Ernst Sachs. 1932 lebte sein Sohn Konsul Willy Sachs im Schloss. 1955 übernahm Wilhelm Heger das Anwesen. 1962 war es im Besitz der Stadt Schweinfurt (Quelle: www.schloss-mainberg.info)

Kontakt

Informationen unter
☏ (0 97 21) 50 10
Fax (0 97 21) 5 01 20
www.schloss-mainberg.info

Anfahrt

Das Schloss liegt drei Kilometer östlich von Schweinfurt an der B 26 in Richtung Haßfurt. Erreichbar auch über die A 70, Ausfahrt Schonungen. Am Fuß des Schlossbergs führt der beliebte Main-Radweg (Mainz–Bamberg) vorbei.

So romantisch der Blick auf Schloss Mainberg ist, so bizarr ist die Geschichte seiner Besitzer. Einer von ihnen, der Erfinder des »Schweinfurter Grün«, starb höchstwahrscheinlich an der von ihm erfundenen Mischung aus Arsen und Kupfer.

Mauern. »Ebenso geschmackvoll als die ältesten Pariser Fabriken und überdies wohlfeiler zu liefern«, rühmte Sattler seine Produkte gegenüber König Ludwig I., wie ihn Historiker Thomas Horling in seinem Werk »Mainberg. Das Dorf und sein Schloss« zitiert. Darin hat er die wechselvolle Historie mit vielen Details zusammengetragen.

Schweinfurter Grün

Sattler erfand das »Schweinfurter Grün«, das er in alle Welt verkaufte. Bei der Farbe handelte es sich aber um eine hochgiftige Melange aus Arsen und Kupfer, die Sattler wahrscheinlich das Leben kostete. Er hatte das Grün an den Schlosswänden kleben. Im benachbarten Schonungen, wohin Sattler seine Produktion verlagerte und an deren Stelle heute eine Wohnsiedlung steht, sind große Teile des Bodens verseucht: Sie ist derzeit eine der größten Altlastenfälle Bayerns.

Als der Industrielle Sattler 1859 starb, verblühte auch das Leben im Schloss. Seine Frau Catharina folgte ihm zwei Jahre später. Beiden widmeten die Nachkommen auf dem Mainberger Friedhof ein für hiesige Gefilde ungewöhnliches Denkmal: Die Statuen zeigen das in

prächtige Gewänder gehüllte Paar im Gespräch über ein Buch, das Catharina Sattler auf ihrem Schoß hält. Daneben sind 18 Tafeln angebracht, die an 69 verstorbene Personen aus der Sattler-Familie erinnern.

Nach dem Tod des Unternehmers dauerte die Tapetenfabrikation in den Schlossmauern noch bis 1870 an. Anschließend diente das Gebäude Sattlers ältestem Sohn als Wohnsitz. Dessen Erben verkauften schließlich Schloss Mainberg im Jahr 1903: Die Sattlerschen Kunstschätze kamen unter großem Aufsehen in Berlin unter den Hammer.

Im Windschatten

Eine weitere Schweinfurter Familie schrieb auf Schloss Mainberg Geschichte: Sachs. Die Unternehmer kauften das Schloss 1915. Als Willy Sachs die Firma und die Burg übernahm, kam das Gemäuer im Windschatten der Nazi-Diktatur auch gesellschaftlich groß heraus. Sachs hielt Hof: mit den Wirtschaftskapitänen Fritz Thyssen und Günther Quandt (erster Ehemann von Magda Goebbels), Kampfflieger Ernst Udet und der ersten Reihe aus der Riege der neuen Machthaber – Heinrich Himmler, Reinhard Heydrich und Hermann Göring. »Die Trinkfreudigkeit und seine Jagdleidenschaft ließen Göring zu einem gern gesehenen Gast auf dem Schloss werden«, schreibt Thomas Horling.

Größe des Jetsets

Das Licht der Welt erblickte dort auch Gunter Sachs, weniger bekannt als Fabrikant, sondern vor allem als Größe des internationalen Jetsets. Doch Gunter Sachs verbrachte auf Mainberg nur wenige Jahre. Das Schloss entwickelte sich 1935 zum Schauplatz eines hässlichen Scheidungskrieges zwischen Willy Sachs und Elinor von Opel, in dem sie um jede Zuckerdose und jede Wandvertäfelung erbittert stritten.

Es folgte der Umzug der Ex-Gattin mit ihren beiden Söhnen in die Schweiz. Den Gipfel soll die Auseinandersetzung erreicht haben, als unter Federführung von Himmlers SS die Entführung von Ernst Wilhelm und Gunter misslang, wie einige Zeitzeugen behaupten. Statt des Halalis elitärer Jagdgesellschaften, erklangen in den Wirtschaftswunderjahren auf Schloss Mainberg selbstbewusste Töne: Unternehmer Wilhelm Heger war einem Haarwunder auf der Spur.

Hegers Haarwunder

Der »Glatzendoktor« stellte in den Mauern eine Kopftinktur her und brachte sie für teures Geld an den schütteren Mann. Heger selbst durfte sich mit Mercedes, Chevrolet und Chauffeuren schmücken. Einen Sommer lang. Dann war die Firma pleite und der »Glatzendoktor« im Gefängnis.

In den 1980er Jahren zog die Gastronomie in die Mauern ein. Der Schweinfurter Geschäftsmann Gerhard Eichhorn sicherte sich das Schloss und investierte mehrere Millionen Mark. Nach dessen Tod im Jahr 2000 dauerte es einige Monate, bis 14 rechtmäßige Erben gefunden waren, die das Bauwerk wieder verkauften.

Heute kann man im Gemäuer heiraten, wohnen, Geburtstage und Kommunion feiern oder Manager-Seminare abhalten. Die »Event-Gastronomie« hat es auch für sich entdeckt: mit »Crime-Dinners« und Partys. In einem weiteren Projekt haben sich 2007 Studenten der Wirtschaftsingenieurs-Sparte an der Fachhochschule in einem Praxis-Projekt darüber Gedanken gemacht, wie man das Schloss besser vermarkten kann. Die Gruppe hat eine Menge Ideen gesammelt. Kernpunkt: Sie empfiehlt den Eigentümern um Renate Ludwig, gastronomisch den Mittelstand anzusprechen und den wunderbaren Ausblick über das Maintal besser zu nutzen. Auf das Thema waren die Studierenden über ihren Professor gekommen: Dort hat er sich während des Semesters eingemietet.

Pfarrer Braun zu Gast

Und sogar »Pfarrer Braun« alias Ottfried Fischer nutzte Mainberg als Drehort für die gleichnamige TV-Krimi-Serie. Elf Tage lang zogen die Leute vom Fernsehen in das Gemäuer ein, das freilich für den Krimi umgetauft wurde: aus Schloss Mainberg wurde Burg Junkersdorf, auf der man der todkranken Erbin nach ihrem Leben trachtete, was wiederum den schwergewichtigen Seelsorger und Hobby-Kriminologen Braun auf den Plan rief. »Das Schloss war für uns erste Wahl«, schwärmte damals Produktionschef André Fahning vom geschlossenen Ensemble und dem Innenhof.

Im richtigen Leben ist das Mosaik an Kuriositäten auf Schloss Mainberg noch lange nicht vollständig. Zurzeit steht es wieder einmal zum Verkauf. Diesmal nicht für 2700 Gulden, sondern für mehrere Millionen Euro.

Ein Ort der Stille

Geistliches Zentrum Schloss Craheim

Susanne Wiedemann

Schloss Craheim

Eine amerikanische Erbin, ein fränkischer Adeliger und ein Schloss, 1908 für die unvorstellbare Summe von 1,5 Millionen Goldmark gebaut. Da ließe sich ein Film draus machen. Zumal, wenn die Ehe mit der Amerikanerin kurz und kinderlos war und die Haushälterin später die zweite Frau des Barons Truchseß von und zu Wetzhausen wurde.

Erst enteignete die Wehrmacht Schloss Craheim, dann residierten dort die Amerikaner. Ein Heim für Blinde, Russlanddeutsche, ein Internat waren weitere Stationen, bis das Schloss, das Freiherr Crafft und die Amerikanerin Clara bauten, zum Sitz der »Lebensgemeinschaft für die Einheit der Christen« wurde.

Siegfried Eisenmann, der seit 40 Jahren hier lebt, hat noch mit Baronin Hedwig, der zweiten Frau des Erbauers Crafft Freiherr Truchseß von und zu Wetzhausen, oben in ihren Räumen Tee getrunken. Hat erlebt, wie aus dem »Einfamilienhaus für eine hochherrschaftliche Familie« über einige Stationen die Lebensgemeinschaft wurde. Eine Begegnungsstätte, ein Ort, um Glauben zu leben, sich auszutauschen, Hilfe und Zuspruch zu suchen. »Wir begleiten Menschen in verschiedenen Lebenslagen«, sagt Pfarrer Heiner Frank.

Ruhig und abgeschieden liegt das Schloss. Wer aus der falschen Richtung kommt und fremd in der Gegend ist, muss sich anstrengen, um das Anwesen zu finden. Wenn man Glück hat, spiegelt sich die Sonne in den Fenstern, und Craheim glüht auf seinem Hügel. Das Abge-

Heute ist das Schloss ein geistliches Zentrum.

Ein schmiedeeisernes Gitter ziert den Eingang.

Hier finden die Besucher Ruhe.

■ Schweinfurt

Öffnungszeiten
Das Schloss ist außerhalb von Veranstaltungen nicht zu besichtigen.

Seminarhaus
Schloss Craheim dient als christliche Begegnungsstätte, die Seminare und Freizeiten mit seelsorglicher und meditativer Ausrichtung anbietet. Das Haus wird getragen von der »Lebensgemeinschaft für die Einheit der Christen«, in der Menschen unterschiedlicher konfessioneller und geistlicher Prägung miteinander leben und arbeiten.

Kontakt
☎ (0 97 24) 9 10 00
www.craheim.de

Anfahrt
Schloss Craheim liegt in Wetzhausen bei Stadtlauringen im Landkreis Schweinfurt, gut 25 Kilometer nördlich von Schweinfurt.

schiedene, das trotz der Pracht Verwunschene, gehört auch zum Zauber, der die Seminarteilnehmer hierher zieht. »Viele sagen, ich komme nach Hause«, sagt der Pfarrer.

Andere Begegnungsstätten mögen in jedem Zimmer eine Dusche haben, praktischer sein. Nur einen Spiegelsaal und einen prachtvollen Wintergarten im Tiffany-Stil haben sie sicher nicht. Und auch keine Ahnengalerie an der Treppe im Kuppelsaal, keinen idyllischen Park. Eben das Gefühl, in einer ganz anderen Welt zu sein. »Die Stille ist wichtig«, sagt Eisenmann. Die schätzt auch das Bayerische Ärzteorchester, das seit Jahren hier probt.

Keine Kopie

Eine Kopie von Schloss Solitude in Stuttgart wollten Crafft, der preußische Rittmeister, und Clara bauen. Das verbat sich König Wilhelm II. von Württemberg. Deshalb bauten sie keine exakte Kopie, sondern ihre Vorstellung eines verkleinerten Königsschlosses. 400 Handwerker arbeiteten hier, erzählt Eisenmann, der viel lieber über die Einheit der Christen, die Philosophie, die hinter der Lebensgemeinschaft steckt, reden würde. Haus, Lebensgemeinschaft und Begegnungsstätte gehören zusammen, deswegen werden auch keine Schlossführungen angeboten. Denn das wäre auch schwierig mit den vielen Seminarteilnehmern. »Das ist ein geistliches Haus, keine Fortbildungsakademie.«

Das spürt der Besucher denn auch sofort. Ruhig, friedlich und heimelig ist es hier. Alles strahlt jetzt Frieden, Ruhe und Bescheidenheit aus. Stuck, Ahnengalerie und Marmorboden hin oder her: »Am Schluss sind die Leute immer glücklich«, sagt Eisenmann.

Ein prachtvoller Anblick: Schloss Craheim im nördlichen Landkreis Schweinfurt, wurde von Truchseß von und zu Wetzhausen erbaut. Heute ist es Seminarhaus für Menschen unterschiedlicher konfessioneller und geistlicher Prägung.

Die Landwirtschaft gibt den Ton an

Schloss Obbach ist im Besitz der Schweinfurter Industriellen-Familie Schäfer

Silvia Eidel

Still ist es im Schloss Obbach geworden, seit die Industriellen-Familie Schäfer Anfang der 1990er Jahre ausgezogen ist. Nur die vom Vater Georg Schäfer gesammelten Gemälde und Zeichnungen des 19. Jahrhunderts lagerten noch ein paar Jahre dort, verwaltet von Fritz Schäfer. 2000 fanden die Spitzwegs, Friedrichs und Corinths im »Museum Georg Schäfer« in Schweinfurt eine neue Heimat.

Neben dem Schloss, im zugehörigen Schlossgut, ist in den vergangenen Jahren neues, modernes Leben eingekehrt: Der landwirtschaftliche Betrieb wird seit 1998 von dem jungen Verwalterehepaar Bernhard Schreyer und Petra Sandjohann geführt, das die rund 170 Hektar Fläche auf biologische Bewirtschaftung umgestellt und sich als vom Bundeslandwirtschaftsministerium ausgesuchten Demonstrationsbetrieb für Ökologischen Landbau einen Namen gemacht hat. Tragender Betriebszweig ist der Anbau von Speise- und Futtergetreide, aber auch die Vermehrung von Saatgut, von Leguminosen und Feinsämereien. Die Streuobstwiesen des Gutes verjüngte der Betriebsleiter durch Neuanpflanzungen, Äpfel und Birnen werden überwiegend zu Saft verarbeitet.

Inmitten der Ländereien

Die Landwirtschaft war schon immer mit dem Schloss verbunden. Schon als sich vor 311 Jahren der damalige Dorfherr Georg Ludwig von Bobenhausen nach fünfjähriger Bauzeit (1692 bis

Schloss Obbach

Wilder Wein umrankt das Wappen an der Schlossmauer.

Aufgang zum Wohngebäude.

Gutshof mit Verwalterhaus und Schloss.

Schweinfurt

Anfahrt

Das Schloss samt Gut Obbach liegt mitten im Dorf, das zur Gemeinde Euerbach im westlichen Landkreis Schweinfurt gehört. Erreichbar ist Obbach über die B 19 oder A 71, Abfahrt Schweinfurt-West / Euerbach, von dort sind es noch drei Kilometer nach Obbach.
Zu besichtigen ist das Schloss, das in Privatbesitz ist, nicht.

Kontakt

Schlossgut Obbach
Demonstrationsbetrieb Ökologischer Landbau
Bernhard Schreyer und Petra Sandjohann
Dr.-Georg-Schäfer-Straße 4
☎ (0 97 26) 90 94 48
E-Mail gutobbach@hotmail.com

1697) in seinem neuen Domizil, dem heutigen alten Schloss, niedergelassen hatte. Mit dem Adeligen von Bobenhausen lebte also erstmals ein Obbacher Herr auch vor Ort, um vom Schloss aus sein Dorf zu regieren, hier Gericht zu halten und seine Ländereien zu verwalten.

50 Jahre später baute sein Nachfahre Friedrich Wilhelm Ernst von Bobenhausen 1746/47 das sogenannte Neue Schloss als heutigen rechten Flügel an die Anlage an, im Barockstil Balthasar Neumanns. Das imposante Gebäude hatte 930 Quadratmeter Wohnfläche auf zwei Etagen, dazu 300 Quadratmeter Nutzfläche, die als Küche, Essraum, Keller oder Sanitäranlage dienten.

Das charaktervolle Gebäude und seine Besitzer waren es auch, die den in Obbach nach ihrer Ausweisung aus der Stadt Schweinfurt 1555 angesiedelten Juden später als Schutz dienten: Ihre Häuser gruppierten sich um das Schloss, auf dem weiten Gelände errichteten sie ihre Synagoge. Noch heute steht am Eingang zum Schlossgut ein altes jüdisches Schlachthaus.

Nach dem Ende der Reichsritterschaft verließ 1813 der letzte von Bobenhausen das Dorf, neuer Schlossbesitzer wurde Maximilian Freiherr von und zu Rhein. Er verkaufte das mächtige Haus samt 15 000 Quadratmeter großem Schlossgarten und landwirtschaftlichem Betrieb 1856 an Ernst Albert Eisfeld, dessen Familie 50 Jahre dort wohnte. In kurzen Abständen folgten drei weitere Schlossbesitzer, bis 1924 Geheimrat Georg Schäfer, Inhaber von FAG Kugelfischer, das Schloss erwarb. Seither ist der Name Schäfer eng mit Obbach verbunden, die Einwohner schätzen noch heute das soziale Engagement der Familie.

Mit dem Erwerb des Schlosses ging als Relikt aus alten Zeiten auch das Patronatsrecht für die evangelische Kirchengemeinde auf die Familie über, das heute noch der Enkel des Geheimrats, der 80-jährige Diplom-Ingenieur Georg Schäfer ausübt.

Ungewiss ist derzeit die Zukunft des Schlosses. Das in die Denkmalschutzliste aufgenommene Gebäude und der große Schlosspark mitten im Dorf warten auf eine Wiedernutzung, gerade auch die laufende Dorferneuerung wirft Fragen nach der Zukunft auf. Ideen vom Altenwohnheim über ein Hotel oder Erholungscenter bis zu Pferdetherapie- oder Tagungszentrum werden diskutiert. Entschieden ist noch nichts.

Weit offen steht hier die normalerweise verschlossene Pforte, die den Zugang vom Dorf her, genauer gesagt von der Dr.-Georg-Schäfer-Straße zum Schloss Obbach bietet. Sie gibt den Blick frei auf das historische Gebäude.

Alter Charme mit neuem Glanz

Gästezimmer, Festsäle und ein Brautmodengeschäft im Schloss Euerbach

Katja Glatzer-Hellmond

Wenn die alten Gemäuer des Oberen Schlosses in Euerbach (Lkr. Schweinfurt) von ihrer Vergangenheit erzählen könnten, hätten sie viel zu berichten. Der neue Besitzer Helko Fröhner bringt derzeit frischen Wind in die Schlossmauern.

1563 – in großen Ziffern, gemeißelt in Stein, sticht die Jahreszahl oberhalb der historischen Kellertür ins Auge. Vom Foyer aus reicht der Blick bis hinein in den altertümlichen Raum, Kreuzgewölbe genannt. Auch nach fast fünf Jahrhunderten versprüht das Obere Schloss in Euerbach noch seinen Charme. Zu verdanken ist dies dem neuen Schlossherrn Helko Fröhner und seiner Lebenspartnerin Angela Eismann.

Seit zwei Jahren lassen sie das Schloss mit ihrer Familie zu neuem Leben erwachen und haben bereits mehrere Bereiche restauriert. »Seit dem Kauf im Jahr 2006 haben wir die Säle, das Foyer und das Kreuzgewölbe im Erdgeschoss sowie die Wohn- und einige Gästeräume im Obergeschoss hergerichtet.« Die historische Treppe, momentan noch eine Übergangskonstruktion, soll auch bald fertig sein und in neuem Glanz erstrahlen, so der 36-jährige Fröhner.

Die Räume im Obergeschoss haben sich schon in Gästezimmer verwandelt. In sanften Orange-, milden Grün- oder hellen Blautönen gehalten, laden sie in dem altertümlichen Ambiente zum Wohlfühlen ein. »Wir bieten die Festsäle im Schloss für Feiern, zum Beispiel Geburtstage oder Hochzeiten, an«, erklärt der Schlossherr.

Frischer Wind zwischen alten Mauern.

Blumengeschmückte Außenfassade.

Romantischer Einblick.

Schweinfurt

Öffnungszeiten

Das Schloss ist in Privatbesitz und kann nur nach telefonischer Absprache besichtigt werden. Das Brautmodengeschäft im Erdgeschoss ist nach vorheriger Absprache geöffnet. Der große Saal und das Kreuzgewölbe können für Feiern gemietet werden.
Ansprechpartner: Helko Fröhner
☎ (0 97 26) 90 56 28
www.schloss-euerbach.de

Geschichte

Erbaut wurde Schloss Euerbach von den Herren von Bibra im Jahr 1563 und gelangte dann in die Hände der Familie von Steinau.

Anfahrt

Von der A 71 wählt man die Ausfahrt Schweinfurt-West, Niederwerrn und fährt auf der B 303 Richtung Euerbach.

Erbaut von den Herren von Bibra

Erbaut wurde Schloss Euerbach von den Herren von Bibra 1563 und gelangte dann in die Hände der Familie von Steinau. Späterer Besitzer war die Familie von Münster. 1704 wurde das Schlösschen in einer Dokumentation über die Entstehung Euerbachs beschrieben: »Ein neu erbautes Schloss, das Bibrasche Haus genannt, mit zwei Stockwerken, acht Stuben, 14 Kammern und einer großen Küche. Unter diesem langen Bau ein vortrefflicher Weinkeller und zwei große Fruchtböden durch das ganze Haus, und wohnen dermalen acht Judenpartien darinnen.« Weiter steht da: »Das Ganze ist aus Stein erstellt worden. Ein steinernes Schäferhaus, Kuh- und Schweinestallung, sowie eine lange Stallung (…) Ein schöner Ziehbrunnen mit Quadersteinen.«

Kaum zu glauben, dass das Obere Schloss Ende des 20. Jahrhunderts (von 1993 bis 1998) unter dem damaligen Besitzer, dem Schweinfurter Kaufmann Horst Seufert, als Unterkunft für Asylbewerber genutzt wurde. Laut einem Archivbericht dieser Zeitung hatte der Gemeinderat Seufert das Nutzungsrecht für eine Gaststätte mit Fremdenzimmern erteilt.

Angeblich aus finanziellen Gründen sei aus dem damals frisch renovierten Gebäude aber eine Herberge für Asylbewerber geworden. 1998 lief das Mietverhältnis aus – das Schloss stand längere Zeit leer.

Heute begrüßen überdimensional große Sonnenblumen den Besucher am Eingang, das bunte Blumenmeer in Richtung Straße ist nicht zu übersehen. Helko Fröhner hat »so gut es eben ging« das historische Pflaster im Außenbereich wieder freigelegt. »Es muss noch viel getan werden, aber wir verzeichnen Fortschritte«, sagt er.

Im Erdgeschoss hat sich Angela Eismann einen kleinen Traum erfüllt und ein Brautmodengeschäft eröffnet, das nach Terminabsprache besucht werden kann. Brautkleider, Schleier und viele Utensilien für den »schönsten Tag im Leben« schmücken die Räumlichkeiten.

Mit den neuen Schlossherren und den Kindern Janine und Tell Matthies weht endlich ein frischer Wind durch das alte Gemäuer. Das erfreut auch Euerbachs Bürgermeister Arthur Arnold, »denn das Schloss ist sicherlich auch ein Stück weit Aushängeschild der Gemeinde«.

Zum Schloss mit seinen zwei Stockwerken, acht Stuben, 14 Kammern und einer großen Küche gehörte auch ein vortrefflicher Weinkeller und ein steinernes Schäferhaus sowie der verträumte Pavillon im Schlossgarten.

Die sicherste Burg im ganzen Bistum

In unsicheren Zeiten zog sich der Würzburger Bischof auf den Zabelstein zurück

Norbert Finster

Burg Zabelstein

Immer wenn Würzburg im Mittelalter von Feinden bedroht war, kam der Fürstbischof hinauf auf den Zabelstein. Dort oben stand die sicherste Burganlage im ganzen Bistum nach der Feste Marienberg in der Bischofsstadt. Für die Bischöfe war Burg Zabelstein aber nicht nur Fliehburg, sondern zuweilen auch ein Ort des jagdlichen Vergnügens und der Erholung. Heute sind von der Burg nur noch Relikte zu sehen.

Burg Zabelstein war eine zweiteilige Anlage, bestehend aus Vorburg mit Schildmauer und Hauptburg. Die Vorburg diente der Versorgung mit Viehhaltung, aber auch der Beherbergung von Gästen. Dann kam der Halsgraben mit anschließender Mantelmauer mit den beiden Türmen. Über den Graben führte am Eingang eine Zugbrücke, deren Widerlager noch heute in Bruchstücken erhalten sind. Die Bauzeit der Burg ist nicht mehr genau datierbar. Vor Jahren wurden bei der Sicherung des noch erhaltenen Mauerteils Rückstände von Kalkbrocken gefunden. Solch ein Mauerwerk stammt nach Einschätzung von Kreisheimatpfleger Longin Mößlein aus der Zeit um etwa 1000 nach Christus. Die Burg ist also bereits im frühen Mittelalter entstanden.

Zur Wasserversorgung gab es nach Erkenntnis von Heimatforscher Hans Koppelt einen Brunnenschacht, der bis in die Tiefe der wasserführenden Gesteinsschichten hinabführte. Das meiste Wasser transportierten die Bewohner aber mit Eseln von der Talsohle vom sogenannten Eselsbrunnen zur Burg hinauf.

Die Landschaft ist wie ein Gemälde aus der Romantik.

Aussichtsturm auf dem Zabelstein.

Gerhard Göb als die Symbolfigur Ritter vom Zabelstein.

Schweinfurt

Lage und Umgebung
Die Ruine Zabelstein liegt auf dem Plateau des 489 Meter hohen Zabelsteins am Nordwesttrauf des Steigerwalds. In unmittelbarer Umgebung steht ein 19 Meter hoher Aussichtsturm, den der Landkreis Schweinfurt 1999 errichtete. Von hier bietet sich bei guter Sicht ein Blick bis in die Rhön, nach Thüringen und in das Steigerwaldvorland.

Öffnungszeiten
Die Ruine Zabelstein ist ganzjährig zugänglich. Vom Frühjahr bis in den Herbst hinein gibt es an Sonntagen an der Ruine Bewirtung aus einem Pavillon aus Holz.

Anfahrt
Die Ruine Zabelstein ist nur zu Fuß oder mit dem Fahrrad zu erreichen, entweder vom Parkplatz Zabelstein an der Steigerwald-Höhenstraße von Hundelshausen nach Fabrikschleichach links abbiegend (etwa zwei Kilometer fast eben) oder über den Weiler Neuhof, den steileren Forstweg, hinauf zum Bergplateau.

Im 12. Jahrhundert ausgestorben

Das Geschlecht der Zabelsteiner ist nach Erich Meidel (Schweinfurt) nicht bis zum 9. Jahrhundert zurückzuverfolgen. Ein Edelknecht vom Zabelstein wird bei der Vergabe der Ehrenämter des Herzogtums Franken anlässlich des Reichstages 1168 unter Leitung von Kaiser Friedrich als Unterschenk aufgeführt. Wipprecht von Zabelstein hatte seinen Sitz auf der Burg im 12. Jahrhundert. Mit ihm starb das Geschlecht aus. Die verwaiste Burg fiel 1303 dem Hochstift Würzburg zu, das eine Nebenlinie der Zabelsteiner, und zwar Wolfram als Stammführer, belehnte. Unter der Herrschaft der Würzburger Fürstbischöfe wurde die Burg Zabelstein zu einer der mächtigsten Festen der Lande am Main, die als Verwahrungsort für wertvolle Urkunden und des bischöflichen Schatzes diente.

Zum Amtssitz erhoben

Der Fürstbischof erhob die Burg zum Amtssitz des neu errichteten Oberamtes Zabelstein, dem nicht nur die umliegenden Orte, sondern auch entfernter liegende Dörfer wie Prölsdorf oder Grettstadt unterstellt waren.

1525 war Bauernkrieg. Zunächst schickten die Bauern vom Lager Gerolzhofen eine Abordnung mit 200 Mann vor die Burgtore, die aber noch abgewiesen wurde. Mit Verstärkung aus dem Haßfurter Raum kamen die Bauern unter Führung von Hans Lüst wieder. Der Amtmann Hans Giech übergab nun die Burg, die schon an Bedeutung verloren hatte, kampflos an die Bauernhaufen.

Nach der Plünderung ging die Burg größtenteils in Flammen auf. Bis 1586 lag Burg Zabelstein in Trümmern. Unter Fürstbischof Konrad III. wurde mit dem Wiederaufbau begonnen. Endgültig fertiggestellt wurde sie wieder von Julius Echter von Mespelbrunn. Der bischöfliche Amtssitz wanderte 1652 hinunter nach Traustadt; die Burg wurde nun Wohnstätte des Forstmeisters vom Steigerwald.

In der Wohnung des Försters brach jedoch 1689 ein Feuer aus. Damit fand die Burg für immer ihr Ende. Sie diente nun nur noch als Steinbruch für die Baumaßnahmen in den umliegenden Dörfern. So soll zum Beispiel die Kirche von Donnersdorf mit Steinen vom Zabelstein erbaut sein.

Burg Zabelstein galt einst als eine der sichersten Burganlagen im Bistum Würzburg. Mehrmals in ihrer Geschichte ging sie in Flammen auf. Mit ihren Steinen wurden manche Gebäude in der Umgebung errichtet.

Kulturtempel im barocken Gemäuer

Familie von Halem erweckte Schloss Zeilitzheim aus dem Dornröschenschlaf

Norbert Finster

Schloss Zeilitzheim

Bis zum Jahr 1979 war Schloss Zeilitzheim dem Verfall preisgegeben. Dann kaufte es die Familie von Halem. In unermüdlicher Arbeit und mit zahllosen Initiativen ist es der Familie bis heute gelungen, dem Barockbau nicht nur wieder ein Gesicht zu verleihen, sondern auch ihm beachtliches kulturelles Leben einzuhauchen. Dafür erhielten die von Halems 2004 sogar den Deutschen Preis für Denkmalschutz.

Schloss Zeilitzheim ist ein Schloss ohne Schlösser. Es lädt regelrecht zum Eintreten ein, denn nirgendwo ist eine Tür versperrt; nicht einmal Klingeln ist nötig. »Nur nicht so schüchtern, kommen Sie herein«, begrüßt Marina von Halem den Besucher. Mit einer Mitarbeiterin ist Marina von Halem gerade mit der Organisation des Kulturprogramms beschäftigt, das das Schloss durch seine Qualität seit vielen Jahren auszeichnet und dessen Erlös zum Erhalt des ortsbildprägenden Bauwerks beiträgt.

Schlossherr ist Alexander von Halem. Er sieht das Schloss als ein Familienunternehmen und Lebensprojekt über mehrere Generationen. 1999 hat er es von seinen Eltern durch Schenkung übernommen und führt es seitdem zusammen mit seiner Mutter Marina. Behilflich ist dabei auch seine Frau und Juniorchefin Katalin. Sie kümmert sich ums Management des Hotels Schloss Zeilitzheim mit seinen 20 Gästezimmern.

Zu tun gibt es immer etwas, denn das Landschloss aus dem 17. Jahrhundert bietet seinen Besuchern Musik und Kultur, Feste und Feiern, Begegnungen und

Kulturelles Leben im und um das Schloss.

Blühende Anmut vor der Fassade.

Barocke Gartengestaltung im Park.

Schweinfurt

Öffnungszeiten
Auf Anfrage sind Gruppenführungen möglich.

Kontakt
Schloss Zeilitzheim von Halem GbR
Marktplatz 14
97509 Kolitzheim-Zeilitzheim
☎ (0 93 81) 93 89
Fax (0 93 81) 37 10
E-Mail info@barockschloss.de

Ausflüge
Als Ziele von Zeilitzheim aus bieten sich die beiden je sieben Kilometer entfernten Städte Gerolzhofen und Volkach mit ihren mittelalterlichen Stadtbildern an.

Anfahrt
Von Volkach führt der Weg über Gaibach, von Gerolzhofen über Brünnstadt nach Zeilitzheim. Das Schloss liegt unübersehbar in der Ortsmitte.

Kontakt mit Menschen aus der ganzen Welt. Seine festlichen Säle, die Tagungsräume, die Gästezimmer und der barocke Garten bilden einen Rahmen, der schon viele Kulturbegeisterte bezaubert hat.

Die Geschichte des Hauses hat Hilmann von Halem recherchiert. Danach ist das gegenwärtige Schlossgebäude etwas mehr als 300 Jahre alt. Es steht aber auf historischem Boden. Hier ist seit 1278 ein Rittersitz bekannt. Bis Ende des 14. Jahrhunderts sind die ursprünglichen adeligen Herren »von Zulichsheim« bezeugt. Wahrscheinlich handelte es sich bei dem Gebäude um eine Wasserburg mit Wall, Graben und eventuell Türmen.

Nach dem Aussterben der Herren von Zulichsheim fiel die Burg an den Lehensherrn, den Bischof von Würzburg, zurück. In der Folgezeit wurden verschiedene Adelsgeschlechter damit belehnt, darunter die Herren von Thüngfeld und die Herren von Thüngen. Im 16./17. Jahrhundert gehörte das Schloss den Herren von Grumbach und den Fuchs von Bimbach gemeinsam, später den Fuchs allein. 1640 kaufte es der kaiserliche Oberst Hans Wolf von Wolfsthal von seinem Schwiegervater Fuchs von Bimbach zu Neuses am Sand.

Philipp Gaston Wolf von Wolfsthal ließ dann das alte Schloss abreißen und ein größeres und repräsentativeres bauen. Die Pläne waren um 1680 unter Beratung des Würzburger Hofarchitekten Antonio Petrini entstanden, die Ausführung lag in den Händen des Baumeisters Andreas Keßler.

So entstand bis 1683 der heutige vierflügelige barocke Schlossbau mit dem quadratischen Innenhof. Das Juwel des Schlosses aus der Blütezeit fränkischer Barockarchitektur ist der Freskensaal. Philipp Gaston wusste, dass die Familie mit ihm im Mannesstamm aussterben würde. Der Grundbesitz sollte aber ungeteilt und Name und Wappen erhalten bleiben. Deshalb adoptierte er seinen Nachbarn und Freund, den regierenden Grafen von Schönborn-Wiesentheid. Die Bestimmungen des Adoptionsvertrages wurden eingehalten, bis in unserer Zeit Graf Schönborn die Schlösser Zeilitzheim und Neuses am Sand verkaufte.

Im Schloss war die katholische Ortskirche und die katholische Schule. Hier wohnten der katholische Pfarrer und die Nonnen, die ihn versorgten.

Das Landschloss Zeilitzheim lädt zum Eintreten ein, denn es ist ein Schloss ohne Schlösser. Hier erleben Besucher Musik und Kultur, Feste und Feiern und Kontakt mit Menschen aus der ganzen Welt.

■ Bad Kissingen

Warum Graf Luxburg sein Vermögen verschenkte

Schloss Aschach: Von Hennebergern erbaut, von Fürstbischöfen genutzt, vom Bezirk Unterfranken erhalten

Ursula Lippold

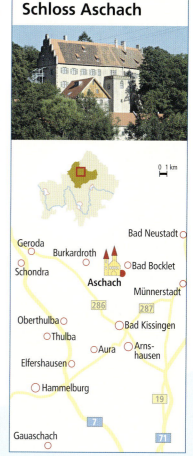

Schloss Aschach

Man nannte ihn den »König von Unterfranken« – etwas ironisch zwar, aber bezeichnend für das pflichtbewusste Verhalten von Friedrich Graf von Luxburg als Regierungspräsident. Aus einer adligen Familie stammend, erfüllte sich der Graf seinen Wunsch nach einem eigenen Schloss: Er kaufte mit seiner Gattin Louise, eine geborene von Schönaich-Carolat, 1874 Schloss Aschach und machte es zum Familiensitz.

Friedrich – und später sein Sohn Karl – hinterließen kostbare Sammlungen. Da Karl keine direkten Nachkommen hatte, schenkte er den gesamten Besitz 1955 dem Bezirk Unterfranken. Es ist schon bemerkenswert, dass die wertvollen Sammlungen nach dem Tod von Friedrich von Luxburg senior im Jahre 1905 in ihrer Gesamtheit bewahrt wurden. Immerhin hatten Friedrich und Louise sechs Söhne. Der Zweitälteste, Karl, war der Schlosserbe. Er übernahm 1929 mit seiner aus Argentinien stammenden Frau, Carola Martinez de Hoz, den Familiensitz. Er pflegte und mehrte die Sammlungen, denn als Diplomat saß Karl direkt an der Quelle: in Peking. Dort erwachte seine Sammelleidenschaft und seine Liebe zum chinesischen Porzellan.

Viele kunstvolle Stücke haben die Grafen Luxburg zusammengetragen. Die Ostasien-Sammlung besteht aus 400 Exponaten: chinesische und japanische Porzellane und Keramiken, Elfenbein-, Rotlack- und Jade-Schnitzereien, Bronzebuddhas und Weihrauchschalen. Einige Dinge stammen aus alten Dynastien vor Christus.

Lukas Cranach und Lenbach

Neben dieser Ostasien-Sammlung bildet die Kunstsammlung des 16. Jahrhunderts einen weiteren Schwerpunkt im Graf-Luxburg-Museum. Dazu gehören Möbel, Skulpturen und Tafelgemälde der Renaissance, auch kostbare Bilder wie das Porträt »Judith mit dem Haupt des Holofernes« von Lukas Cranach d. Ä., Goldschmiedearbeiten, Zinn, Gläser und Kunstgewerbe belegen die Fertigkeiten im 16. und 17. Jahrhundert.

Andere Räume spiegeln den Geschmack des 19. Jahrhunderts wider. Im Blauen Salon, eingerichtet mit dem Mobiliar der frühen 1970er Jahre, hängt ein Geschenk der Königin Marie von Bayern. Es ist das Porträt der 17-jährigen Prinzessin Marie als Braut des späteren Königs Maximilian II., von Karl Begas 1842 gemalt.

Im Salon zu finden ist auch Franz von Lenbachs Porträt des Fürsten Otto von Bismarck, der bei seinen häufigen Besuchen auf Schloss Aschach gern ein Mittagsschläfchen auf der Chaiselongue dieses Salons hielt. Von 1876 bis 1893 kam der Eiserne Kanzler fast alljährlich von Bad Kissingen, wo er kurte, nach Aschach.

Beim Durchwandern des Graf-Luxburg-Museums erspürt der Besucher einen kräftigen

Die steinerne Schöne im Park. Jagdtrophäen als Wandschmuck. Ein Wasserspeier aus dem Jahr 1531.

Öffnungszeiten

Schloss Aschach liegt acht Kilometer von Bad Kissingen entfernt im Saaletal bei Bad Bocklet. Mit seinen drei Museen ist das Schloss eines der interessantesten Baudenkmäler in Unterfranken. Das Graf-Luxburg-Museum, das Schulmuseum und das Volkskundemuseum sind geöffnet: Ostern bis 30. September täglich von 14 bis 18 Uhr, von 1. Oktober bis 31. Oktober, 14 bis 17 Uhr. Montag ist das Haus geschlossen.
In den Ferien werden extra Veranstaltungen für Kinder angeboten.
Infos: www.bezirk-unterfranken.de

Kontakt

Schloss Aschach
☎ (0 97 08) 61 42

Hauch vom Leben der Luxburgs. Da steht noch das Nähkörbchen der Gräfin, als wäre sie gerade von ihrer Handarbeit aufgestanden. Auf dem Tisch liegt ihre Briefmappe. Die Luxburgs, so Museumsleiterin Annette Späth, haben in ihren Sammlungen gewohnt.

Die Gebäude, so wie sie heute sind, stammen aus dem 16. Jahrhundert. Doch die Anfänge der Burg Aschach reichen viel weiter zurück.

Immer mehr Schulden

Als sein Erbauer gilt Graf Popo VI. Ende des 12. Jahrhunderts. Erstmals urkundlich erwähnt wurde die Burg Aschach 1245. Aber nur ein Jahrhundert hielten die Henneberger dort Hof. Die Schulden mehrten sich, der Pfandschein konnte nicht eingelöst werden, so mussten Schloss und Amt verkauft werden.

1391 ging es in den Besitz des Gläubigers Dietrich von Bibra über. Dann kaufte der Bischof von Würzburg Schloss Aschach. In bunter Folge wechselte es die Besitzer. Noch einmal gelang es einem Henneberger, die Burg zu erwerben: Graf Georg von Henneberg. Sein Sohn Otto war der letzte Henneberger, der auf Schloss Aschach regierte. 300

Jahre war es Sitz eines fürstbischöflichen würzburgischen Amtes.

Auch Schloss Aschach blieb von den sengenden und plündernden Bauernhaufen nicht verschont. Der Auraer Haufen fiel 1525 über die Burg her, leerte Keller und Kasten, nahm den Amtmann und seine Leute gefangen und warf dann Feuerbrand hinein. Doch die, die zerstörten, mussten wieder aufbauen, nicht nur Schloss Aschach, auch die Burg Botenlauben und die Trimburg.

Jahre später, 1553, wütete auf dem Schloss ein Brand, der die Burg der Henneberger zerstörte. Alle Bauzier der Stauferzeit war vernichtet. 20 Jahre brauchte man, um alles wieder neu aufzubauen, dabei wurde das Schloss ums Doppelte vergrößert.

Tribut forderte der Dreißigjährige Krieg. Schloss und Amt wurden 1631 einem schwedischen Oberst geschenkt. Zwei Jahre später fiel es zurück ans Hochstift. Dort blieb es bis zum Ende des 18. Jahrhunderts, dann kam das Ende der fürstbischöflichen Herrschaft. Amt Aschach und Amt Kissingen wurden zusammengelegt, das Schloss als Revierförsterwohnung genutzt.

1829 kaufte der Schweinfurter Industrielle Wilhelm Sattler das Schloss und baute hier eine

Steingutfabrik auf. Er beschäftigte 160 Arbeiter. Den Rohstoff Ton fand er in der Rhön. Doch auf Dauer erwies sich die Steingutproduktion nicht als gewinnbringend und die englische Importware verdrängte mit ihren niedrigeren Preisen das Aschacher Steingut vom Markt.

Generalsanierung

1859 starb Wilhelm Sattler, ein Jahr später wurde die Fabrik stillgelegt. Wilhelms Schwager Anton Sattler übernahm das Schloss und ließ 1868 Sammlungen und Inventar versteigern. 1872 kaufte der Regierungspräsident Friedrich Graf von Luxburg das Schloss für 72 000 Goldmark von Ernst Sattler, einem Bruder von Anton. Für 56 000 Goldmark wurde es renoviert.

Doch alte Schlösser bringen nicht nur Segen, dies bekam der heutige Besitzer, der Bezirk Unterfranken, einmal mehr zu spüren. Das eigentlich massiv wirkende Schloss drohte einzustürzen, Risse in den Stützen und Verformungen im Untergrund machten eine über zwei Millionen Euro teure Generalsanierung nötig. Zuvor war die alte Mühle des Schlosses für eine Million Euro als Depot ausgebaut worden.

Ein letzter idyllischer Sommer

Wo sich Ludwig I. mit seiner Geliebten Lola Montez stritt und wieder versöhnte

Michael Mahr

Ludwig I., König von Bayern, freute sich auf einen idyllischen Sommer mit seiner Geliebten Lola Montez in Bad Brückenau. Doch dieser sollte nicht so angenehm verlaufen, wie die 25 vorherigen Aufenthalte in Ludwigs Lieblingsbad. Und es sollte des Königs letzter Sommer in seinem Bad Brückenau werden.

Die Affäre des alternden Königs mit Lola Montez, die aus Schottland stammte, sich aber als spanische Tänzerin ausgab, war schon vorher in Bayern als Skandal empfunden worden. Ludwigs Sohn, Kronprinz Maximilian, der ebenfalls in Brückenau weilte, weigerte sich zum Beispiel, seinen Vater zu treffen, wenn Lola dabei war. Die reagierte darauf so gereizt, dass es schließlich selbst Ludwig zu viel wurde. Der König schrie seine Geliebte an, die daraufhin mit Abreise drohte. Ludwig versöhnte sich schnell wieder mit seiner Lola.

Der König logierte in Brückenau in einem Gebäude, das einst Stall und Remise des benachbarten Wirtshauses war. Das »Ross« war nur wenige Jahre nach der 1747 erfolgten Gründung des Bads im Auftrag des Fuldaer Fürstabts Amand von Buseck als Wirtshaus errichtet worden. Oberhalb einer Reihe von Gartenterrassen gebaut, bildet es den Abschluss der quer durch das Tal angelegten Achse der Kuranlage.

Das Gasthaus war einst der gesellschaftliche Mittelpunkt des Staatsbads. 1775 wurde es zur Wohnung für die Fürstbischöfe von Fulda für ihre Kuraufenthalte umgebaut. Das trug dem

Der Fürstenhof in Bad Brückenau.

Vollendete Symmetrie.

Putten und blühende Pflanzen.

Bad Kissingen

Kontakt
Dorint Resort Bad Brückenau
www.dorintresorts.com
☎ (0 97 41) 85-0

Anfahrt
Das Staatsbad Brückenau ist über die Rhönautobahn A 7 erreichbar. Von der Ausfahrt Bad Brückenau / Wildflecken geht es durch Römershag und Bad Brückenau ins gut drei Kilometer entfernte Staatsbad.

Umgebung
Der Fürstenhof ist eingebettet in den Kurpark. Von den ursprünglich sechs barocken Pavillons steht heute nur noch das Haus Hirsch. Das von Ludwig I. in Auftrag gegebene Kursaalgebäude prägt die eine Seite des Kurparks. Dort lädt unter anderem das Bayerische Kammerorchester Bad Brückenau zu Veranstaltungen ein. Auf der anderen Seite dominiert das zu Beginn des 20. Jahrhunderts errichtete Kurhotel. Einen Besuch lohnt auch das nur 200 Meter entfernte Deutsche Fahrradmuseum
☎ (0 97 41) 93 82 55
www.deutsches-fahrradmuseum.de

Gebäude den Namen Fürstenbau ein. Noch heute wird es Fürstenhof genannt.

Über dem benachbarten Stall mit Remise für Kutschen wurde etwa zur gleichen Zeit ein zweites Stockwerk für das Personal gebaut. Ludwig I., der Brückenau erstmals 1818 besucht hatte, als das Bad gerade einmal zwei Jahre zu Bayern gehörte, ließ dieses Gesindehaus in eine 13-Zimmer-Residenz umbauen. Weil dort viele Angehörige des Hofstaats wohnten, bekam es den Namen Kavaliersbau, heute ist es das Schlosshotel.

Es wird durch einen ebenfalls von Ludwig I. in Auftrag gegebenen Speisesaal mit dem Fürstenhof verbunden. 1978 wird das Schlosshotel modernisiert. Die alten Mauern werden weitgehend abgebrochen und neue nach den alten Maßen hochgezogen. Dazwischen liegt eine wechselvolle Geschichte. Nach dem Tod Ludwigs I. gelangten die Gebäude in den Besitz seiner Schwiegertochter Amalie, Ex-Königin von Griechenland.

Aus deren Nachlass kaufte es der aus dem russischen Baltikum stammende Baron Andreas von Budberg, der das Hotel einrichtete. Nach der Oktoberrevolution fanden Bekannte und Verwandte Budbergs und seiner Frau aus dem russischen Adel im Staatsbad Brückenau eine Zuflucht. Nach dem Tod des kinderlosen Paares fielen Fürstenhof und Schlosshotel bald an Bayern, weil die russischen Erben die für Ausländer exorbitante Erbschaftssteuer nicht zahlen konnten. Der Freistaat verpachtet die Gebäude bis heute als Hotel.

Beliebt bei Hochzeitspaaren

Die Dorint-Hotelgruppe betreibt heute den Fürstenhof als Dependance des benachbarten Vier-Sterne-Hotels. Im Fürstenhof war die kroatische Fußballnationalmannschaft während der Weltmeisterschaft 2006 untergebracht. Aber auch Hochzeitspaare nutzen das Ambiente für ihre Feiern. Wo einst der bayerische König residierte, turteln heute Frischvermählte.

Deren Glück sollte etwas länger dauern als das des verliebten Ludwigs und seiner Lola. Ihr Brückenauer Idyll endete kaum zwei Wochen nach der Versöhnung, dann reisten beide auf getrennten Wegen ab. In Würzburg verursachte Lola Montez zwei Tage später den nächsten Skandal und musste Bayern bald verlassen. Ludwig konnte sich noch einige Monate halten, dann räumte er unter dem Druck der Öffentlichkeit den Thron für seinen Sohn.

Der Fürstenhof liegt direkt im Kurpark des malerischen Rhönbades Bad Brückenau und ist heute ein Dorint Resort. Die weiße Pracht im Winter bezauberte wahrscheinlich auch den bayerischen König und seine Geliebte.

Der doppelte Untergang

1444 wurde Burg Werberg zerstört – 1973 sprengte die US-Armee die letzten Häuser des Dorfes *Michael Mahr*

Ruine Werberg

Werburg, Werberg – die mittelalterliche Festung und das Dorf zu ihren Füßen. Vom einen wie von dem anderen ist heute kaum mehr etwas zu sehen. Und beide Male war das Militär schuld am Untergang.

Der Untergang des Dorfes liegt erst wenige Jahrzehnte zurück. Erst 1966 mussten die letzten Werberger ihre Heimat verlassen. 1973 sprengten Soldaten der US-Armee die letzten Häuser des Dorfes, das inmitten des Truppenübungsplatzes Wildflecken liegt. Heute regelt die Bundeswehr den Zugang zu einem Heiligenhäuschen und dem Werberger Friedhof, den letzten Zeugen einer jahrhundertelangen friedlichen Besiedlung.

Überfall der Burg

Dass es in vergangenen Zeiten auch kriegerisch wild zugehen konnte, daran erinnern die wenigen noch bestehenden Mauerreste der Werburg, die sich unter mächtigen alten Buchen finden. Die Truppen des Würzburger Fürstbischofs Gottfried IV. von Limpurg hatten die Burg 1444 dem Erdboden gleichgemacht, übrigens mit Zustimmung des eigentlichen Lehnsherren, des Fuldaer Fürstabts.

Der Sage nach soll ein ehemaliger Knecht der Burg, der mit den Verhältnissen vor Ort gut vertraut war, am Abend mit einem Trupp Leute in den Vorhof der Burg gestiegen sein. Dort versteckten sie sich bis zum Tagesanbruch. In der Früh öffnete sich das Tor, und der Burgvogt begleitete eine alte Dame aus

Antonius-Kapelle im Friedhof.

An den Ort Werberg erinnern nur noch Grabsteine.

Zweimal im Jahr ist der Gottesacker öffentlich zugängli

Öffnungszeiten
Die Mauerreste der Ruine Werberg liegen auf dem Truppenübungsplatz Wildflecken und sind in der Regel nicht zugänglich. Jedes Jahr an zwei Terminen öffnet die Bundeswehr die Schranken des Übungsplatzes. So organisieren die ehemaligen Werberger jedes Jahr im Juni ein Treffen, bei dem auch der Besuch des unweit des Burghügels gelegenen Friedhofs möglich ist. An Allerheiligen kann man die noch erhaltenen Friedhöfe auf dem Truppenübungsplatz besuchen.

Kontakt
Auskunft erteilt die Kommandantur des Truppenübungsplatzes
☏ (0 97 45) 34 - 0

Umgebung
Ebenfalls auf dem Truppenübungsplatz Wildflecken, nur vier Kilometer von den Resten der Werburg entfernt, liegt die Wallfahrtskirche Maria Ehrenberg, die im Sommer zwischen Mai und Oktober an den Wochenenden und an Feiertagen wie Mariä Himmelfahrt, 15. August, zugänglich ist.

der Burg. Sie pflegte jeden Sonn- und Feiertag den Gottesdienst auf dem Volkersberg bei Bad Brückenau zu besuchen. Am Michaelstag, dem 29. September, stürzten der ehemalige Knecht und die Soldaten aus dem Versteck, überfielen den Vogt und drangen in die Burg ein.

Den Anlass zur Zerstörung lieferten die Herren der Burg, die Familie von Hutten, selbst. Sie sollen von der Burg aus Raubzüge unternommen haben. Werberg lag im Spannungsfeld zwischen Versuchen mächtiger kirchlicher Landesherren, ihre Territorien abzurunden und den entgegenstehenden Bemühungen weit verzweigter Adelsfamilien ihre Stellung zu wahren. Zu welchen Verwicklungen das führte, zeigt die Werburg exemplarisch.

Denn schon einige Jahrzehnte vor der Zerstörung war die Werburg 1403 Schauplatz für Konflikte. Ausgerechnet ein von Hutten, Ludwig von Hutten, Würzburger Amtmann in Arnstein, zog 1403 gegen die Burg seiner Verwandten.

Der Ritter Frowein und seine Verwandten Henn, Ludwig und Hartmut, alle vier aus der Familie der Hutten, hatten sich von der Werburg aus Überfälle erlaubt, wie Lorenz Fries im dritten Band seiner Chronik der Bischöfe von Würzburg berichtet. Der Fuldaer Fürstabt hatte deswegen Klage erhoben.

Kein Schutz für die Abtei

Ludwig von Hutten führte als für die Wahrung des Landfriedens zuständiger »Reichshauptmann« in Franken würzburgische, fuldische und Henneberger Truppen unter die Mauern der Werburg, die anschließend belagert wurde. Die Burg wurde zwar nicht geschleift, ihre Herren aus der Familie von Hutten mussten schließlich Frieden schließen und Entschädigung zahlen. Rund 50 Jahre vorher, im Jahr 1351, war die 1260 erstmals urkundlich erwähnte Burg schon einmal belagert worden.

Auch damals konnte sie ihre ursprüngliche Funktion – Schutz für das Territorium der Fürstabtei Fulda – nicht erfüllen. Die Henneberger, die im Streit mit Fulda lagen, eroberten sie, verloren die Burg jedoch ein Jahr später wieder.

Nur ein Mauereck weist auf den Standort der ehemaligen Werburg hin, die schon im 15. Jahrhundert zerstört wurde. Das Dorf zu ihren Füßen teilte später das Schicksal der Burg.

Offenes Tor für Alte und Kranke

In Römershag verbrachten einst Äbte und Fürstbischöfe ihre Sommer

Michael Mahr

Schloss Römershag

Schlösser sind ganz schön teuer. Das stellte auch Heinrich von der Tann im Jahr 1692 fest. Er verkaufte daher das erst wenige Jahrzehnte zuvor von seiner Familie im Renaissance-Stil errichtete Schloss in Römershag an seinen Herren, den Fuldaer Fürstabt.

Schlösser müssen umgebaut werden. Das stellte Adolf von Dalberg im Jahr 1730 fest. Er gab den Auftrag, das erst wenige Jahrzehnte zuvor von Heinrich von der Tann gekaufte Schloss in Römershag zu einer standesgemäßen Sommerresidenz für die Fuldaer Fürstäbte umzubauen. Den üblichen Anforderungen der Zeit entsprach der noch keine 100 Jahre alte Bau offenbar nicht.

Und als Dalbergs Nachfolger Amand von Buseck, der Gründer des Staatsbads Brückenau, vom Fürstabt zum Fürstbischof avancierte, kam noch etwas dazu: Es musste auch eine eigene Kirche im Schloss erbaut werden, die von den Römershagern noch heute benutzte Schlosskirche St. Benedikt.

Das Tor steht offen

Schlösser sind teuer. Das stellte 150 Jahre später offenbar das Königreich Bayern fest. Für ein Forstamt scheint der Bau in Römershag in der Tat etwas überdimensioniert. Selbst wenn die Förster nebenbei aus den Fenstern des Schlosses heraus gejagt hätten, wie es von den Fürstäbten berichtet wird. Offenbar brachte das Schloss dem bayerischen Staat nicht einmal als Finanzamt genügend Geld ein. 1884 richtete der Staat im

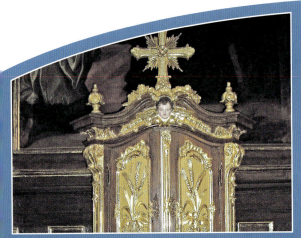
Viel Gold in der Schlosskapelle.

Eine Brücke führt direkt ins Schloss.

Barockes Altarbild und Madonna mit Kind.

Bad Kissingen

Geschichte
1334 wird Heinrich von Sterbfritz mit Römershag belehnt; 1648 bis 69 bauen Friedrich und Martin von der Tann ein Renaissance-Schloss; 1692 verkauft Heinrich von der Tann an den Fuldaer Fürstabt; 1730 lässt Fürstabt Adolf von Dalberg das Schloss erweitern; 1752 Bau der Schlosskirche für Fürstbischof Amand von Buseck, den Gründer des Staatsbads Brückenau; nach 1816 Forstamt und Finanzamt; 1884 Kreisanstalt für unheilbar Kranke; heute Alten- und Pflegeheim des Bezirks Unterfranken.

Kontakt
Seniorenheim Römershag
www.pflegeheim-roemershag.de
☎ (0 97 41) 91 36 - 0

Persönlichkeiten
In Römershag wurde Konrad Adam Weikard geboren. Der brachte es vom Brückenauer Badearzt zum Leibarzt der russischen Zarin Katharina der Großen. Nach ihm ist die Straße benannt, an der das Schloss und das Bad Brückenauer Schulzentrum liegen.

Schloss ein Heim ein, »Kreisanstalt für Unheilbare« genannt. Erlöserschwestern kümmerten sich dort um die Pflegebedürftigen, deren Leiden auch durch eine Behandlung im Krankenhaus nicht behoben werden konnten. Noch heute ist das Pflegeheim im Schloss Römershag auf die Betreuung von psychisch kranken älteren Menschen eingestellt.

Von der Außenwelt schottet sich das Schloss Römershag jedoch nicht ab. Dicke Mauern und ein schattiger Torbogen, nur über eine schmale Brücke über den Fluss Sinn erreichbar, mögen diesen Eindruck vielleicht vermitteln. Doch das Tor steht Besuchern jederzeit offen.

»Sorgenkind des Bezirks«

Das Pflegeheim unterhält nicht nur sehr enge Kontakte zu den Römershagern, ein Päuschen auf einer Bank im windgeschützten Innenhof, ein Schwätzchen mit einem Bewohner oder eine Besichtigung der Schlosskirche sind jederzeit möglich.

Mit der 2007 erfolgten Zertifizierung des Qualitätsmanagements unternimmt das Pflegeheim Anstrengungen, um die Zukunft der Einrichtung zu sichern. Die Jahrhunderte alten Mauern des Schlosses Römershag erfordern ebenfalls immer wieder Investitionen, um etwa die Ausstattung mit Sanitäreinrichtungen auf den heute erwarteten Standard zu bringen.

Schlösser sind teuer. Schlösser müssen umgebaut werden. Das stellt mit schöner Regelmäßigkeit der unterfränkische Bezirkstag fest. Da wird Römershag schon mal zum »Sorgenkind des Bezirks« erklärt. Doch bisher stellt der Bezirkstag immer wieder die Mittel zur Verfügung, die nötig sind, damit das Schloss die Aufgabe erfüllen kann, die seit nunmehr fast 125 Jahren seine Bestimmung ist: ein Heim sein für Alte und Kranke.

Das Schloss Römershag war einst Sommerresidenz der Fuldaer Fürstäbte. Heute unterhält der Bezirk Unterfranken dort ein Pflegeheim. Alte und Kranke finden darin liebevolle Aufnahme.

Kein Schloss und trotzdem königlich

In Orten wie Bad Kissingen haben sich die Hochwohlgeborenen eine neue Lebensform erfunden

Siegfried Farkas

Regentenbau

Sagen Sie jetzt nichts! Wir wissen selbst, dass der Arkadenbau, der Regentenbau und die Wandelhalle in Bad Kissingen keine Schlösser sind. Und erst recht keine Burgen. Sie verfügen ja nicht über Zinnen und auch nicht über einen Grafen, der darin wohnt.

Trotzdem sind Arkadenbau, Regentenbau und Wandelhalle in einer Serie über Burgen und Schlösser nicht fehl am Platze. Irgendwann haben die Reichen und Mächtigen dieser Welt nämlich entdeckt, dass es noch mehr gibt als die kalte Einsamkeit und die womöglich feuchte Langeweile ihrer Stammsitze. Deshalb entwickelte sich die Kur zu einer Bereicherung der hochwohlgeborenen Lebensformen. Und so kam es auch, dass Kaiser und Könige in einst verschlafenen Städtchen wie Kissingen Hof hielten und von Kissinger Wannen aus große Politik gemacht wurde. Wenigstens ein paar Wochen im Jahr. Ihre Hoch-Zeit hatte diese Lebensform im 19. Jahrhundert, das bekanntlich bis zum Ersten Weltkrieg dauerte.

Die Grundlage für die rasante Entwicklung Kissingens zum Weltbad des 19. Jahrhunderts legte Ludwig I. Er war von 1825 bis 1848 König von Bayern und galt als Pfennigfuchser. Ganz anders als sein wunderlicher Enkel Ludwig II. ließ er nicht nur zur Erfüllung seiner architektonischen Träume bauen, sondern auch aus ökonomischem Kalkül.

Der sonst so bauwütige Märchenkönig Ludwig II. ist in Kissingen übrigens in dieser Hinsicht nicht in Erscheinung getreten. Ihm hat die Stadt aber

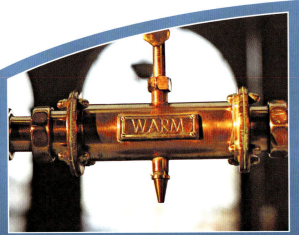

Impression aus der Brunnenhalle.

Beeindruckend: die Wandelhalle.

Im Schmuckhof.

Öffnungszeiten
Die Tourist-Information im Arkadenbau, ☎ (09 71) 80 48 - 3 62, ist täglich in der Zeit von 9 bis 21 Uhr geöffnet. Der Kurgarten, den Arkadenbau, Regentenbau und Wandelhalle einfassen, ist ganztägig offen.
Einmal im Monat bietet die Staatsbad Bad Kissingen GmbH Führungen durch die Kuranlagen an. Informationen über die Termine unter ☎ (09 71) 80 48 - 0

Informationen
Weitere Informationen über die Kissinger Kuranlagen im Internet unter www.badkissingen.de

Anfahrt
Arkadenbau, Regentenbau und Wandelhalle liegen am Rande der Bad Kissinger Altstadt zwischen Saale, Ludwigstraße und Kurhausstraße. Autofahrer sollten eines der Parkhäuser oder den Salinenparkplatz ansteuern.

Früher waren die Könige, Reichen und Mächtigen Gäste in Bad Kissingen, heute können sich Kurgäste und Wochenendbesucher wahrlich königlich fühlen beim Spaziergang durch die gepflegte Parkanlage.

die Erhebung zum »Bad« Kissingen zu verdanken. Ein Ereignis, das sich im Frühjahr 2008 zum 125. Male jährte.

Ludwig I. dagegen hat das wirtschaftliche Potenzial der Heilquellen erkannt und das kleine Landstädtchen mit einer Infrastruktur versehen, die Kissingen bis zum Ersten Weltkrieg bescherte, was man auf Neudeutsch einen Boom nennt.

Erfunden hat Ludwig I. die Kur in Kissingen nicht. Die feiert 2020 hier bereits das 500-Jahr-Jubiläum ihres ersten namentlich bekannten Kurgasts. Der Wittelsbacher gab der Kur aber den baulichen Rahmen, um die Sommerfrische in Kissingen für Kaiser und Könige en vogue zu machen.

Bedient hat er sich dazu des Jahrhundert-Architekten Friedrich von Gärtner. Der Konkurrent des nicht weniger genialischen Baumeisters Leo von Klenze stattete Kissingen im Auftrag seiner Majestät mit prägenden Bauten aus.

Jahrhundert-Architekt

Der Arkadenbau, noch heute Zentrum der Kuranlagen, entstand 1834 bis 1838. Hinzu kamen das Krugmagazin als Zweckbau für den Heilwasser-

versand, die Ludwigsbrücke, ein Gebetshaus als Keimzelle der heutigen evangelischen Erlöserkirche und der leider 1909 wieder abgebaute eiserne Brunnenpavillon. Im Kissingen-Band der Reihe »Denkmäler in Bayern« heißt es, Gärtner habe trotz der »Vorbildwirkung des vorangegangenen Brückenauer Kursaalbaus« dem Arkadenbau »eine unverwechselbare eigene Note gegeben«. Die »Abkehr von der konventionellen Monumentalität des Klassizismus« und die Betonung des Arkadenmotivs verliehen dem Bau »eine heitere Komponente«.

Auch Sisi kam vorbei

Den baulichen Attraktionen folgten gesellschaftliche. Diverse Wittelsbacher statteten der herausgeputzten Schönheit im Norden ihres Königreichs Besuche ab. Die berühmte Sisi und ihr Gatte Franz-Josef gaben sich die Ehre. Die Romanows auch und die deutsche Kaiserin Auguste Victoria ebenso. Bismarck kam sogar 15 Mal hierher, obwohl er wirklich allen Grund gehabt hätte, der Stadt beleidigt den Rücken zu kehren, hatte doch beim ersten Besuch 1874 ein katholischer Böttchergeselle auf ihn geschossen.

Gärtners Bauten und die gesellschaftlichen Zelebritäten lockten mehr und mehr Menschen an, die zwar keine Adelstitel, dafür aber genug Geld hatten, um sich das Leben im Schatten der Berühmtheiten angenehm zu machen. Dem daraus folgenden Ansturm wurden die Kurbauten nach der Wende zum 20. Jahrhundert nicht mehr gerecht.

Berühmte Akustik

Es war wieder ein Wittelsbacher, der den Ausbau der Gebäude zur heutigen Gestalt auf den Weg brachte. In der Zeit des Prinzregenten Luitpold erhielt der Münchner Architekt Max Littmann den Auftrag, Gärtners Arkadenbau sinnvoll zu ergänzen. Wie er das bewältigte, wird von Architekturfachleuten noch heute hoch gelobt.

Schauen wir wieder in den Kissingen-Band der »Denkmäler in Bayern«. Da steht: »Der Regentenbau, ein Hauptwerk Max Littmanns, auswärtiges Glanzstück Münchner Architektur und Dekorationskunst der endenden Prinzregentenzeit, besitzt in seinem großen Festsaal einen der schönsten Konzertsäle des späten Jugendstils.« Die Akustik dieses Konzertsaals

ist berühmt. Beim Musikfestival »Kissinger Sommer« entfalten viele Solisten und Orchester von Weltrang dort ihre Kunst.

Der Nutzwert des Regentenbaus beschränkt sich aber längst nicht nur auf Konzerte oder Bälle. Rund um den Saal schuf Littmann Räume und Eckchen, die vielfältige Gelegenheit zur Zerstreuung bei stiller Lektüre oder natürlich auch gepflegter Konversation bieten.

Parallel zum Regentenbau im Norden fügte Littmann dem Arkadenbau im Süden zwischen 1910 und 1912 Wandelhalle und Brunnenhalle an. Sie ersetzten dann Gärtners eisernen Brunnenpavillon.

Als »kreuzförmige Basilika« nach antiken Vorbildern konzipiert, verlockt die Wandelhalle zum Wandeln und Ruhen. Die Brunnenhalle birgt rund um die Schaufassungen der Quellen Rákóczi und Pandur eine Heilwasser-Zapfanlage.

Die heilende Kraft des Wassers

Genutzt wurde das Heilwasser früher wesentlich stärker als heute. Der Erfolg Kissingens als Badeort beruhte ja auch nicht nur auf prächtigen Bauten und der Mode der Hautevolee, in der

Sommerfrische fernab des eigenen Familiensitzes Ablenkung, Entspannung und anregende Begegnungen zu suchen. Nein, wer im 19. Jahrhundert nach Kissingen kam, der wollte nicht nur für sein gesellschaftliches Ansehen, sondern auch für seine Gesundheit etwas tun. Die Wirkungen der Kissinger Wässer waren weithin anerkannt. Medizin hatte wohl noch mehr mit Vertrauen und Erfahrung zu tun und weniger mit wissenschaftlichen Versuchsreihen und pharmazeutischen Substanzen.

Der Erste Weltkrieg bereitete dem Feudalismus in Europa ein Ende. Die Schönen und die verbliebenen Reichen zogen weiter nach St. Moritz, Marbella und Miami. Nach Kissingen kam statt Elisabeth von Österreich Lieschen Müller. Und Otto Normalverbraucher trat an die Stelle Otto von Bismarcks.

Dennoch werben die Kissinger unverdrossen, ein Besuch bei ihnen sei »ein königliches Vergnügen«. Aus den handverlesenen großen Persönlichkeiten der Weltgeschichte sind eben viele kleine geworden. König ist jetzt, wer eine Kurkarte besitzt. Und wer ein Konzert besucht, der ist ein Kaiser.

Na, was sagen Sie nun? Keine Burg, kein Schloss und trotzdem königlich.

Vom Schloss, das eine Burg ist

Der Abt des Klosters Fulda trank auf Saaleck drei Liter Wein am Tag

Andrea Schartner

Schloss Saaleck

In der Gruft von Schloss Saaleck schmachtet ein Burgfräulein. In frostigen Winternächten wimmert es vor Kälte und Elend. Aber es hat selbst Schuld. In der Gruft landete es nur, weil es schöne starke Ritter erst betörte und dann töten ließ. Heutzutage scheint es ungefährlich zu sein. Besucher zumindest genießen auf Schloss Saaleck die schöne Aussicht, den Wein oder auch das Essen im Restaurant.

Schloss Saaleck ist vieles nicht. Baulich betrachtet ist es beispielsweise kein Schloss, sondern eine Burg. In Zeiten des 11./12. Jahrhunderts, in denen Saaleck errichtet wurde, sei »Schloss« einfach eine moderne Bezeichnung gewesen, erklärt Elfriede Böck vom Kultur- und Fremdenverkehrsamt Hammelburg und Leiterin des Städtischen Museums. Trotz der zahlreichen Sagen um Ritter oder Burgfräulein weiß sie mit Sicherheit, dass auf Saaleck Raubritter oder Könige nie gewohnt haben. Hammelburg ragte als südlichster Centort des Klosters Fulda wie ein Pfeil in das Gebiet der Würzburger Bischöfe. Die Feste hoch über der Stadt mit den üppigen Weinanbaugebieten war Sitz der Centgrafen oder Amtmänner. Manchmal mochte auch der Fürstabt aus dem Kloster Fulda zur Sommer- oder Weinlesezeit selbst dort residieren. Saaleck ist die Burg des Weines, dessen Ursprung bis ins Jahr 777 zurückführt.

Der edle Tropfen war zu Zeiten der Centgrafen und Äbte wertvoll, ein wichtiges Handelsgut, daneben das Hauptgetränk für die Gäste. Quellen belegen, dass die Bewohner der Burg im Jahr

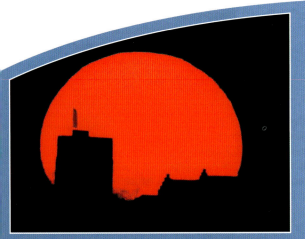
Licht- und Schattenspiele.

Reiter vor dem Burghof von Schloss Saaleck.

Auf dem Aussichtsturm.

Bad Kissingen

Anfahrt:
Schloss Saaleck liegt oberhalb der Stadt Hammelburg. Von Würzburg aus kommend über die A 7 Würzburg–Kassel, Abfahrt Hammelburg nehmen, Richtung Hammelburg fahren, an der Ampel vor der Ortseinfahrt nicht in die Stadt, sondern links abbiegen (beschildert). Schloss Saaleck; Saaleckstraße 1, 97762 Hammelburg.

Im Schloss:
Hotel (mit Tagungen, Arrangements), Restaurant, Öffnungszeiten: Montag Ruhetag; Dienstag bis Samstag 10 Uhr bis 24 Uhr durchgehend geöffnet; Sonntag 10 Uhr bis 22 Uhr von Mai bis Oktober; Sonntag 10 Uhr bis 17 Uhr von November bis April.

Diverse Veranstaltungen:
Alles zu entnehmen im Internet unter www.burgsaaleck.de

1772 innerhalb von 41 Tagen rund 32 Hektoliter, sprich 3200 Liter, vom sechsjährigen »Cavalierswein« verbraucht haben. Der Abt alleine trank damals rund 1200 Liter im Jahr. Das entspricht etwa drei Litern am Tag. Elfriede Böck zeigt Verständnis für den Kirchenmann: »Wein hatte damals noch nicht die Qualität von heute. Zudem war es nicht immer ungefährlich, Wasser zu trinken.«

Anfangs kamen die Klostervorstände noch mit einer schlichten Unterbringung zurecht. Ab dem 18. Jahrhundert verursachten die Fürstäbte dann einen erheblichen Aufwand. Sie residierten entweder im Fürstenbau, dem prunkvoll ausgestatteten Ostflügel oder aber im Kellereischloss.

Sage vom blauen Hut

Nach der Säkularisierung blieb Saaleck zunächst königliches Weingut, wurde 1868 als bayerisches Staatsweingut geführt und schließlich an private Eigentümer verkauft. »Die Besitzer wechselten häufig«, erzählt Elfriede Böck. Von einer Familie besitzt sie ein Foto. »Da sind alle drauf, Familienmitglieder gemeinsam mit dem Personal, was ungewöhnlich ist.« Einer der späteren Besitzer habe im alten Gefängnisturm Knochen gefunden. »Unklar ist aber, woher diese stammen«, sagt Böck.

1964 kaufte die Stadt Hammelburg Schloss Saaleck. Das Weingut wird bis heute weiter betrieben. Besucher genießen die edlen Tropfen. Und lassen danach ihren Blick über die reizvolle Landschaft schweifen. Besonders gut geht das vom Bergfried aus, der auch der »Blaue Hut« genannt wird. Warum? Ganz einfach: Das böse Burgfräulein, das schließlich in der Gruft landete, kam ursprünglich aus Tirol. Die Sage erzählt, dass die Bewohner die Spitze des Turmes mit einem blau schimmernden eisernen Dach bedeckten. Gleich einem Tirolerhut, der immer an die Schrecken der Frau erinnern sollte.

Auf Schloss Saaleck, das oberhalb der Stadt Hammelburg liegt, haben nie Ritter oder Könige gewohnt. Heute laden ein Hotel und ein Restaurant in die alten Gemäuer des Fuldaer Abts ein.

Die große Liebe zum Mittelalter

Auf den Ruinen Botenlaube und Trimburg wird alljährlich die Geschichte gefeiert

Siegfried Farkas und Irene Spiegel

Ruine Botenlaube und Trimburg

Reiterswiesen ein Ort der Poesie? Und Trimberg Hort der Geschichte? Den beiden kleinen Dörfern im Kreis Kissingen ist nicht auf Anhieb anzusehen, dass sie in der deutschen Literaturgeschichte Bedeutung haben. Doch beim zweiten Blick wird Geschichte gegenwärtig und auch die Poesie klingt sanft mit an: Beide sind stolze Besitzer einer Burgruine. Beide, die Botenlaube wie die Trimburg, haben einen Minnesänger vorzuweisen. Und beide sind immer wieder Treffpunkte für Menschen, die das Mittelalter lieben.

Ruine ist die Botenlaube schon lange. Historiker vermuten, sie sei im Bauernkrieg 1525 schwer beschädigt, 1600 endgültig aufgegeben und später als Steinbruch benutzt worden.

Sonderlich alt war die Burg nicht, als man sie verließ. Die meisten Historiker meinen, sie sei Mitte des 12. Jahrhunderts entstanden. Andere ordnen sie direkt dem Minnesänger Otto von Botenlauben zu. Der soll um 1175 herum geboren sein und trat für die Geschichtsbücher zunächst als Kreuzfahrer in Erscheinung. 1197 war er am Kreuzzug Heinrichs VI. ins Heilige Land beteiligt. Um 1200 heiratete er dort Beatrix von Courtenay, eine gute Partie. 1220 verkauften Otto und Beatrix ihre Güter und zogen in Ottos Heimat.

Von den Dichtungen Ottos sind nur wenige überliefert. Dass er seinen Zeitgenossen und den Jahrhunderten danach als bedeutender Minnesänger galt, belegt nicht zuletzt seine Darstellung in der Großen Heidelberger Liederhandschrift, dem

Die Burg der Minnesänger.

Feuerräder erhellen die Nacht.

Die Trimburg ist ein beliebtes Ausflugsziel.

Bad Kissingen

Minnegesang und Schwerterklang

»Hinan zur Burg« ruft der Herold und jedes Jahr am 3. Septemberwochenende ziehen Ritter und Minnesänger, Gaukler und Spielleut, Hofdamen und Fronbauern hinauf auf die fränkische Burgruine hoch über dem Saaletal bei der Stadt Kissingen. Über 300 Darsteller in historischen Gewändern lassen die Besucher das besondere Flair des Mittelalters erleben.

Angeboten werden:
Minnesänger Wettstreit
Musik und Tanz
Burgtheater
Ritterkämpfe
Orientlager und Zünftemarkt
Gaukler und Possenreißer

Weitere Informationen
www.minnesangundschwerterklang.de

Das Burgfest an der Ruine Botenlauben lockt jedes Jahr viele Besucher. Deftige Ritterspiele, Minnesang und historische Schaukämpfe erinnern an die schönen und schaurigen Zeiten des Mittelalters.

Codex Manesse. Ottos Leben aber ist recht gut erforscht. Das liegt vor allem am Aufwand, den die Stadt Bad Kissingen, zu der Reiterswiesen gehört, zum 750. Todesjahr betrieb.

Otto starb vermutlich 1244. Beatrix folgte ihm bald nach. Ihre letzten Lebensjahre hatten sie im selbst gegründeten Kloster Frauenroth verbracht. Ihre kunsthistorisch wertvollen Grabsteine sind heute noch in der Kirche von Frauenroth zu sehen. Burg Botenlauben ging schon 1234 an den Würzburger Bischof. Zur Gründung dieses Klosters kam es der Sage nach durch den Schleier der Gräfin. Der sei auf den Zinnen der Botenlaube von Beatricens lockigem Haupt geweht worden. Das Kloster habe man dann genau an jener Stelle errichtet, wo der zarte Schleier wieder aufgefunden wurde.

Mehrere tausend Besucher

Die Erinnerung an Otto und Beatrix, an die Minnesänger und an das beschwerliche Leben im Mittelalter lässt alljährlich im September der Heimatverein Botenlauben mit Liebe zum Detail und über 300 Personen in historisierenden Gewändern aufleben. Das Burgfest lockt bei

gutem Wetter mehrere tausend Besucher zur Ruine hoch über Bad Kissingen. Das Programm ist geprägt von Ritterkämpfen und mittelalterlicher Musik. Dazu kommen historische Schauspiele mit Laiendarstellern des Heimatvereins.

Minnegesang und Dichtkunst sind auch mit der Ruine Trimburg eng verbunden. So war Süßkind von Trimberg einer der bedeutenden Minnesänger in der zweiten Hälfte des 13. Jahrhunderts und Hugo von Trimberg ein namhafter Dichter. Heute ist es das alljährliche mittelalterliche Spektakel, das die Besucher auf die Burgruine lockt. Über 100 Hobbyisten verwandeln dann die Trimburg in einen Mittelaltermarkt mit Heerlager, mittelalterlichem Handwerk und Schwertkämpfen. Auch einen Hexenprozess kann man miterleben und einen Ablass erwerben.

Die Trimburg ist aber nicht nur beim Mittelalterspektakel ein Anziehungspunkt, sondern das ganze Jahr über ein beliebtes Ausflugsziel. Sogar für private Feiern kann man die Burg mieten. Der Aufstieg zum Bergfried ist ein Muss für jeden Burgbesucher. Von ganz oben hat man einen wunderbaren Ausblick über das Saaletal. Die heutige Ruine ist eigentlich nur der neuere

Schlossteil. Denn insgesamt gab es drei verschiedene Anlagen, die in unterschiedlicher Zeit gebaut wurden.

Die alte Burg ist fast völlig verschwunden, nur der Ringgraben und der Burgstall mit wenigen Mauerresten sind davon übrig geblieben. Von der Niedernburg, die sich von 1226 bis 1665 als Vorwerk am Fuß des Burgberges erhob, zeugt heute nur noch ein 30 Meter langer Zug einer Kolossalmauer.

Die Hauptburg, so wie sie sich heute präsentiert, hat ihren Ursprung im 12. Jahrhundert. Gozzwin von Trimburg begann 1135 mit dem Bau. Als die Herren von Trimberg 1225 dem Rheinischen Städtebund beitraten, wurde die Burg dem Hochstift Würzburg lehnbar gemacht und Ende des 13. Jahrhunderts schließlich geschenkt. Nun waren die Würzburger Fürstbischöfe Herren auf der Trimburg.

Dann folgte der Bauernkrieg 1525. Die Trimburg wurde vom Auraer Haufen eingenommen, geplündert und niedergebrannt. Nach der Niederschlagung des Aufstands mussten die Bauern dann die schwer beschädigte Burg wieder aufbauen. Anscheinend haben sie aber schlechte Arbeit abgeliefert, denn 1592 ließ Bischof Julius Echter die Burg fast völlig neu bauen.

Nach der Auflösung des Hochstifts Würzburg fiel das Gebiet 1814 an das Königreich Bayern. Der Abbruch wurde angeordnet und das Mauerwerk als Baumaterial verkauft. Erst Bayernkönig Ludwig I. stoppte 1833 den Verfall der einst stolzen Burg.

Glasdächer über der Burg

Johann Ernst, ein Veteran aus der bayerischen Armee der napoleonischen Kriege, erhielt später die Erlaubnis, auf der Trimburg eine Sommerwirtschaft einzurichten. Damit war die Trimburg als Ausflugsziel begründet. Letzte Trimburgwirtin war Katharina Graßmeier, die von 1940 bis 1968 auf der Burg wohnte.

Zu neuem Leben erweckt hat die Trimburg aber erst wieder der vor 30 Jahren gegründete Verein »Freunde der Trimburg«. Auf sein Betreiben hin kaufte der Markt Elfershausen 1980 die Burg für 29 000 Mark vom Freistaat und begann mit der Sanierung. Zug um Zug erfolgte dann der Ausbau von Weinstube, Erthalzimmer, Rittersaal und Weinkeller. Letzte große Maßnahme war schließlich der Bau der Glasdächer über den Erthal- und Echtersaal, die jetzt für verschiedene kulturelle Veranstaltungen zur Verfügung stehen.

Burgenverbund im Saaletal

Ein bisschen kann sich das liebliche Tal der Fränkischen Saale in Sachen Burgen übrigens neuerdings sogar mit dem romantischen Rheintal vergleichen. Die Perlenschnur der hoch über dem Fluss gelegenen Burgen ist zwar nicht ganz so lang wie die über dem Rhein. Doch drei Perlen hat sie immerhin auch. Die Botenlaube, die Trimburg und das nahe gelegene Schloss Saaleck bei Hammelburg bilden zusammen den Burgenverbund Fränkisches Saaletal. Die Verantwortlichen der drei Anlagen arbeiten vor allem bei der Vermarktung und bei der künftigen Entwicklung des historischen Erbes zusammen. Auf ihre individuelle Weise werden die alten Gemäuer alle touristisch oder kulturell genutzt.

Mitglieder des Burgenverbunds sind die Stadt Hammelburg, die Stadt Bad Kissingen, der Markt Elfershausen, die Freunde der Trimburg und der Heimatverein Botenlauben Reiterswiesen. Projektträger ist die Stadt Hammelburg. Begleitende Unterstützung gibt es von Landkreisseite. Finanziell unterstützt wird die Zusammenarbeit im Sinne der drei Burgen auch aus den Fördertöpfen der Europäischen Union.

Stolze Ritter hinter dicken Mauern

Über 500 Jahre prägte der Deutsche Orden die Stadt – Bildhauer Veit Stoß schuf die Kilianslegende

Michael Petzold

Münnerstädter Schloss

Ein wenig versteckt im Schatten der übermächtigen Stadtpfarrkirche liegt es schon, das ehemalige Schloss der Deutschordensritter, obwohl seine Ausmaße durchaus imposant sind. Mehr als 40 Räume verteilen sich über die zwei Stockwerke der nach außen hin geschlossenen Anlage.

Gut die Hälfte davon beansprucht das im vergangenen Jahr nach sechsjähriger Sanierungszeit wiedereröffnete Henneberg-Museum, das dort seit 1970 seinen Platz hat.

Seit den 30er Jahren des 13. Jahrhunderts war der ringförmig um einen gepflasterten Hof angelegte Bau im Besitz des Deutschen Ordens. Geblieben ist außer einer Geldtruhe und einigen kupfernen Vorratsbehältern, die jetzt im Henneberg-Museum stehen, nicht viel von den einst stolzen Rittern, deren Erkennungszeichen ein stilisiertes Kreuz war. Denn als die Kommende 1809 als Spätfolge der Säkularisation aufgelöst wurde, wurden fast alle Gegenstände versteigert.

Veit Stoß im Schloss

Keinerlei Aufzeichnungen gibt es über die Ursprünge des Schlosses, das vor der Verrohrung der innerstädtischen Lauer teilweise im Wasser stand. Während in den Archivalien des 18. Jahrhunderts vom Bau des Nordostflügels um 1613 die Rede ist, haben Bauuntersuchungen im Zuge der Generalsanierung Spuren ergeben, die bis ins 15. Jahrhundert zurückreichen. Das ist auch nur logisch, wohnte doch Veit Stoß im Jah-

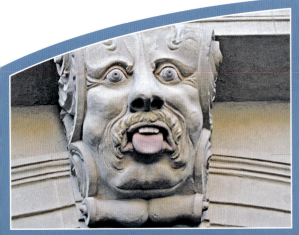
Eine Fratze aus Stein.

Eine Apothekeneinrichtung im Henneberg-Museum.

Der Innenhof des Deutschordens-Schlosses.

Bad Kissingen

Öffnungszeiten

Das Henneberg-Museum im Deutschordensschloss ist von April bis Dezember Dienstag bis Freitag von 14 bis 17 Uhr sowie Samstag, Sonntag und an Feiertagen von 10 bis 17 Uhr geöffnet. Führungen sind auch außerhalb der Öffnungszeiten nach Vereinbarung möglich:
☎ (0 97 33) 78 74 82

Besichtigungstipps

Münnerstadts historische Altstadt ist umgeben von einer Stadtmauer mit drei Stadttoren. Die Stadtpfarrkirche (Baubeginn 12./13. Jahrhundert) beherbergt neben dem Magdalenen-Altar (1492) von Tilman Riemenschneider auch vier Ölbilder von Veit Stoß zur Kilianslegende und außerdem Fenster mit Glasmalereien (1420). Die Augustinerkirche (1752 – 1759) präsentiert sich als Rokoko-Bau. Gut zehn Kilometer von Münnerstadt in Richtung Bad Königshofen liegt die Klosteranlage Maria Bildhausen mit dem Golfplatz am Rindhof.
Mehr Informationen gibt es unter www.muennerstadt.de

re 1504 für einige Wochen im Schloss. Der berühmte Bildhauer und Maler war auf der Flucht vor dem Rat der Stadt Nürnberg bei seinem Schwiegersohn Jörg von Trummer in Münnerstadt untergekommen. Für die Münnerstädter war das ein Glück, denn er hinterließ vier Bilder der Kilianslegende, die heute in der Stadtpfarrkirche hängen.

Andere Bewohner hinterließen weniger gute Andenken. Eine ganze Reihe der insgesamt 99 Klostervorsteher war insbesondere im 16. bis 18. Jahrhundert in brutale Auseinandersetzungen und sexuelle Verfehlungen verstrickt. Am buntesten trieb es wohl Ernst von Fechenbach, der von 1738 bis 1746 gleich zweimal wegen »Umgangs« mit den Mägden hinter Gitter wanderte und sogar kurzzeitig exkommuniziert wurde.

Geschichten wie diese weiß Nachtwächter Rainer Kirch auf seinen Rundgängen durch Münnerstadt noch eine ganze Reihe zu erzählen. Die Verfehlungen schadeten natürlich dem Ruf der Deutschritter, die in ihrer Rivalität mit dem immer noch in Münnerstadt beheimateten Augustinerorden immer weiter ins Hintertreffen gerieten. 1789 verließ dann der letzte Komtur die Stadt.

Heute Henneberg-Museum

Dann wurde es schnell ruhig um das Schloss, das später als Berufsschule und nach dem Zweiten Weltkrieg Flüchtlinge und kurzzeitig sogar eine Likörfabrik beherbergte. Sogar zwei Gefängniszellen gab es, eine der Türen ist auch heute noch erhalten. 1953 erwarb dann die Stadt das Schloss und richtete in den Jahren 1969 / 70 das Henneberg-Museum ein. Das präsentiert sich jetzt nach der langen Sanierungszeit in einem völlig neuen Outfit. Neben der reichen Stadtgeschichte mit ihren Zünften und Handwerken beleuchtet die Dauerausstellung in über 20 Räumen im ersten Stockwerk auch die Rhön.

Die Räume im Erdgeschoss werden vielfältig als Kulturzentrum genutzt. Unter anderem ist dort seit wenigen Jahren eine byzantinische Kapelle untergebracht. Und der Schlosshof bietet den Sommer über und auch in der Vorweihnachtszeit die Kulisse für zahlreiche Veranstaltungen.

Im Deutschorden-Schloss in Münnerstadt ist seit vielen Jahren das Henneberg-Museum untergebracht. Zu sehen sind Exponate der Stadt-, Zunft- und Handwerker-Geschichte und eine Dauerausstellung über die Rhön.

Im Land der Burgen, Schlösser und Ruinen

Von Goßmannsdorf nach Nassach:
Auf dem Burgen- und Schlösserwanderweg durch den Naturpark Haßberge

German Schneider

»Sanftes Hügelland voll von verborgener Schönheit« verspricht ein Reiseführer von den Haßbergen und meint damit das Land der Burgen, Schlösser und Ruinen am östlichsten Zipfel Unterfrankens. 180 Kilometer lang ist der Burgen- und Schlösserwanderweg, der durch einen »Grünen Turm« gekennzeichnet ist.

Doch nicht nur Burgen, Schlösser und Ruinen können auf diesem Weg, für den das Gütesiegel »Qualitätsweg wanderbares Deutschland« beantragt werden soll, erwandert werden. Mit der Ritterkapelle in Haßfurt, der Kirchenburg in Goßmannsdorf, dem Landschaftsgarten bei der Bettenburg und dem Aussichtsturm auf der Schwedenschanze erinnern noch weitere Höhepunkte an die Zeit der Ritter. Dazu locken reizvolle Fachwerk-Städtchen, Bilderbuchdörfer, Mischwälder, Wiesengründe und plätschernde Bäche.

Wir sind ein Teilstück von der Kirchenburg in Goßmannsdorf bis nach Nassach gelaufen. Die circa 25 Kilometer lange Strecke bietet dem Wanderfreund alles, was sein Herz begehrt. Mitten in Goßmannsdorf erhebt sich eine Kirchenanlage, die nach Plänen von Balthasar Neumann erbaut wurde. In ovaler Form umzieht eine Mauer das Kirchengelände. Lohnend ist sowohl der Blick in die Kirche, als auch ein Rundgang um die Kirchenburg. Gut beschildert durch den »Grünen Turm« verlässt man das Dorf in südöstlicher Richtung.

Vier Wanderstrecken

Auf Feldwegen geht es leicht ansteigend in Richtung Wald. Verführerisch, aber auch als Rastpunkt lohnend, ist ein kleiner Abstecher nach rechts zum Goßmannsdorfer See. Danach gilt es wieder 500 Meter zurückzugehen. Durch Magerwiesen, vorbei an einer kleinen Wochenendhaussiedlung mit herrlichem Blick ins große Hofheimer Becken, wird die Waldgrenze erreicht.

Die Kirchenburg in Goßmannsdorf.

Der grüne Turm steht für den Schlösserwanderweg.

Durch Wald und Flur.

Naturpark Haßberge

Mehr als ein Drittel aller ehemaligen Ritter- und Adelssitze Unterfrankens liegen im Naturpark Haßberge. In Zahlen ausgedrückt sind es 37 Schlösser, drei Wasserschlösser, 14 Ruinen, drei Kirchenburgen, zwei ehemalige Klöster, eine Ritterkapelle, ein Landschaftspark und ein Judenfriedhof. Verbunden sind die meisten durch den Burgen- und Schlösserwanderweg.
Die Markierung ist ein grüner stilisierter Turm.

Informationen

Touristinformation Haßberge
Obere Sennigstraße 4
97461 Hofheim
☎ (0 95 23) 9 22 90
www.hassberge-tourismus.de

Weitere Wanderwege

Es gibt weitere Themen- und Fernwanderwege.

Anfahrt

Aus Würzburg kommend über die A 70, Abfahrt Haßfurt, oder die B 303 Abfahrt Hofheim.

Links liegt ein aufgelassener Basalt-Steinbruch. Noch ein paar hundert Meter, dann wird der Burgen- und Schlösserweg vierspurig. Das heißt, Rennweg, Keltenweg, Friedrich-Rückert-Weg und unser Burgenweg bilden eine Einheit und führen nach Norden. Durch Mischwälder, in denen ab und zu sogar Rotwild gesichtet wird, führen die vier Wanderstrecken. Beim neuen Manauer Hochbehälter geht es im Zickzackkurs auf einem schmalen Pfad zu dem kleinen Ort, der jedoch rechts liegengelassen wird.

In jedem Fall lohnend ist der 200 Meter lange Abstecher zur Bettenburg, dem Wahrzeichen der Haßberge. 1231 erstmals urkundlich erwähnt, wurde die Burg oft zerstört und immer wieder aufgebaut. Viele berühmte Männer trafen sich zur Bettenburger Tafelrunde, angefangen vom Schriftsteller Jean Paul bis hin zum 18-jährigen Studenten Friedrich Rückert. Besichtigen kann man die Burg nicht, sie wird seit über 20 Jahren von der Drogenhilfe Tübingen als Therapiezentrum genutzt.

Zurück zum Burgen- und Schlösserwanderweg. Dieser führt nun zwischen Äckern zur Kreisstraße und biegt am Waldrand in das große Waldgebiet ab. Nach etwa einem Kilometer kommt der Landschaftspark. Er gehört genau wie die Burg und der Wald dem Freiherrn Maximilian Truchseß von Wetzhausen, der unweit entfernt im Bundorfer Schloss wohnt. Sein Urahn, Dietrich Truchseß von Wetzhausen, hat den Landschaftspark 1789 erbauen lassen.

Minnesänger-Denkmal

Ein Rundgang durch die Anlage lohnt. Vor allem die drei Hauptdenkmäler Minnesänger-Denkmal, Altenburg und Totenkapelle strahlen Flair aus. Von der Altenburg darf man sich nicht täuschen lassen, sie wurde im Sinne der Romantik als malerische Ruine im Jahre 1811 erbaut.

Durch den Wald geht es hinunter nach Eichelsdorf, das in seinem vormaligen Wasserschloss in diesem Jahr noch das Kloster St. Alfons der Schwestern des Allerheiligsten Erlösers beherbergt.

Nächstes Ziel ist die Schwedenschanze. Auf einer Höhe von 487 Metern sind rund um das Plateau, auf dem der neue Aussichtsturm steht, ringartige, vorgeschichtliche Befestigungsanlagen zu sehen. Das größte Erlebnis ist der atemberaubende Rundblick vom Aussichtsturm auf das Hofheimer Becken. Geöffnet und bewirtschaftet ist die Dr.-Krahmer-Hütte unterhalb des Aussichtsturms von April bis November jeden Samstag und Sonntag.

Nach jedem Aufstieg kommt ein Abstieg. Nach Rottenstein, vorbei an der gleichnamigen Ruine, von der wenig erhalten ist, führt der Weg durch den Wald. Gerade mal eine halbe Stunde ist es nach Friesenhausen mit seinem imposanten Schloss. Aber Achtung, die Route des Burgenweges muss hier kurz verlassen werden. Das Schloss selbst ist noch bewohnt.

Der Wanderweg führt dann weiter über offenes Land, durch Wiesen und Felder. Vorbei an einem See geht es weiter zum Bilderbuchdorf Nassach. Direkt am Fuß des Haßbergtraufs bietet es nicht nur jede Menge Fachwerk, sondern in den letzten Jahren haben sich dort auch Künstler angesiedelt.

Das Dorf mit seinen schönen Bauerngärten lohnt für einen kleinen Rundgang. Sogar Christbaumkugeln kann man mitten im Sommer dort kaufen. Und Glasbläser Alfred Raspl lädt gerne zum Besuch in seine Glasbläserei ein. Nassach hat auch noch das Dorfgasthaus, das zum gemütlichen »Abschlusshock« nach einem empfehlenswerten Wandertag einlädt.

Von der Ruine zum Prachtschloss

Robert Endres ist der »Bürgermeister« von Schloss Oberschwappach

Stefan Burkard

Schloss Oberschwappach

Robert Endres hegte »schon immer eine Leidenschaft für kulturelle Dinge«. Bereits zu Studienzeiten fuhr er oft zu musikalischen Tagungen im ganzen Land. »Besonders fasziniert war ich aber seit jeher von Schlössern – das bleibt wohl auch nicht aus, wenn man in Würzburg studiert hat und ständig mit der Residenz konfrontiert worden ist.«

Aus diesem Grund setzte sich der langjährige zweite Bürgermeister auch vehement für das Schloss ein, als in den 1980er Jahren Abrisspläne aufkamen. »Das Schloss befand sich zu dieser Zeit wirklich in einem desolaten Zustand - die Decke im Spiegelsaal beispielsweise wies erbärmliche Löcher auf«, erinnert sich Endres. Die Gemeinde Knetzgau entschied daraufhin 1985, das Schloss zu kaufen und wieder »aufzupäppeln«.

Und genau dieser Aufbauprozess ist es auch, der Robert Endres am meisten fasziniert: »Ich habe Stück für Stück, Stein für Stein erlebt, wie sich eine halbe Ruine wieder in ein prächtiges Schloss verwandelt.« Innerhalb von sechs Jahren, von 1986 bis 1992 nämlich, wurde Schloss Oberschwappach komplett saniert. »Und heute ist es wieder ein Bau, der der Mächtigkeit und pompösen Ausstattung eines Barock-Schlosses würdig ist«, schwärmt Endres.

Um die Gemeinde Knetzgau finanziell und personell zu entlasten, gründete er 2003 mit 24 weiteren Mitgliedern den »Kulturverein Museum Schloss Oberschwappach«, den er bis heute als Vorsitzender leitet. 2008 wurde er für zwei weitere Jahre gewählt.

Rosenumrankte Barockbalustrade.

In Oberschwappach soll ein Skulpturengarten entstehen.

Park und Schloss auf einen Blick.

Haßberge

Öffnungszeiten
Das Museum Schloss Oberschwappach ist von April bis November immer sonntags von 14 bis 17 Uhr geöffnet. Gruppenführungen sind nach Anmeldung bei der Gemeinde Knetzgau möglich.

Kontakt
Gemeinde Knetzgau unter
☎ (0 95 27) 79 12 oder
Fax (0 95 27) 79 33

Informationen
zum Schloss im Internet unter
www.schloss-oberschwappach.de

Veranstaltungen
Im Schloss finden regelmäßige Veranstaltungen sowie auch besondere Events statt. Das Programm finden Sie im Netz ebenfalls unter www.schloss-oberschwappach.de

Anfahrt
Schloss Oberschwappach erreichen Sie, indem Sie über die Autobahn A 70 von Schweinfurt oder Bamberg kommend die Ausfahrt Knetzgau nehmen und Richtung Donnersdorf weiterfahren.

Mittlerweile hat der Verein 160 Mitglieder. Robert Endres freut sich über den regen Zuwachs. »Die Aufgabe des Vorsitzes bereitet mir großen Spaß. Wenn ich es gesundheitlich verkrafte und die Mitglieder mich weiterhin wollen, kann ich mir vorstellen, noch sehr lange dabei zu bleiben.« Dennoch hält er auch Ausschau nach einem Nachfolger. »Für so eine ehrenvolle Aufgabe braucht man schon einen guten Mann am Steuer«, verrät Endres lachend.

Der Kultur- und Förderverein kümmert sich um vielfältige Aufgaben. Robert Endres, Leo Maag und Siegfried Feustel haben sich theologisches Fachwissen bei Jürgen Lenssen, dem Bau- und Kunstreferent des Bistums Würzburg, angeeignet und leiten Führungen durch das Museum im Schloss. »Da muss ich schon auf der Hut sein, was ich erzähle, denn unter dem Publikum befinden sich nicht selten Theologen«, sagt Endres, »ich muss mich mit biblischen Spekulationen also sehr zurückhalten.«

»Es ist wieder ein Bau, der der Mächtigkeit und pompösen Ausstattung eines Barock-Schlosses würdig ist«. Ein- bis zweimal pro Woche melden sich größere Gruppen zu einer Führung an. »Daneben finden auf dem Schloss häufig Hochzeiten statt, und nicht selten wünschen die Gäste eine Führung«, so Endres. Neben den Führungen und Fachvorträgen werden auf der oberen Museumsetage oftmals zeitgenössische Kunstwerke ausgestellt. »Wir wollen damit zum einen jungen Künstlern die Chance geben, ihre Werke zu präsentieren, und zum anderen auch ein neues und junges Publikum anziehen«, verrät Endres, »der Landkreis Haßberge ist nämlich weitgehend abgegrast.«

Auch bietet der Kulturverein Exkursionen zu allen Diözesanmuseen und Amtshöfen der einstigen Ebracher Äbte an. Außerdem gibt's einen Wander- und Kapellenweg über Oberschwappach, Eschenau und die Mariengrotte in Westheim.

Früher in desolatem Zustand, heute ein Schmuckstück für den Ort und seine Besucher: die Schlossanlage von Oberschwappach. Heute ist in den barocken Gebäuden ein Museum untergebracht.

Die »Frecker« von Altenstein

Eine der eindrucksvollsten Burgruinen Frankens steht in den Haßbergen

Alois Wohlfahrt

Burgruine Altenstein

Das Jahr 2008 wird ohne Zweifel als ein ganz markantes in die Geschichte des Maroldsweisacher Ortsteils eingehen. Gleich zweimal hat man in diesem Jahr für große Schlagzeilen gesorgt. Immerhin soll hier der älteste Mann, der jemals urkundlich nachgewiesen wurde, gelebt haben, zum anderen liegt Altenstein jetzt an der Deutschen Burgenstraße.

Wehmütig blickt Nicolaus Kapp ins sonnendurchflutete Tal. Wehmütig und stolz zugleich. »Die Steins, das waren richtige Frecker«, sagt Kapp schmunzelnd im schönsten Berliner Dialekt und weiß doch zu genau um die Bedeutung dieses Wortes in Franken – schlitzohrig und clever. »Frecker« zu sein, das muss man sich verdienen. Und »die Steins« haben es sich verdient, wenn man ihre Spuren sieht, die sie der Nachwelt hinterlassen haben. Trotzig erheben sich die meterdicken Mauern zwischen und auf den riesigen Sandsteinfelsen. Bullig ragen Turmreste aus dem satten Grün der Altensteiner Anhöhe. Und enden in filigraner Baukunst, wie sie schöner nicht sein könnte: den Resten der spätgotischen Burgkapelle mit ihrem herrlichen Maßwerk.

Nicolaus Kapp, eigentlich Berliner, aber inzwischen Wahl-Franke, ist einer von sechs Führern, die 20 000 Besucher im Jahr durch die Anlage führen.

Als eine der größten und eindrucksvollsten Burgruinen Frankens wird die 1232 erstmals urkundlich erwähnte Anlage immer wieder beschrieben. Dass dieser Ruf nicht von ungefähr

Meterdicke Mauern sind Zeugen aus der Vergangenheit.

Stammsitz der Herren von Stein zu Altenstein.

Bullig ragen die Turmreste gen Himmel.

Haßberge

Geschichte
Die Burgruine Altenstein war Stammsitz der Herren von Stein zu Altenstein. Die Burg wurde 1232 erstmals urkundlich erwähnt. Die Anlage war lange eine sogenannte Ganerbenburg – sie wurde von mehreren Familienzweigen gemeinsam bewohnt. 1525 wurde die Burg beim Bauernkrieg zum ersten Mal beschädigt, im Dreißigjährigen Krieg erneut verwüstet. Die Stein von Altenstein bewohnten die Anlage noch bis 1703.

Anfahrt
Die Burgruine erreicht man über die Autobahn A 70 in Richtung Bamberg, Abfahrt Schonungen, B 303 Richtung Coburg, Abfahrt Altenstein.

Öffnungszeiten
1. April bis 30. September von 8 bis 21 Uhr; 1. Oktober bis 31. März von 9 bis 17 Uhr. Eintritt ist frei.

Kontakt
Burg- und Heimatverein Altenstein
Vorsitzender Rainer Kolb
☏ (0 95 35) 13 34

---

kommt, zeigt Kapp durchs Erlaufen: Er führt die Gäste um die mächtige Anlage. Durch den aus Stein gehauenen Burggraben, dessen Steine gleich wieder als Baumaterial für die meterdicken Mauern und den hoch aufragenden Bergfried genutzt wurden. Clever gelöst von den Herren von Stein, »Frecker« halt.

Immer wieder stehen auf dem Weg um die Anlage Informationstafeln. Bieten Einblick in das Mittelalter, in Baukunst und in Besonderheiten der Burgruine, die um die Jahrtausendwende vom Landkreis Haßberge als Eigentümer gesichert wurde.

Feinarbeit, wie etwa die Pflege, leistet der rührige Burg- und Heimatverein Altenstein um seinen Vorsitzenden Rainer Kolb. Und der Verein sorgt auch dafür, dass knapp 400 Jahre nach der Zerstörung im Bauernkrieg hier immer wieder Leben einkehrt.

Damals pfiffen die Herren von Stein auf die Order der Fürstbischöfe in Würzburg, die Burg doch wieder aufzubauen – als Trutzburg in Richtung des verfeindeten Bamberg. Sie rochen den Braten, dass die Zeit der Burgen vorbei sein dürfte. Nachdem Würzburg auch kein Geld für den Wiederaufbau lockermachte, zog es die Herren von Stein ins Tal – sie bauten sich in Pfaffendorf ein schönes Schloss.

Die Felsen bewegen sich

Vielleicht spürten sie aber auch die Gefahr für die Burg, die nicht weniger schlimm war als feindliche Truppen. So mächtig die Felsen auch sind, auf denen die Burg gebaut ist, so heimtückisch ist das Gelände, denn der Sandstein steht auf einer rutschigen Feuerlettenschicht. Sturzbäche mit Regen sorgten immer wieder dafür, dass sich die Felsen bewegten. Vielleicht macht gerade das den besonderen Reiz dieser Ruine aus: Was von der ehemals stolzen Burg bis heute erhalten geblieben ist, zeigt ihre ehemalige Größe. Seit vergangenem Jahr ist eines der Gewölbe Trauzimmer – für Paare, die sich in mittelalterlichem Ambiente das Jawort geben wollen.

Die Herren von Stein hatten gewusst, wieso sie dort oben ihr Schmuckstück bauen ließen. Nicht nur, um zu sehen, sondern »man baute natürlich auch ein wenig, um gesehen zu werden«, erklärt der Wahl-Franke Kapp.

Eine der eindrucksvollsten Burgruinen Frankens steht in Altenstein in den Haßbergen. Sie liegt als eine von wenigen Ortschaften in ganz Unterfranken an der Deutschen Burgenstraße.

Der Schatz von Raueneck

Eine der bedeutendsten Burgruinen im Haßgau wurde vor dem Verfall bewahrt

Klaus Gimmler

Ruine Raueneck

Eine der eindrucksvollsten Burgen im Haßgau war die Burg Raueneck. Sie wurde vor dem gänzlichen Verfall bewahrt.

Es war vor langer Zeit. Ein Ritter lebte auf der Burg Raueneck, der aber im Volk nicht sonderlich beliebt war. Er galt als hartherzig. Eine Nixe wollte dies nicht glauben. Um die Vorurteile der Menschen zu widerlegen, klopfte sie als Bettlerin verkleidet an dessen Tür und bat um Hilfe. Doch sie wurde abgewiesen. Wütend darüber verwünschte sie den Ritter und die Burg, woraufhin diese mit all ihren Schätzen zusammenbrach.

Dies ist natürlich eine Sage, die Gerüchte aber, dass in der Burg ein Schatz vergraben sei, hielten sich trotzdem hartnäckig und trugen mit bei zum weiteren Verfall der Burg Raueneck auf dem Haubeberg zwischen den Eberner Stadtteilen Vorbach und Neuses (Lkr. Haßberge). An vielen Stellen sei von Schatzsuchern gegraben worden, berichtet der ehemalige stellvertretende Landrat und Kreisheimatpfleger Günter Lipp, und zeigt als Beispiel auf den Palas (Hauptgebäude). Die Grabungen an der Außenmauer hätten zum Einsturz der gesamten Wand geführt. So ging es an vielen Stellen der einst prächtigen Burganlage, die ihren Ursprung im 13. Jahrhundert hat.

Die Bauernkriege und den Dreißigjährigen Krieg hat die Burg relativ unbeschadet überstanden, erst ab dem 18. Jahrhundert verfiel die Burg zusehends. Erhalten sind Teile der eindrucksvollen Anlage mit

Burganlage aus dem 13. Jahrhundert.

Überwucherte Mauerreste.

Burg Raueneck liegt im Naturpark Haßberge.

Haßberge

Lage

Die Burgruine befindet sich in Privatbesitz, ist aber frei zugänglich. Sie steht auf dem Haubeberg, nördlich des Dorfes Vorbach, einem westlichen Stadtteil von Ebern. Sie ist umgeben von den Mischwaldbeständen des Naturparks Haßberge.

Anfahrt

Mit dem Auto von Haßfurt kommend auf der Staatsstraße in Richtung Ebern bis zur Abzweigung nach Vorbach, durch Vorbach durch und weiter bis zum Parkplatz Raueneck. Von dort ist es noch ein halbstündiger, teils steiler Fußmarsch zur Burgruine.

zwei Rundtürmen und einem Schießerker, die Ruinen des Palas, die spätgotische Burgkapelle sowie zwei beeindruckende Kellergewölbe.

Vor zwei Jahren hat der Landkreis die Sanierung der Burganlage in Auftrag gegeben. »Sie darf nicht weiter verfallen, schließlich ist sie Teil des Burgenkundlichen Lehrpfades«, erklärte Landrat Rudolf Handwerker damals. Auftraggeber der Notsicherung ist der Landkreis Haßberge, obwohl Hermann Freiherr von Rotenhan (Schloss Eyrichshof) der Eigentümer der Burgruine ist. Mit ihm hat der Landkreis einen Erbbaurechtsvertrag abgeschlossen. Nach 45 Jahren gehen die Rechte an der Ruine an die Familie von Rotenhan zurück.

Amtsburg der Bischöfe

Auch wenn es sich bei der Burg Raueneck nur um eine Ruine handelt, so schmälert dies nach den Worten von Kreisheimatpfleger Lipp ganz bestimmt nicht ihre Bedeutung. Denn schließlich war sie viele Jahrhunderte Amtsburg der Würzburger Bischöfe und damit das Machtzentrum im Oberen Haßgau. Mit ihrer mächtigen Burgmauer und dem Burggraben stand sie trutzig, uneinnehmbar und schon von weitem sichtbar auf dem Haubeberg.

Heute ist der Haubeberg total bewaldet. Vom Tal ist die Burg nicht zu sehen und der Zugang zur Anlage ist beschwerlich. Er führt teils über steile Pfade durch den Wald. Sicher ist die Abgelegenheit der Ruine der Grund, dass sich dort in der Vergangenheit auch merkwürdige Gestalten getroffen haben. Dorfbewohner in der Nachbarschaft erzählen von Teufelsanbeterei und Satanismus. Auch Lipp ist sich sicher: »Hier wurden schwarze Messen gefeiert.« Doch Lipp hält diese für harmlos. »Ich habe mal Leute gesehen, die waren schwarz gekleidet und im Gesicht weiß geschminkt«, erzählt er, und er habe sich gedacht: »Mein Gott, ihr Kinder.« Von irgendwelchen Exzessen sei jedenfalls nichts bekannt.

Die Burg Raueneck war jahrhundertelang eine der mächtigsten Burganlagen im Haßgau. Die Bauernkriege hat sie überstanden, im 18. Jahrhundert ist sie zunehmend verfallen.

Der mystischste Ort der Haßberge

Warum die Ruine Rotenhan bei Eyrichshof Forscher und Esoteriker gleichermaßen fasziniert

Alois Wohlfahrt

Burgruine Rotenhan

Wolfram von Rotenhan hat seinen Schwur gehalten: Nie mehr werde er die ehemals stolze Burg wieder aufbauen. Das war vor knapp 700 Jahren. Doch auch wenn die geschriebene Geschichte der Anlage damals endete oder vielleicht gerade auch deshalb, fasziniert die Ruine Rotenhan auch heute noch ihre Besucher.

Der Weg ins Mittelalter ist eher unspektakulär. Mit gelber Schrift auf grünem Grund sagt das Schild am Parkplatz, dass hier wohl irgendwo eine Burg steht. Doch bitte, wo? Kein Bergfried, der alles überragt, keine mächtigen Quaderwände verraten das Ziel, nur ein ausgetretener Pfad zwischen den Bäumen.

Ruine im Märchenwald

Ein paar Schritte weiter ist alles anders. Märchenwald. Zwei uralte, mächtige, knorrige Eichen, wie aus Grimms Märchen dorthin gestellt. Dann öffnet sich der Wald, wird lichter und macht den Blick frei. Dort steht, was im Jahr 1324 Wolfram von Grumbach von einer ehemals stolzen Burg übrig gelassen hat. Übrig lassen musste, denn blanken Fels noch zu zerstören, das wäre dem Würzburger Fürstbischof denn wohl der Mühe doch zu viel gewesen.

Auf Fels gebaut hatte Wolfram von Rotenhan den Stammsitz der Familie. Fünf mächtige Felsblöcke bildeten das Herzstück – verbunden waren die eng beieinanderstehenden Blöcke durch Mauern. Eine echte Felsenburg. Dies macht die Ruine noch zu »einer der bemer-

Auf Fels gebaut: Burg Rotenhan.

Moos überwuchert die Felsen.

Nicht nur Burgenforscher sind fasziniert von der Anlage

Haßberge

Geschichte
Im Jahr 1190 wurde die Familie von Rotenhan erstmals urkundlich erwähnt. Die Burg dürfte zu dieser Zeit schon bestanden haben. 1323 ließ der Würzburger Bischof Wolfram von Grumbach die Burg ein Jahr lang belagern. Nach der Eroberung wurde die Anlage zerstört und durfte von 1324 an per Vertrag nie wieder aufgebaut werden. Die Familie von Rotenhan erbaute ihr neues Domizil in Eyrichshof unterhalb der Burg.

Öffnungszeiten
Die Burgruine Rotenhan ist ganzjährig kostenlos zu besichtigen.

Kontakt
Kreisheimatpfleger Günter Lipp
Ebern-Frickendorf
☎ (0 95 35) 5 00

Anfahrt
Aus Richtung Schweinfurt über die A 70, Abfahrt Knetzgau, dann auf der B 28 Richtung Haßfurt und von dort Richtung Ebern. Vom Eberner Stadtteil Eyrichshof geht es in Richtung Gereuth (Untermerzbach).

kenswertesten Anlagen in ganz Bayern«, berichtet Kreisheimatpfleger Günter Lipp. Überhaupt fällt das Wort »bemerkenswert« oft, wenn Günter Lipp über die Ruine Rotenhan spricht. Bemerkenswert ist für ihn etwa, dass die Burg nicht, wie so viele, von Bauern zerstört wurde, sondern vom Würzburger Fürstbischof.

Bemerkenswert auch die vielen Geschichten, die sich um diese Burg ranken. So etwa, dass bei der Belagerung der Burg durch den Fürstbischof die Ehefrau des Burgherrn verschüttet worden sei und nur dadurch überlebte, dass eine Henne, die mit ihr das Schicksal teilen musste, ihr jeden Tag ein Ei legte.

Herrin und Henne wurden gerettet. Und als Dank dafür wurde dort, wo die Henne nach der Befreiung hinflog und ihr erstes Ei legte, dann die neue Burg gebaut – eben in Eyrichshof. Eine Geschichte aus dem Reich der Sagen, aber vielleicht doch mit einem kleinen Fünkchen Wahrheit, denn auch die Brüder Grimm schrieben, dass Hennen bei der Standortwahl für Burgen eine Rolle gespielt hätten, berichtet Lipp.

Vermutlich auch aus dem Reich der Märchen: dass die Burg Anschluss hatte an ein unterirdisches Tunnelsystem, durch das mehrere Burgen verbunden gewesen seien. Lipp hat zwar zwei gemauerte Öffnungen im Wald gefunden. Er zweifelt aber daran, dass dort durch die engen Durchlässe jemals Menschen geschlüpft sind. Zumal auch der Aufwand für solch ein System seiner Einschätzung nach viel zu groß gewesen wäre – und zudem keinen Sinn gemacht hätte. Am Forschen ist er hier aber weiterhin.

Fasziniert von der Anlage sind nicht nur Burgenforscher und Historiker. Entdeckt wurde sie auch von Esoterikern und Okkultisten. Gar als prähistorischer Weltkulturplatz gilt sie bei Anhängern, vergleichbar mit Stonehenge oder den Externsteinen. Dass auf dem Burgplatz in grauer Vorzeit ein Schamane wirkte, das hält Lipp für Unsinn. Für einen heidnischen Kultplatz gebe es keine Anhaltspunkte.

Dass bestimmte Stellen der Burg auch als sogenannte »Heilsteine« zum Lindern von bestimmten Leiden auserkoren sind, ist für Lipp einfach »Glaubenssache«. Fest steht dagegen etwas anderes: Aufgrund der geologischen Besonderheiten gehört sie zu den schönsten Geotopen in Bayern – im Jahr 2006 wurde sie als fünftes Objekt in Unterfranken in die Liste des Umweltministeriums aufgenommen.

Wenn Lipp über die mit Moos überwucherten Felsen blickt, steht für ihn fest: »Es ist der mystischste Ort im Landkreis Haßberge.«

Auf Fels gebaut war einst Burg Rotenhan. Vor knapp 700 Jahren zerstört, hat sich die Natur zwar einen Teil der Anlage zurückerobert. Dennoch sind viele Details der Felsenburg auch heute noch zu erkennen.

Wo sich einst die Dichter trafen

Die Bettenburg wird seit über 30 Jahren als Drogentherapiezentrum genutzt

Klaus Gimmler

Bettenburg

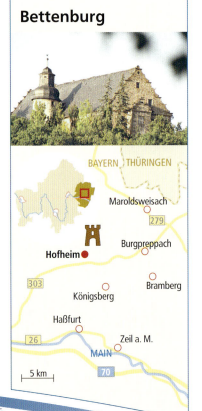

Es war im Jahr 1977. Die Nachricht schlug ein wie ein Donnerschlag. Aus der Bettenburg, dem Wahrzeichen der Stadt Hofheim, soll ein Drogentherapiezentrum werden. Jetzt – über 30 Jahre später – ist das Zentrum gut etabliert und seine Notwendigkeit anerkannt.

Als die ersten Meldungen von den Plänen bekannt wurden, dass Drogenabhängige in die Bettenburg einziehen sollen, lief die Bevölkerung Sturm dagegen. Dort, wo sich im 19. Jahrhundert Dichter und Komponisten zur »Bettenburger Tafelrunde« zusammengefunden hatten, sollten nun Suchtkranke ein Zuhause finden. Unzumutbar, so dachten viele in der Bevölkerung im Haßgau. Es wurde auch befürchtet, dass sich in der Folge Drogendealer im Haßgau breitmachen.

Schnelle Akzeptanz

Diese Befürchtungen haben sich nicht bewahrheitet. »Die Bevölkerung hat schnell das Drogentherapiezentrum akzeptiert«, erklärt der heutige Besitzer Christian Freiherr von Truchseß. Er war damals 14 Jahre alt und weiß, dass sein Vater Maximilian damals sehr unter Druck gestanden hat. Doch mittlerweile habe sich die Lage komplett gewandelt. Es gibt Überlegungen, dass das Drogentherapiezentrum die Bettenburg verlassen will – zu alt ist das Gemäuer, schlecht isoliert und die Räume nicht komfortabel. Doch dies werde nun von der Bevölkerung als Verlust empfunden, so von Truchseß.

Im Landschaftsgarten.

Heute ist dort ein Drogentherapiezentrum.

Ehemalige Wirtschaftsgebäude der Bettenburg.

Haßberge

Öffnungszeiten
Im Schloss Bettenburg befindet sich heute ein Drogentherapiezentrum. Besichtigungen sind daher zwar nicht möglich. Lohnenswert ist aber ein Spaziergang durch den benachbarten Landschaftsgarten.

Geschichte
Erstmals urkundlich erwähnt wurde die Burg im Jahre 1231. Tatsächlich dürfte sie aber älter sein. Im Bauernkrieg 1525 wurde die Bettenburg zerstört und im Jahr 1535 unter der Leitung von Ritter Balthasar Truchseß wiederaufgebaut. Bis 1940 diente das Schloss als Wohnsitz der Adelsfamilie Truchseß. Danach wurde es Landschulheim, Kinderlandverschickungsheim und Altersheim.

Anfahrt zum Landschaftsgarten
Mit dem Auto aus Richtung Schweinfurt kommend bei der Anschlussstelle Schonungen auf die B 303 bis Hofheim. Von dort zum Stadtteil Manau. Kurz vor Manau links abbiegen zum Parkplatz für den Landschaftsgarten.

Die Ansprüche nehmen zu, die Krankenkassen verlangen eine bessere Ausstattung, weiß er. Er hofft auf eine Lösung, denn er will die Drogentherapie als Mieter behalten. Der Vertrag läuft noch bis Ende 2009 und verlängert sich immer wieder um ein Jahr, wenn er nicht gekündigt wird.

Eine umfangreiche Modernisierung kommt jedoch für ihn nicht in Frage. »Das Haus würde seinen Charakter verlieren, würde man versuchen, die Zimmer von 1563 auf den heutigen Standard zu bringen«, sagt von Truchseß. Vorstellen könnte er sich, die Lieferung von Wärme in Form einer Hackschnitzelanlage zu übernehmen.

Bevor die Drogenhilfe in die Bettenburg einzog, diente sie 20 Jahre lang als Hotel. Die Besitzer, die Familie Truchseß aus Bundorf, warben sogar in englischer Sprache mit den Möglichkeiten zum Schwimmen, Jagen und Fischen. Natürlich wurde auch Vollpension angeboten. Doch auch hier nahmen die Ansprüche zu. Es war kein Geschäft mehr zu machen, so von Truchseß.

Die Bettenburg hatte ihre Blütezeit, als 1789 Christian Truchseß von Wetzhausen aus der Bundorfer Linie dort einzog. Er ließ sich nicht nur wohnlich nieder, sondern gestaltete die Bettenburg auch künstlerisch. Die Zimmer erhielten die Namen zeitgenössischer Dichter. Es gab sogar ein Goethe- und Schillerzimmer.

Vom Park zum Wald

Die Pracht, die früher der Rittersaal ausstrahlte, lässt sich heute nur noch erahnen. Statt Gemälde alter Meister hängen jetzt – auch reizvolle – Bilder von Drogenabhängigen an den Wänden. Dennoch hat die Bettenburg ihren Charme nicht verloren. Knorrige Fußböden, sich windende Treppenhäuser und mächtige Türen und Portale künden von einer herrschaftlichen Zeit. Ebenfalls Charme strahlt der benachbarte Landschaftsgarten aus, der auch zur Zeit von Christian Freiherr Truchseß von Wetzhausen angelegt worden ist. Dieser ließ einen Park im englischen Gartenstil mit Denkmälern, Kapellen, Säulen und Spruchtafeln gestalten. Damals flanierten die Spaziergänger zu ihrer Erbauung von Station zu Station.

Der Charakter des Parks hat sich komplett verändert. Aus ihm ist längst ein Wald geworden, die Denkmäler und Säulen sind versteckt hinter Bäumen. Doch auch dies hat seinen eigenen Reiz – ein Spaziergang lohnt sich allemal.

In der Bettenburg, einem kleinen Renaissance-Bergschloss im Landkreis Haßberge, trafen sich im 19. Jahrhundert Dichter und Komponisten. Weil sie zwischen den Hügeln weithin gut sichtbar ist, wird sie Wahrzeichen der Haßberge genannt.

Neues Leben im Wasserschloss

Monica von Deuster lässt das Bauwerk in Burgpreppach seit Jahrzehnten restaurieren

Klaus Gimmler

Schloss Burgpreppach

Zu den kuriosesten Stücken im Schloss Burgpreppach (Lkr. Haßberge) gehört eine mumifizierte Hand einer Frau. Ist es die Hand einer Diebin, die zur Strafe abgeschlagen wurde? Schlossherrin Monica von Deuster-Fuchs von Bimbach und Dornheim weiß es nicht sicher. Sie glaubt, die Hand wurde einer Toten abgetrennt und diente im Schloss als Symbol der hohen Gerichtsbarkeit.

Die vom Kaiser verbriefte hohe Gerichtsbarkeit hatte das damals mächtige Schloss im Oberen Haßgau im 16. Jahrhundert inne und dies zeigt die Stellung, die es in der Region hatte. Es wurden dort Straftaten abgeurteilt. Richter war stellvertretend für den Schlossherrn meist der Amtsvogt. Um da Autorität zu demonstrieren, so glaubt Monica von Deuster, diente wohl die Hand, die bei solchen Gerichtsprozessen als Symbol ausgestellt war.

Dass Dieben zur Strafe für ihre Tat die Hand abgehackt wurde, war bereits abgeschafft worden, als das Schloss Burgpreppach in der heutigen Form gebaut worden ist. Der Dreiflügelbau wurde zwischen 1717 und 1724 nach Plänen des Würzburger Baumeisters Joseph Greising errichtet – als barockes Wasserschloss, was für Schlossherrin Monica von Deuster an sich ein Widerspruch ist. Denn ein Barock-Schloss hatte eigentlich gar keinen Wassergraben mehr. Doch hat man wohl damals bewusst an die reichsritterschaftliche Vergangenheit des Vorgängerbaus mit seinem Burggraben erinnern wollen.

Schlossherrin Monica von Deuster.

Historische Szenen auf der Wandbespannung.

Die Hand als Symbol der hohen Gerichtsbarkeit.

Haßberge

Geschichte

Ursprünglich residierten die Herren von Breitebach (Preppach) in der Gemeinde. So werden im 12. Jahrhundert urkundlich ein Gerung und ein Runold von Breitebach erwähnt. Burgpreppach ist seit dem frühen 14. Jahrhundert im Besitz der Fuchs. Die Fuchs von Burgpreppach starben im 16. Jahrhundert aus. Das Erbe traten die Fuchs von Bimbach an. Die derzeitige Schlossherrin, Monica von Deuster-Fuchs von Bimbach und Dornheim, ist die Tochter des letzten Freiherren dieses Namens.

Anfahrt

Mit dem Auto aus Richtung Schweinfurt kommend führt die B 303 von der Autobahnausfahrt bei Schonungen über Hofheim geradewegs nach Burgpreppach.

Kontakt

Weitere Informationen bei Monica von Deuster-Fuchs von Bimbach und Dornheim unter
☎ (0 95 34) 2 55

Das Schloss ist heutzutage Stammsitz der Fuchs, ein weitverzweigtes Adelsgeschlecht in Mainfranken. Eine Linie der Fuchs, nämlich die Fuchs von Bimbach, die seit Ende des 17. Jahrhunderts auch den Titel von Dornheim im Namen führt, blüht bis in die heutige Zeit.

Treppe von Balthasar Neumann

»Eine Aufgabe für mehrere Generationen« sei die Sanierung des Schlosses, sagt von Deuster. Im Jahre 1986 machte sie sich an die Arbeit, das imposante Wasserschloss vor dem weiteren Verfall zu schützen. Jetzt, im Jahre 2008, ist die Schlossherrin bereits ein ganzes Stück weiter. Sie spricht von »Halbzeit«, was die Renovierung angeht. Der Ostflügel ist wieder bewohnbar, und im Jahre 1996 ist ihre Familie dort eingezogen. Das Schloss wurde an den Kanal angeschlossen, das Dach restauriert, eine Zentralheizung und neue Fenster eingebaut.

Zu den Prunkstücken im Schloss gehört die Treppe mit dem schwungvollen Gewölbe im Mitteltrakt. Sie wurde von Balthasar Neumann konzipiert. Beeindruckend ist auch der Festsaal mit den großen bemalten Wandbehängen im ersten Stock. Dort finden im Sommerhalbjahr Konzerte statt, was der Schlossherrin sehr wichtig ist. Denn damit sei es gelungen, wieder Leben in das prachtvolle Gebäude zu bringen. »Das Schloss wird wieder seiner Mittelpunktfunktion im Dorf gerecht«, sagt sie. Die Leute im Dorf würden sich wieder mit dem Schloss identifizieren.

Schlossherrin Monica von Deuster-Fuchs von Bimbach und Dornheim ist stolz auf ihr Barock-Schloss in Burgpreppach, in dem einstmals Reichsritter lebten und das heute Mittelpunktfunktion in der Marktgemeinde hat.

Burgvogt zu sein, ist Lebensaufgabe

Eddi Klug
arbeitet mit der Schlossberggemeinde
an der Ruine Königsberg

Stefan Burkard

Stauferburg

»Mein Vorgänger hat das Amt 30 Jahre lang ausgeübt. Wenn es weiterhin so gut läuft, übertrumpfe ich ihn vielleicht sogar«, sagt Eddi Klug, Erster Burgvogt der Schlossberggemeinde. Er ist seit 1978 Mitglied und hat gesehen, wie »durch eine aktive Gemeinschaft aus einer Ruine eine Burg« entstehen kann.

Als 16-Jähriger kam Eddi Klug zum ersten Mal mit der Schlossruine Königsberg in Berührung. »Nach der Schule half ich bei den Arbeiten an der Ruine«, erinnert sich Klug, »dabei entstand die Leidenschaft zum Schlossberg.« Beeindruckt habe ihn damals die tolle Kameradschaft innerhalb der Schlossberggemeinde. Daneben werde etwas Herausragendes geschaffen: »Wären wir nicht so engagiert, sähe der Schlossberg noch heute wie eine Ruine aus.« Dank der Mitglieder wird die Burg auf dem alten Schlossberg seit 1971 hochgezogen.

Alleine im letzten Jahr wurden 16 Tonnen Sand und 7450 Kilogramm Zement verarbeitet. »Da steckt wahnsinnig viel Arbeit drin«, so der 47-Jährige – das Ergebnis kann sich sehen lassen: Aus einer verdreckten Burgruine, deren Mauern aus Fragmenten bestanden und bei der Türme quasi nicht vorhanden waren, entstand nach und nach eine Touristenattraktion.

Die Geschichte der Burg Königsberg ist eng mit der Geschichte der Stadt Königsberg verknüpft. Im Jahre 1168 wurde mit dem Bau der Burg auf Befehl Kaiser Barbarossas begonnen. Aus der Siedlung der Bauarbeiter entstand um 1180 die Stadt.

Der Wächterturm der Burgruine bei Nacht.

Blick in den Burghof.

Umgeben von sattem Grün.

Haßberge

Öffnungszeiten
Die Stauferburg Königsberg ist das ganze Jahr tagsüber öffentlich zugänglich. Für Wanderfreunde gibt es drei verschiedene Rundwanderwege: den Hasenweg (sechs Kilometer), den Marderweg (14 Kilometer) und den Hirschkäferweg (zwölf Kilometer). Mehr Infos: www.hassbergverein.de

Kontakt
Informationen über die Burgruine: www.burgenwelt.de/koenigsberg/koenigsberg.htm
Geschichtliches bietet die Homepage www.koenigsberg.de

Veranstaltungen
Auf der Burg finden über das Jahr verteilt Vereinsfeste der Schlossberggemeinde statt. Informationen im Netz unter www.koenigsberg.de

Anfahrt
Die Burgruine liegt oberhalb der Altstadt von Königsberg, das über die A 70 Abfahrt Schonungen und dann über die B 303 Richtung Hofheim zu erreichen ist.

Die romanische Burganlage war noch nicht sonderlich groß. Erst im 15. und 16. Jahrhundert wurde die Burg erweitert. Im Bauernkrieg nahm sie keinen Schaden. Anfang des 17. Jahrhunderts wurde die Anlage schließlich unter der sächsischen Herzogin Dorothea-Maria in ein Schloss umgewandelt.

Romantische Überreste

Nachdem im Siebenjährigen Krieg die Verteidigungsanlagen der Stadt den preußischen Angreifern nicht standhalten konnten, riss man die Stadtmauer ein und ließ das Schloss verfallen. Viele benutzten es anschließend als Steinbruch, so dass im 19. Jahrhundert nur noch ein paar romantische Überreste zu sehen waren, als der damalige Bürgermeister Franz Ronge die Anlage erwarb. 1860 ließ er den Treppenturm neu errichten und schuf so einen Aussichtsturm.

1898 kam die Ruinenanlage in den Besitz der Stadt, so dass sich 1921 ein Verein, die »Schlossberggemeinde«, die sich fortan um den Erhalt und Wiederaufbau der Burganlage kümmerte, gründen konnte. Dieser Verein legte die Keller frei, entfernte die Steinplatte vom 1716 abgedeckten Burgbrunnen, der noch heute eine Tiefe von ungefähr 80 Metern hat, und renovierte alle Mauern und Rondelle.

Die Mitgliederstruktur des Vereins ist gemischt. »Hier packen Schüler und Studenten ebenso an wie Arbeiter und Rentner«, sagt Klug. Daneben helfen einheimische Landwirte mit, Arbeitsmaterial zu transportieren. »In Königsberg halten alle zusammen«, lobt der Burgvogt. Die Mitglieder arbeiten jeden Samstag, sobald es das Wetter zulässt. Wenn ein Mitglied über 300 Arbeitsstunden ableistet, wird »Er« zum Ritter geschlagen, beziehungsweise »Sie« zur Edeldame gekürt. Klug selbst hat über 2500 Stunden zusammen. »Burgvogt zu sein, ist eine Lebensaufgabe, außer, man verhält sich unrühmlich. Letzteres hab' ich jedoch nicht vor«, sagt er lachend.

»Burgvogt zu sein, ist eine Lebensaufgabe«. Eddi Klug, der Erste Burgvogt der Schlossberggemeinde, steht auf einem Mauervorsprung des Schlossbergs und genießt den weiten Ausblick ins Land hinein.

Von der Ruine zur Villa

Mirjam Gräfin zu Ortenburg über den Aufbau von Schloss Birkenfeld

Stefan Burkard

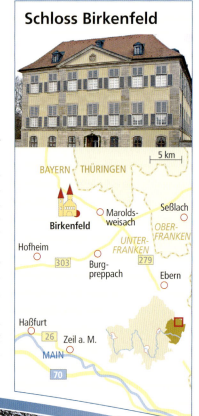

Schloss Birkenfeld

»Der Erhalt so einer Schlossanlage ist eine never ending story«, sagt Mirjam Gräfin zu Ortenburg. 1992 zog die gebürtige Holländerin mit ihrem Mann Philipp Graf zu Ortenburg nach Birkenfeld – und seitdem hilft sie auch mit, dass *»der teils ruinöse Bau wieder als Prachtvilla im italienischen Stil glänzt«*.

Bevor sie das erste Mal nach Birkenfeld kam, hätte Mirjam Gräfin zu Ortenburg nicht gedacht, dass sie eine richtige Villa erwartet. »Von Bekannten wurde mir erzählt, dass die Eltern von meinem Mann auf einem verkommenen Hof leben würden«, gesteht die Gräfin lachend. »Als ich es dann aber mit eigenen Augen sah, hab' ich es sofort geliebt – trotz des teilweise desolaten Zustandes. Das Gebäude versprüht einen Charme, der sofort anspricht.«

Ihr Mann Philipp Graf zu Ortenburg ist hier aufgewachsen. »Schloss« ist formal allerdings die falsche Bezeichnung. »Architektonisch gesehen handelt es sich um einen reinen Rokoko-Bau, eine Villa im italienischen Stil«, erklärt Gräfin Mirjam, wie sie die Gemeindemitglieder größtenteils nennen.

Kennengelernt hat sie ihren Mann zufällig in einem Hotel in Südafrika – er machte gerade ein Praktikum im Rahmen seines Maschinenbau-Studiums und sie im Rahmen ihres Jura-Studiums. Als sie 1992 hierher zogen, stellte sich heraus, dass das Schloss einsturzgefährdet war. Sie erwarben die Anlage, um sie wieder aufzubauen und herzurichten. »Bis 2000 waren wir quasi nur mit grundlegenden Sanierungs- und

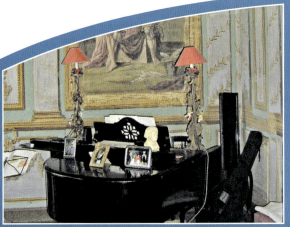
Edles Interieur.

Italienische Impressionen mit Capella Musica.

Vom ruinösen Bau zur Prachtvilla im italienischen Stil.

Kontakt

Kreisverwaltung
– Liegenschaften –
Herr Andreas Lueb
Schlossallee 11
55765 Birkenfeld
☎ (0 67 82) 15 - 7 24
www.schloss-birkenfeld.de

Geschichte

Im Zuge der territorialen Neuordnung Europas 1817 wurde das Fürstentum Birkenfeld gebildet, das 1817 dem Großherzogtum Oldenburg übertragen wurde. Der damalige Großherzog von Oldenburg errichtete oberhalb der Stadt Birkenfeld ein Schloss, das er bei seinen Aufenthalten im Fürstentum Birkenfeld als Wohnung und Residenz nutzte. Das Schloss wurde im klassizistischen Stil errichtet und hat sich baulich nicht wesentlich verändert. In den sechziger Jahren wurden allerdings im Innenbereich einige verfremdende Veränderungen vorgenommen.

Renovierungsarbeiten beschäftigt und zogen ständig in andere Zimmer um, weil die alten an der Reihe waren«, erinnert sich Gräfin Mirjam.

Erst nach diesen Baumaßnahmen konnte das Ehepaar beginnen, das zu tun, was es schon lange vorhatte: den Ausbau der Nebengebäude zu Ferienwohnungen. »Und mittlerweile können wir schon mehrere Ferienwohnungen anbieten«, freut sich die Schlossherrin. »Je mehr Menschen hier in der Schlossanlage wohnen, desto größer ist ihre Zukunftschance.«

»Historischer Fehler«

Letztere sei aufgrund von »kurzsichtigen, bürokratischen Anforderungen« nicht immer gesichert. »Die Auflagen für die Erhaltung solcher Gemäuer sind so hoch, dass sie den Häusern ihr Be-Leben nehmen könnten. Ich halte das für einen historischen Fehler, vor allem in Bezug auf Schloss Bettenburg und Schloss Ditterswind«, erklärt die Gräfin.

Ihrer Meinung nach sollte einem Schlossherren »die Lebensqualität wie die Verwobenheit der Häuser und das naturverbundene Leben, aber auch die Aufgaben rund um ein Schloss« nicht genommen werden.

Momentan lebt die 50-Jährige mit ihrem Mann, ihrer Schwiegermutter und ihren vier Kindern im Schloss: »Ich fühle mich zu Hause, hier in Unterfranken, und genieße die ruhige Lage des Schlosses.« Sie geht in ihrer Aufgabe als Schlossherrin vollends auf. »Die Anlage ist eine Art Projekt, an das man mit Hand und Fuß gebunden ist.«

Das Besondere an Schloss Birkenfeld ist ihrer Meinung nach »der quasi Originalzustand der Anlage«, die von 1738 bis 1754 erbaut wurde. Dank des Engagements der Familie gleicht ein Gang durch die wohnlichen Räume einem Gang durch die Vergangenheit – der einstige ruinöse Bau erscheint wieder als helles und häusliches Schloss.

Für Gräfin Mirjam ist das Leben in einem Schloss nichts Ungewöhnliches. »Eigentlich ist es wie in einem Haus – Sie müssen nur ein bisschen mehr laufen«, sagt die Hausherrin lachend. Die Größe von Schloss Birkenfeld ist noch überschaubar, weswegen fast alle Räume von der Familie zu Ortenburg genutzt werden. »Allerdings dient der zweite Stock mehr repräsentativen Zwecken«, erklärt die Gräfin – im großen Stucksaal beispielsweise finden gelegentlich klassische Konzerte statt. Die Öffentlichkeit kann sich vom neuen Glanz des Schlosses auch bei Führungen überzeugen, die von der Gräfin, vom Grafen oder einem Historiker geleitet werden.

Für die Schlossherrin ist es keine Frage, dass eines der vier Kinder, die zwischen zehn und 17 Jahre alt sind, das Schloss später einmal übernehmen wird. »Meinetwegen können auch alle hier wohnen bleiben, die Anlage ist groß genug«, sagt Gräfin Mirjam. Als neuer Schlossherr geeignet jedenfalls seien alle vier Kinder. »Es muss nur jemand sein, der dieses Projekt auch mit Herzblut weiterführen und daran arbeiten möchte«, so die Hausfrau abschließend.

Mirjam Gräfin zu Ortenburg wohnt seit 1993 mit ihrer Familie und Hündin »Tria« auf Schloss Birkenfeld.

»Das Herz der Haßberge«

Der Bramberger Alois Voigt erklärt seine Leidenschaft für die Burgruine

Stefan Burkard

Ruine Bramberg

Er ist Kulturwart beim Haßberghauptverein und wohnt seit 40 Jahren in Bramberg: Alois Voigt bezeichnet sich selbst als »freiberuflichen Heimatpfleger« und gibt Führungen durch die Burgruine Bramberg, die ihm »besonders am Herzen liegt«.

Die Burg Bramberg war »so etwas wie das unbeugsame gallische Dorf der Haßberge«, sagt Alois Voigt lachend. Und die Geschichte gibt ihm Recht: Lange Zeit befand sich die um etwa 1000 gebaute Burg in den Händen eines reichsfreien Grafen – und war damit unabhängig vom Fürstbischof in Würzburg. Voigt hat sich intensiv mit der Geschichte der Burg befasst, weil er »prinzipiell sehr an Heimatgeschichte interessiert« ist.

Bis zur Eingemeindung 1978 war Alois Voigt »Schulmeister« in Bramberg und gab den Kindern bei Wanderungen unter geschichtlichem und naturkundlichem Aspekt praktischen Unterricht – »die Kleinen sollten ihre eigene Heimat erfahren, kennen und schätzen lernen«.

Obwohl der Landkreis Haßberge ein Drittel aller Burgen und Schlösser Unterfrankens beherbergt, ist die Burgruine Bramberg für Alois Voigt etwas ganz Besonderes: »Der Bramberg ist sicher nicht die höchste, aber die markanteste Erhebung, das Herz der Haßberge!« Er habe die typische Kegelform eines Basaltberges, und die Burgruine sei von den Erhebungen ringsherum, wie der Schwedenschanze, dem Staffelberg, der Rhön, dem Blessberg und den Gleichbergen in Thüringen, zu sehen.

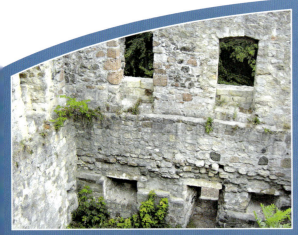
Die Natur hat die Ruine fest in der Hand.

Das »unbeugsame gallische Dorf« der Haßberge.

Gibt es hier Schlossgespenster und Waldgeister?

■ Haßberge

Geschichte

Im Jahr 1168 wurde die Vorgängeranlage der jetzigen Burg wegen angeblichen Raubrittertums auf kaiserliche Anordnung zerstört. Der wirkliche Grund für die Schleifung der Burg dürfte in den Machtkämpfen der beiden rivalisierenden Hochstifte Würzburg und Bamberg zu suchen sein.

Besonders die Bischöfe von Würzburg versuchten während des gesamten Mittelalters mit allen Mitteln, sich der Burgen und Ländereien ihrer geistlichen Brüder zu bemächtigen.

Der Bramberg sollte eigentlich nie wieder eine Burganlage tragen. Die Würzburger errichteten natürlich in der Folge eine eigene Wehranlage auf dem Burgberg und machten diese zum Mittelpunkt ihres gleichnamigen Amts. 1525 wurde die Bramburg während des Deutschen Bauernkriegs von den Aufständischen beschädigt und danach dem Verfall überlassen.

»Außerdem ist die Burgruine absolut traditionsbehaftet, und Geschichte hat mich schon seit meiner Kindheit interessiert«, erklärt Voigt. So sei die Bramburg einst errichtet worden, um die wichtige Handelsstraße, den Rennweg zwischen Bamberg und Königshofen, zu sichern.

Mit den kürzlich stattgefundenen Sanierungsmaßnahmen an der Burgruine ist Voigt zufrieden: »Die neuen Handläufe und die Sicherung des Steinbruchs sind absolut sinnvoll.« Auch die Freistellung der Ruine sei eine tolle Sache, »zumindest, wenn sie mit Überlegung durchgeführt wird und die Ruine dann wirklich von allen Seiten zu sehen ist«. Bisher sieht man die Bramburg nur von Hohnhausen aus. »Die Bayerischen Staatsforsten haben aber angekündigt, die Burgruine komplett freizustellen«, so Voigt.

Ein echter Baumfrevel

Maßlos enttäuscht seien er und andere Bramberger aber über das Fällen aller Linden im Schlosshof: »Zumindest die eine Linde, die weit genug vom Mauerwerk entfernt ist, hätte man stehen lassen müssen. Sie ist weit über 100 Jahre alt und ein Baum macht den Schlosshof viel lebendiger – da wurde ein echter Baumfrevel begangen.« Unter dieser Linde hätte man eine Sitzgruppe errichten können, »so dass die vom Aufstieg erschöpften Besucher der Burgruine sich ausruhen und unter einem Blätterdach einen herrlichen Blick auf die Umgebung genießen können«.

Dennoch freut sich der 64-jährige Pensionär schon sehr auf den Augenblick, wenn er durch sein Fernglas schauen und wieder die Ortschaften rings um den Bramberg erkennen kann: »Vor 40 Jahren, als ich das erste Mal hier oben war, stand die Ruine frei. Ich konnte problemlos die Schule in Bramberg sehen und hatte freien Blick bis nach Ebern.« Was dann dem Ganzen noch die Krone aufsetzen würde, »wäre eine kleine Aussichtsplattform im Bereich des Turmrumpfes«, so der Heimatpfleger. »Das würde der Burgruine ein besonderes Interesse verleihen.«

Der Bramberg ist sicher nicht die höchste, mit seiner typischen Kegelform eines Basaltberges aber die markanteste Erhebung in der Umgebung und wird deshalb auch als das Herz der Haßberge angesehen.

»Wie in einem Haus – nur schöner!«

Seit fast 20 Jahren leben Johann Friedrich und Gudula von Eichborn im Schloss

Stefan Burkard

Schloss Friesenhausen

»Wenn ich nicht schon graue Haare hätte, würde ich sie bekommen«, sagt Schlossherr Johann Friedrich von Eichborn lachend. Er spricht damit die kontinuierliche Arbeit an, die im Schloss Friesenhausen anfällt. Seit 1989 wohnt er mit seiner Frau Gudula hier. Sein Vater hatte das Schloss 1973 gekauft.

»Es ist nicht viel anders, als in einem Haus zu leben, nur sind die Gänge hier wesentlich länger«, erklärt Gudula von Eichborn schmunzelnd. Sie wohnt ausgesprochen gerne in dem Renaissance- und Barock-Bau, weil die Wohnqualität durch die »toll geschnittenen Räume« extrem hoch sei. Schloss Friesenhausen steht unter internationalem Denkmalschutz, das Grundstück mit dem angrenzenden Park ist 45 000 Quadratmeter groß.

»Das Besondere ist die exklusive Lage: Das Schloss liegt mitten im Dorf und ist von einem Park umgeben, der größer als der gesamte Ort ist«, schwärmt Johann Friedrich von Eichborn. Der große Park, »in dem Hasen, Rehe, Enten und Reiher zu Hause sind«, befindet sich ausschließlich im Familienbesitz, doch die von Eichborns freuen sich darüber, dass er von den Gemeindemitgliedern gelegentlich genutzt wird. »Da haben wir wirklich überhaupt nichts dagegen«, so der Schlossherr.

Fledermausmist wegkratzen

Vor dem Umzug ins Schloss wohnte das Ehepaar in einem Bauernhaus, das sie nach und

Sonne auf Schloss Friesenhausen.

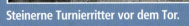
Steinerne Turnierritter vor dem Tor.

Aufwändige Volutengiebel.

Öffnungszeiten
Ganzjährig nur für angesagte Gruppen ab 15 Personen.

Kontakt
Schloss Friesenhausen
97491 Aidhausen OT Friesenhausen
☎ (95 23) 54 01
Fax (95 23) 54 03
www.Schloss-Friesenhausen.de

Geschichte
Bauherr war Philipp Fuchs von Dornheim, Propst des Domkapitels in Würzburg, der 1563 dieses Renaissance-Wasserschloss mit einem weitläufigen Park entgegen dem damaligen Zeitgeist bauen ließ. Es besitzt aufwändig gestaltete Volutengiebel und eine große Toranlage mit Löwenplastiken und dem Familienwappen derer von Dalberg-Zobel. Eine dem Schloss vorgelagerte Steinbrücke wird von zwei Turnierrittern flankiert. Die sehenswerten Innenräume in den drei Stockwerken zeichnen sich durch Stuckdecken und teilweise Originalausstattung aus der Zeit um 1700 aus.

nach ausbauten. »Das war eine sehr gute Übung für das Schloss«, sagt Johann von Eichborn, »denn auch hier ist viel handwerkliches Geschick gefragt.« Überhaupt sei der Umzug in ein Schloss wenig spektakulär. »Es ist wie in einem Haus – nur schöner! Und man hat einen etwas größeren ›Garten‹.« Allerdings habe man dafür auch »etwas mehr Arbeit«, zumal der Komfort des Schlosses unter dem Status Denkmalschutz leidet. »Ein Lift für uns ältere Herrschaften beispielsweise würde nie genehmigt werden«, sagt Gudula von Eichborn.

Viel Zeit müsse sie auch damit verbringen, im dritten Stock den Fledermausmist von den uralten Steinplatten zu kratzen. »Die meiste Arbeit verursacht allerdings die Pflege des Parks«, so die 64-Jährige. Deshalb müsse auch einer der Söhne mit anpacken, wenn beispielsweise Bäume gefällt werden müssen. Die von Eichborns haben fünf Kinder, die schon aus dem Haus sind. »Die kommen eigentlich nur noch im Urlaub nach Friesenhausen«, so die Eltern.

Dennoch ist sich das Ehepaar sicher, dass »alle Kinder das Schloss gerne übernehmen würden«. Aufzwingen muss man das Erbe daher niemandem, und für die Entscheidung sei auch noch ein wenig Zeit. »Derjenige, der das Schloss letzten Endes übernimmt, muss nur mit Herzblut dazu stehen«, erklärt der 66-jährige Schlossherr, »denn die Instandhaltung eines solchen Baus ist eine Lebensaufgabe.«

Zuschüsse sind rar

Hinzu komme, dass Zugaben aus öffentlicher Hand mittlerweile sehr rar geworden seien. »Früher hätte ich noch jedem Interessenten zu einem Schloss geraten, heute würde ich sagen: Überleg' es dir«, gesteht Johann Friedrich von Eichborn. Sämtliche Abgaben und Reparaturen am und im Schloss müsse die Familie aus eigener Tasche bezahlen, »obwohl für die Touristen immer mit dem Schloss geworben wird und Schlösser im öffentlichen Besitz kräftig Zuschüsse erhalten«. Trotz dieser unbefriedigenden Situation wohnen die von Eichborns aber »liebend gerne in diesem außergewöhnlich schönen Schloss« und wollen auch niemals weg aus Friesenhausen.

Besitzer und Schlossherren: Gudula und Johann Friedrich von Eichborn stehen im Park von Schloss Friesenhausen (im Hintergrund zu sehen). In diesem »außergewöhnlich schönen Schloss« leben sie seit 1989 »liebend gerne«.

»Mosaikstein der Zeiler Geschichte«

Seit 1993 flossen über 176 000 Euro in die Burgruine Schmachtenberg

Stefan Burkard

Burg Schmachtenberg

Durch den »Babbelhaatsch« kam die Burgruine 1993 auf die Agenda des Zeiler Stadtrates: »Das ist ein jährlich stattfindender Ortstermin, zu dem die SPD-Stadtratsfraktion alle Gemeindemitglieder einlädt, um den Stadträten gegenüber Sorgen und Wünsche zu äußern«, erklärt der Zeiler SPD-Vorsitzende Ludwig Leisentritt. Und damals wünschten sich eben viele, die Burgruine zu sanieren.

»Ich betreibe seit 50 Jahren Heimatgeschichte. Und die Burgruine ist ein wichtiger Bestandteil davon«, sagt Ludwig Leisentritt, »besonders, weil sie im Rahmen des Wein-Wanderweges touristisch viel genutzt wird.« Über 100 Jahre lang habe sich an der Burgruine nichts getan, und die Wurzeln hatten das Mauerwerk schon stark angegriffen, bis sich die Wertschätzung der Schmachtenburg 1993 nachhaltig veränderte: »Die Stadtratsfraktion lädt Bürger jedes Jahr zum sogenannten Babbelhaatsch ein. Dieser stellt so etwas wie ein Zwiegespräch zwischen den Mandatsträgern und den Bürgern dar«, so Leisentritt. Vor 15 Jahren sei der Ort für dieses Gespräch die Burgruine gewesen, und ein Großteil der Gemeindemitglieder war sich damals darin einig, dass man diese wieder »in einem schöneren Licht präsentieren« sollte.

Bei Landrat Rudolf Handwerker und Bürgermeister Christoph Winkler stieß Ludwig Leisentritt mit seinem Vorstoß, die Burgruine zu sanieren, »auf offene Ohren«. Seit diesem Zeitpunkt haben Träger wie der Freistaat Bayern, der Bezirk Unter-

Vergangene Stärke.

Verwittertes Mauerwerk.

Mittelalterliche Spiele.

Haßberge

Geschichte

Es handelt sich um einen relativ späten Burgneubau um 1420/1430. Die erste schriftliche Erwähnung war 1466. Der Neubau sollte offenbar die alte Zeiler Burg auf dem Käppele ersetzen. Die Schießscharten der Anlage sind bereits für Feuerwaffen eingerichtet. 1525 wurde die Burg durch aufständische Bauern beschädigt, danach wieder instand gesetzt und 1554 erneut im zweiten Markgrafenkrieg verwüstet. In der Folge wurde der Schmachtenberg aufgelassen. 1695 entnahm man der Burg Steinmaterial für den Bau des Zeiler Stadtschlosses.

Die Anlage wird seit 1995 behutsam gesichert und untersucht. Hierbei fanden sich keine Hinweise auf eine hochmittelalterliche Vorgängerburg an gleicher Stelle. Die hier gefundenen Wallreste im Vorgelände scheinen mit einer großen spätmittelalterlichen Vorburg in Zusammenhang zu stehen.

franken, die Sparkasse Haßfurt und die Stadt Zeil über 176 000 Euro in die Ruine investiert. »Wir wollen die Ruine konservieren, damit die Nachwelt auch noch etwas davon hat«, erklärt Leisentritt. Der Heimatkundler, der vor zwölf Jahren einen Stadt- und Kirchenführer geschrieben hat, ist nicht nur bezüglich der Burg historisch interessiert: »Dieser Bau ist ein Mosaikstein der Zeiler Geschichte, wir haben hier sehr viel zu bieten.«

Das Besondere an der Schmachtenburg ist für Leisentritt die Anordnung als Kastellburg: Statt sich dem Gelände anzupassen, errichtete man die Burg als Quadrat mit vier Rundtürmen an den Ecken. »Und das zu einem Zeitpunkt, als es mit der Burgenbauerei quasi vorbei war«, sagt Leisentritt. Die Schmachtenburg sei daher als reines Machtzeichen des Bamberger Bischofs erbaut worden, habe als dessen Amtssitz und nicht als strategisches Militärzentrum gedient.

Keine Ritterromantik

»Auch war dies keine Raubritterburg, von der aus die wichtige Handelsstraße zwischen Bamberg und Schweinfurt überfallen wurde, und Ritterspiele fanden ebenfalls nicht statt«, räumt Leisentritt »mit solch romantischen Vorstellungen« auf. Auch ein weiteres hartnäckiges Gerücht möchte der Heimatforscher entlarven: »Der Keller der Burgruine ist kein unterirdischer Gang, der bis zum Zeller Berg und zur Wallburg führt.« Das immense historische Wissen hat sich Leisentritt über Jahre hinweg angeeignet, besonders in seiner Tätigkeit als Stadtarchivar.

Die Burgruine Schmachtenberg bekam im Juni 2008 große öffentliche Aufmerksamkeit: Man lud die Bevölkerung zum Burgfest ein. »Der Bürgermeister und ich hatten uns in ein mittelalterliches Burgengewand gehüllt, und es herrschte ritterliches Treiben«, erinnert sich Leisentritt grinsend. Er hofft nun natürlich, dass es in Zukunft noch mehr solcher Veranstaltungen geben wird.

Burggespenst gefällig? Bei manchen Führungen sollen schon Gespenster aufgetaucht sein. Doch wie man hört, fanden es die meisten Besucher eher amüsant als erschreckend.

Dornröschens zweites Erwachen

Ein Verein rettete die Ruine der Osterburg bei Bischofsheim vor dem Vergessen und dem Verfall

Thomas Pfeuffer

Bäume, borniges Gestrüpp und bemooste Steine: Noch vor wenigen Jahren dürfte wohl nur einem aufmerksamen Wanderer, der auf der Anhöhe zwischen Bischofsheim (Lkr. Rhön-Grabfeld) und dem Kreuzberg unterwegs war, aufgefallen sein, dass er sich nicht einfach auf einem Waldweg, sondern an einem besonderen Ort befindet.

Wer dagegen heute den steilen Weg zur Kuppe geschafft hat, versteht sofort, warum der Osterburg genannte Berg den Namenszusatz »Burg« trägt. Bäume und Sträucher sind verschwunden, statt ihrer belohnt der Anblick einer eindrucksvollen Burgruine die Mühen des Anstiegs. Verantwortlich für diese Entwicklung ist der Verein »Freunde der Osterburg«. Er hat sich zum Ziel gesetzt, die Burg, die nicht nur unter Schutt und Sträuchern, sondern allmählich auch aus dem Bewusstsein der Menschen zu verschwinden drohte, vor dem endgültigen Verfall und dem Vergessen zu retten.

30 Interessierte waren es, die sich 2005 bei der Gründung des Vereins die Aufgabe stellten, das Dornröschen der Rhön aus dem Schlaf zu erwecken, zu sanieren und der Öffentlichkeit dauerhaft zugänglich zu machen. Dabei waren sie nicht die Ersten. Mehr als 100 Jahre zuvor war Ähnliches passiert. 1897 wurde die längst vergessene Burganlage bei Forstarbeiten oberhalb von Bischofsheim zufällig entdeckt.

Neuanfang nach 100 Jahren

Wenige Jahre später – es war die Zeit der deutschen Burgenromantik – ließ der königliche Forstmeister Max Fuchs das komplette Areal mit Unterstützung staatlicher Stellen ausgraben, um den Grundriss der Burg wieder sichtbar zu machen. Auch einer der beiden Türme wurde wieder aufgemauert. Technische Fehler führten allerdings dazu, dass er bereits 1920 wieder einstürzte und die Burg in einen bis zum Beginn des 21. Jahrhunderts dauernden Dämmerschlaf verfiel. Es war kein Prinz, der das Dornröschen Osterburg wachküsste, es waren Motorsägen, Bagger, Kompressoren und Mörtelmaschinen. Wo über viele Jahre nur Stille geherrscht hatte, wurden Bäume gefällt, Schutt ausgegraben, Steine einzeln aus Mauerresten entnommen, gereinigt, wieder eingesetzt und neu verfugt. Die Freunde der Osterburg, ihre Zahl ist inzwischen weit angewachsen, hatten nicht nur viel, sondern auch gute Arbeit geleistet.

Imposante Reste unter Schutt

Sie hatten nicht nur die Stadt Bischofsheim als Eigentümer des Geländes von dem Vorhaben begeistert und die Unterstützung der Denkmalbehörden gewonnen, sondern mit Joachim Zeune übernahm ein renommierter deutscher Burgenforscher die Leitung der Arbeiten. Auch die staatlichen Zuschussstellen

Durchblick auf die Rhön.   Steinernes Zeugnis der Zeit.   Idyllischer Rastplatz für Wanderer.

Lage

Die Ruine Osterburg liegt an der Straße von Bischofsheim zum Kreuzberg. Sie ist auf öffentlichen Wegen nicht anfahrbar. Zu erreichen ist sie über den Parkplatz Osterburg. Von hier sind es etwa 800 Meter, die zu Fuß zurückgelegt werden müssen. Den Wanderer führt das rote Dreieck beziehungsweise das grüne Ö (Zubringer zum Hochrhöner) ab Bischofsheim zum Ziel. Führungen durch die Anlage gibt es beim Tag des offenen Denkmals.

Kontakt

Der Förderverein Freunde der Osterburg sucht noch neue Mitglieder, die mit einem Jahresbeitrag die Erhaltung der Osterburg unterstützen.
Informationen über den Verein Freunde der Osterburg unter www.burgruine-osterburg.de

ließen sich nicht lumpen. Sie übernahmen einen großen Teil der auf mehr als 500 000 Euro geschätzten Kosten für die wichtigsten Arbeiten. Dabei geht es den Freunden der Osterburg nicht darum, die Burg wieder aufzubauen. Die Ruine soll erhalten werden, indem Mauer und Turmreste gesichert werden und die Burg in ihren Ausmaßen kenntlich gemacht wird.

Die Ausgrabungen und Restaurierungen erfolgen nach einem Konzept, das vom Büro für Burgenforschungen von Joachim Zeune erarbeitet und vom Landesamt für Denkmalschutz genehmigt wurde. Auch werden die Arbeiten von diesem Büro ständig überwacht und die Maurer, Spezialisten mit Sandstein-Erfahrung, vorher entsprechend eingewiesen.

Bei den bisherigen Arbeiten gab es so manche Überraschung. So fanden sich unter meterhohen Schutt- und Erdschichten weit größere und imposantere Reste der Ruine als zuvor vermutet wurde. Mehr als vier Meter hohe Basaltsäulen tragen die ältesten Teile der Burg aus dem 12. Jahrhundert, die im 14. und 16. Jahrhundert erweitert wurde. Das etwa 4400 Meter große Burg-Areal mit den Resten der beiden Türme, einem Zwinger und großen, früher überwölbten Kellerräumen ist 80 Meter lang und 55 Meter breit und war von einer Ringmauer umgeben, von der inzwischen auch ein Teil freigelegt ist.

Damit wurden erste Einschätzungen von Burgenforscher Zeune bestätigt. Der hatte die aufwändigen Arbeiten damit gerechtfertigt, dass es sich bei der Osterburg um eine hochkarätige, mächtige Burganlage handle, die zu ihrer Zeit ein mächtiges Herrschaftszentrum und Machtsymbol darstellte.

Sagenumwoben

Bestätigt hat sich sehr zum Bedauern manchen Osterburgfreunds auch eine weitere Vermutung von Zeune. Bei all den Grabungen fand sich nun doch kein Eingang zu einem Tunnel in den nächstgelegenen Ort Frankenheim, über den in vielen Geschichten und Sagen berichtet wird. Denn auch um die Osterburg ranken sich Erzählungen über ihre Entstehung oder von ihrem Untergang. Oft spielt dabei der von Schätzen und Reichtümern gefüllte Tunnel eine wichtige Rolle. Der Burgenforscher jedoch hielt die Existenz des Tunnels in Anbetracht des felsigen Untergrunds für höchst unwahrscheinlich.

Auch sonst muss die Geschichte der Burg wohl umgeschrieben werden. Etwa um 1170 erbaut, diente sie an der wichtigen Passstraße durch das Brendtal dem Bischof von Würzburg als Landesherrn zum einen als Verwaltungssitz und zum andern als Grenzbefestigung gegen Fulda. Bereits 70 Jahre später soll sie durch Kriegsleute des Fürstabts von Fulda zerstört worden und dann verwaist geblieben sein. Doch diese Theorie hat Forstmeister Fuchs nun widerlegt. So wurden noch im 16. Jahrhundert Bauarbeiten an der Burg nachgewiesen. Sie war also zu diesem Zeitpunkt noch bewohnt und fiel erst danach in den Dornröschenschlaf.

Daraus, so hoffen die Freunde der Osterburg, ist sie nun dauerhaft erweckt. Doch der Burgenverein sieht alle seine Ziele noch lange nicht erreicht. Sowohl für weitere Ausgrabungen, für einen kleinen Aussichtsturm, den erhofften Stromanschluss und die Einbindung in einen Burgen-Erlebnisweg Rhön wären aber noch erhebliche Mittel erforderlich, die der Verein über Mitgliedsbeiträge, Spenden, Feste und vielleicht weitere Zuschüsse zu erreichen hofft. Geht man von seiner bisherigen Erfolgsgeschichte aus, stehen die Chancen dazu nicht schlecht.

Geschichten über Geschick und Glück

Das Wasserschloss Irmelshausen ist seit über 600 Jahren im Besitz der Familie Bibra

Silke Kurzai

Wasserschloss Irmelshausen

Gleich im Doppelpack fließt die Milz aus Thüringen kommend ins Fränkische. Kurz bevor sich die beiden Arme des Flüsschens wieder vereinigen, liegt auf einer künstlich aufgeschütteten, mit massiven Eichenbohlen gesicherten kleinen Insel am Südrand des Dorfes Irmelshausen (Lkr. Rhön-Grabfeld) das gleichnamige Wasserschloss.

Zu erreichen ist es nur über eine schmale Steinbrücke. Angesichts der noch immer wehrhaften Kulisse fällt es nicht schwer, sich vorzustellen, dass es hier im Mittelalter eine Zugbrücke gab, die rasch hochgezogen werden konnte, wenn einmal Gefahr im Verzug war.

Die strategische Lage für eine Festungsanlage war ideal. Schon die Henneberger errichteten im 11. Jahrhundert eine Burganlage, im Jahr 1354 verkaufte Eberhard von Württemberg den ihm durch Heirat mit Gräfin Elisabeth von Henneberg zugefallenen Besitz dann an das Hochstift Würzburg. 22 Jahre später, am 6. April 1376, erwarb der Mellrichstädter Amtmann Berthold von Bibra die Burg. Seit diesem Zeitpunkt befindet sich Irmelshausen im Besitz der fränkischen Adelsfamilie.

Anlage wurde nie zerstört

Diese Kontinuität war für den Erhalt des Schlosses ein Segen, berichtet Hans Freiherr von Bibra, der seit vielen Jahren eine Hälfte der Burg bewohnt. Denn die Familie habe immer auf den Besitz geachtet. Aber auch Glück spielte dabei eine große Rolle.

Frisches Wasser für den Schlossgraben.

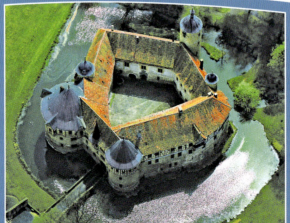

Glitzerndes Nass umrahmt das Schloss.

Alte Gemäuer.

Besichtigung nach Anmeldung
Das Wasserschloss Irmelshausen kann eigentlich nur von außen besichtigt werden. Hans Freiherr von Bibra lässt aber nach telefonischer Anfrage Besucher ins Schloss.

Adelsgeschlecht
Bibra ist der Name eines alten fränkisch-thüringischen Uradelsgeschlechts. Der gleichnamige Stammsitz Bibra an der Bibra ist heute ein Ortsteil der Gemeinde Grabfeld im Landkreis Schmalkalden-Meiningen in Thüringen.

Anfahrt
Irmelshausen liegt im Milzgrund und lässt sich von Saal oder Bad Königshofen aus auch mit dem Fahrrad bequem erreichen. Mit dem Auto fährt man von Schweinfurt oder Würzburg kommend am besten auf der Autobahn A 71 in Richtung Erfurt bis zur Ausfahrt Bad Neustadt oder Mellrichstadt.

Ausflugstipp
Eine Wanderung rund um die nahegelegenen Gleichberge in Südthüringen lohnt sich immer.

Anders als die meisten Schlösser der Umgebung wurde die Anlage in Irmelshausen nämlich nie zerstört. Das zeugt natürlich auch vom diplomatischen Geschick der Bibras.

Besuch des Schwedenkönigs

In den Bauernkriegen solidarisierte man sich mit den Aufständischen und kam ungeschoren davon. Auch im Dreißigjährigen Krieg befanden sich die Freiherren auf der richtigen Seite, sie waren schon 1530 zum protestantischen Glauben übergetreten. Angeblich soll Schwedenkönig Gustav Adolf höchstpersönlich im Schloss übernachtet haben.

Am Ende des Zweiten Weltkriegs sorgte zum Glück ein amerikanischer Besatzungsoffizier, den man mit einer Tasse Tee im Schloss begrüßte, dafür, dass der Besitz »off limits« gestellt wurde. All diesen Umständen verdankt das Wasserschloss seinen einzigartigen Erhaltungszustand, der es zu einem der schönsten Schlösser seiner Kategorie in Bayern macht.

Das Schloss bestand ursprünglich nur aus dem durch einen Torbau geschützten Eingang, einem Wehrturm und einem weiteren Gebäudetrakt an der Westseite. In den Jahren 1556 bis 1561, als die Zeit als reine Verteidigungsanlage vorbei war, wurde der Bau zum »repräsentativeren« Wasserschloss umgebaut. Im Süden, Osten und Südwesten wurden drei weitere Trakte hinzugefügt, dabei waren Größe und der fünfeckige Grundriss durch die Insellage vorgegeben.

Von außen wird der Burgcharakter durch das auf die Sandsteinquadermauern aufgesetzte, rundumlaufende Fachwerk gemildert. Das Fachwerk insbesondere verleiht dem Schloss sein malerisches Flair und machte es immer wieder zur begehrten Filmkulisse. Im Jahr 1978 drehte man frei nach Schillers Räubern den Streifen »Tod oder Freiheit«, mit Mario Adorf und Erika Pluhar in den Hauptrollen. Zehn Jahre später spielte Hans-Joachim Kulenkampff im Schloss die Titelrolle in dem Streifen »Münchhausens letzte Liebe«.

Das Wasserschloss in Irmelshausen im Landkreis Rhön-Grabfeld gefällt mit Fachwerk und Türmchen. Die romantische Anlage kann nur über die schmale Steinbrücke erreicht werden.

Frische Kunst in alten Mauern

Das Wasserschloss Kleinbardorf –
Ein Forum für
moderne Kunst und Skulpturen

Helmut Glauch

Wasserschloss Kleinbardorf

Die Idee, Kunst und Kultur in ehrwürdigen Gemäuern unterzubringen, ist nicht neu, und doch haben im Wasserschloss Kleinbardorf Kunst und Architektur auf völlig neue Art und Weise zueinander gefunden.

Gemalte Porträts ehrwürdiger und längst verblichener Häupter oder in Öl festgehaltene Landschaftsbilder wird man nicht finden in dem reizvollen kleinen Schloss am Ortseingang von Kleinbardorf im Landkreis Rhön-Grabfeld. Stattdessen gehen moderne Skulpturen und das Renaissance-Wasserschlösschen eine zunächst gewöhnungsbedürftige, aber letztlich doch schlüssige und spannende Symbiose miteinander ein.

Der Mann, der diese Idee seit Jahren konsequent mit Leben erfüllt, ist selber Künstler, Förderer der Kunst und ein von den Ausdrucksmöglichkeiten der Kunst beseelter Zeitgenosse, der die Gegensätze liebt. Und diese Einstellung spiegelt sich vor allem auch in seinen eigenen Werken wider.

Dr. Hans Joachim Hofer, dessen Familie seit den 60er Jahren das im 14. Jahrhundert als Zollburg erbaute und mehrfach umgebaute Schlösschen ihr Eigen nennt, hat in den zurückliegenden Jahren viel Zeit, Geld und Phantasie nicht nur in die Renovierung des Anwesens, sondern vor allem in die gebotene Vielfalt zeitgenössischer Kunst investiert.

Im großen Raum unter dem Dach konkurrieren die mächtigen Holzbalken, die das 600 Jahre alte Dach tragen, ange-

Frühlingsknospen wecken romantische Gefühle.

Der Künstler…

…und seine modernen Skulpturen.

■ Rhön-Grabfeld

Geschichte

Das Schloss in Sulzfeld-Kleinbardorf geht auf eine Zollburg der Grafen von Henneberg zurück, die bereits im 14. Jahrhundert bestand. 1589/90 ließ Heinrich von Bibra die Burg zu einem Schlösschen im Renaissancestil umgestalten. Der Bauherr hinterließ keine Erben, und so zog Anfang des 17. Jahrhunderts der Würzburger Fürstbischof Julius Echter von Mespelbrunn das Lehen wieder ein. Im Dreißigjährigen Krieg war das Schloss von schwedischen Soldaten besetzt worden, die 1632 wieder abzogen. Die Familie von Guttenberg, die über zwei Jahrhunderte Besitzer blieb, ließ den Bau mit seinem massiven Treppenturm und quadratischem Parterre 1766 überarbeiten. 1897 wurden das Schloss und die dazugehörigen Güter an sieben Bauern verkauft. 1966 kaufte die Familie Hofer das Schloss im Renaissancestil und ließ es renovieren.

Seit 1966 ist die Familie Hofer Besitzer des Renaissance-Schlosses und schuf in Sulzfeld-Kleinbardorf eine stimmige Symbiose aus moderner Kunst, Wasserspiegelungen und historischer Hinterlassenschaft.

nehm mit modernen Metall-Skulpturen. Stefanie Welks 1996 entstandenes Werk »Tango« zum Beispiel packt die leidenschaftliche Verbindung zweier Tango-Tänzer in rotem Acryl-Draht. Ein erstarrter Moment der innigen Hingabe, den man festhalten möchte.

Ähnlich in Konzept und Idee ist der »Klippenspringer«, den Stefanie Welk 2001 aus vernickeltem Kupferdraht entstehen ließ. Wieder wird ein Moment, diesmal der des Abspringens ohne Chance auf Rückkehr, für die Ewigkeit festgehalten.

Beeindruckt von diesen und vielen anderen »metallenen Momenten«, können sich die Betrachter, die übrigens nach Anmeldung immer willkommen sind, einer reizvollen Symbiose von Kunst und Natur zuwenden. Entlang des Baches Barget, der unweit des Wasserschlösschens fließt, hat Hans Joachim Hofer im wahrsten Sinn des Wortes »Schritt für Schritt« einen Skulpturenweg angelegt.

Untermalt von der Melodie des Wassers kann sich hier der Betrachter auf Werke wie »Pilger laufend« des Osnabrücker Künstlers Franz Brune einlassen. Füße, in Bronze gegossen, wagen sich an die Entschlüsselung des Phänomens der gleichmäßigen Bewegung, die zwar immer nur

flüchtig ist, aber die auch als Symbol für das Leben schlechthin begriffen werden darf.

Gemeinsam mit Matthias Hübner hat Hans Joachim Hofer 2004/2005 die »Steine der Stille« installiert. Im Drittelkreis sind mächtige Granitsteine in Form schutzbietender Arme angeordnet. Eingraviert sind Sätze und Gedanken aus der Bibel, aus dem Talmud und Worte des evangelischen Theologen Martin Niemöller, der von 1937 bis 1945 in den Konzentrationslagern Sachsenhausen und Dachau inhaftiert war. Die Installation ist auch ein Stück Familiengeschichte, denn sie entstand in Erinnerung an Paul und Gertrud Hofer, die in ihrer Wohnung in Berlin von 1943 bis 1945 im Wechsel mit drei weiteren Familien die Jüdin Miriam Meyer vor den Nazis versteckten und so unentdeckt durch den Krieg brachten.

Die »Steine der Stille« werden, auch weil ihre Inschriften in keltischer, merowingischer, jüdischer und deutscher Schrift verfasst sind, zum Monument der ethnischen Vielfalt, die sich in der Kleinbardorfer Geschichte wiederfindet. Der letzte Stein bleibt ohne Inschrift, denn welche Schrift wird in 1500 Jahren in Kleinbardorf genutzt? – Steine für die Ewigkeit!

Zwischen all diesen Werken vor allem junger und auf ihre Art »hungriger« Künstler hat auch Hans Joachim Hofer seine künstlerische Sicht der Dinge verwirklicht.

Kunst und Dichtung

Im wahrsten Sinn des Wortes »schwer wiegende Kunst« findet sich auf der angrenzenden Wiese. Dorthin hat Hofer vier Steinquader mit Gewichten zwischen 6,2 und 9,6 Tonnen schaffen lassen. Die Worte »Sulle Ali Delle Canzoni Ti Porto Via« sind auf ihnen eingemeißelt. »Auf den Flügeln der Lieder trage ich dich fort« heißt das, und diese Worte Heinrich Heines entfalten auch und vor allem in der Dunkelheit ihre Wirkung, denn die Buchstaben des monumentalen Werkes leuchten dank Phosphorfarbe auch in der Nacht.

Geflügelte Worte, die den Betrachter dieses »Liedes der Stille« auf den Flügeln der Muse hinweg tragen sollen. Für Hofer eine künstlerische Liebeserklärung an die Künste dieser Welt und besonders an die Musik. Die schweren Steine, die leichte Muse, die Dunkelheit und die leuchtenden Buchstaben, das sind nur einige der Gegensätze, die Hofer in seiner persönlichen Kunst zusammenführt. »Nur durch Gegensätze kann so manches in seiner Vielschichtigkeit erfahren werden, durch sie wird das Getrennte verbindend sichtbar gemacht«, erklärt er seine künstlerische Weltsicht.

Und von solchen Kunstwerken aus Stein, Metall oder aber auch den Überresten unserer Wegwerfgesellschaft gibt es eine ganze Menge zu entdecken im und um das Wasserschlösschen.

Das alte Gemäuer, so scheint es, hat nach 600 Jahren als Forum für moderne Skulpturen eine neue Aufgabe gefunden und den Sprung ins 21. Jahrhundert geschafft.

Geschichte des Wasserschlosses

Das Wasserschloss hat eine bewegte Geschichte hinter sich. Gebaut wurde es im 14. Jahrhundert als Zollburg der Grafen von Henneberg. 1368 ging es in den Besitz des Hochstifts Würzburg über, zehn Jahre später wurde es von Dietrich und Conrad von Bibra erworben.

Zweihundert Jahre tat sich wenig, bis es 1589/90 durch Heinrich von Bibra zum Renaissance-Wasserschlösschen umgebaut wurde. Bibra verstarb kinderlos, das Lehen wurde 1602 von Fürstbischof Julius Echter eingezogen. 1966 nach weiteren geschichtlichen Berg- und Talfahrten und Besitzerwechseln, kommt die Familie Hofer, in deren Besitz sich das Wasserschloss heute befindet, ins Spiel. Gertrud Hofer erwarb das Anwesen, vier Jahre wurde innen und außen gründlich renoviert.

Immer noch am Anfang

Schon wenige Jahre später hielten Kunst und Kultur Einzug. Dr. Johannes Hofer lud ab 1972 zu Kammerkonzerten ein, zehn Jahre später entdeckte die junge Generation der Familie den Raum unter dem Dach für sich und spielte »Dachstuhl-Theater«. Seit der Jahrtausendwende wird das mehr als 600 Jahre alte Bauwerk inzwischen mehr und mehr zum Forum für moderne Kunst. Dr. Hans Joachim Hofer widmet sich der Förderung zeitgenössischer Bildhauer und der Skulpturenweg wurde verlängert.

Doch das letzte Kapitel in der Geschichte des Schlosses ist ganz bestimmt noch nicht geschrieben. Hofer, selbst Künstler, Sammler und Förderer der Kunst, bringt es auf den Punkt, wenn er sagt: »Wir sind immer noch am Anfang.«

Fürstlich schmausen bei Gaslicht

Das Jagdschloss Holzberghof wurde im 16. Jahrhundert von den Freiherren von Thüngen errichtet

Regina Urbon

Jagdschloss Holzberghof

Wer heute den Weg zum Holzberghof bei Bischofsheim in der Rhön gefunden hat, genießt nicht nur die Stille der Landschaft, sondern macht auch Rast in einem ausgesuchten Spezialitätenrestaurant der Rhön mit schmackhaften Wild- und Pilzgerichten. Überdies genießen die Besucher, viele sind Wanderer, das Flair von anno dazumal.

Die Gaslaternen an den Tischen, in den alten Mauern mit wunderschönem Runderker, scheinen die wechselvolle Geschichte dieses Ortes zu beleuchten. Das kleine Jagdschloss beherbergt heute im ersten Stock die Gaststätte und in der Etage darunter Ausstellungsräume für aufbereitete alte Holzschränke und Jagdgut. Dort sind auch Leckereien gelagert, wie Marmeladen und Gelees aus Waldbeeren, Holunder oder Quitten – alles Früchte aus der näheren und weiteren Umgebung.

Das etwas abseits der Hochrhönstraße gelegene kleine Jagdschloss, sieben Kilometer nördlich von Bischofsheim, wirkt fast unberührt. Früher wurden in dieser Gegend vor allem Eisenwerke und Glashütten betrieben, errichtet durch die Freiherren von Thüngen im 16. Jahrhundert.

1614 kaufte der Würzburger Fürstbischof Julius Echter von Mespelbrunn den Holzberghof. Echter ließ hier ein Forst- und Jägerhaus erbauen. An den damaligen Bau aus blauem Basalt erinnert noch heute das Echter-Wappen und die Jahreszahl 1614 über der Eingangstür des Hauses. Die fürstbischöfliche

Der fränkische Rechen in Schmiedeeisen.

Das Jagdschloss Holzberghof im Sommer...

...und tief verschneit im Winter.

Rhön-Grabfeld

Öffnungszeiten
Der Holzberghof auf 800 Metern Höhe wird heute als Hotel und Restaurant genutzt. Besonders nett sitzt man an den runden Tischen, die genau in die Türmchen des Jagdschlosses eingepasst sind. Der Holzberghof ist das ganze Jahr geöffnet, Sonntag mit Donnerstag jeweils 11 bis 23 Uhr, Freitag und Samstag 11 bis 24 Uhr.

Kontakt
Jagdschloss Holzberghof
97653 Bischofsheim
☏ (0 97 72) 12 07
E-Mail holzberg@t-online.de

Anfahrt
Aus Richtung Würzburg erreicht man den Holzberghof auf der A 7 nach Kassel über die Ausfahrt Wildflecken. Man muss der Beschilderung nach Bischofsheim folgen. Auf der B 279 bei Bischofsheim geht's dann die zweite Ausfahrt Bischofsheim hinaus, man darf aber nicht in den Ort fahren, sondern muss nach links Richtung Fladungen. Nach fünf Kilometern wieder links abbiegen.

Kammer errichtete auf dem erworbenen Gut ein Gestüt mit Maultierzucht. Es seien ungefähr 30 Lastmulis jährlich gezüchtet worden, heißt es in den Archiven. »In der Franzosenzeit 1796 ging die Zuchtstation ein, weil französische Marodeure die besten Maultiere weggeführt haben sollen«, berichten Chronisten weiter.

Der Hof – immer wieder verpachtet – blieb bis 1803 in Händen des Hochstiftes Würzburg. Von 1803 an war er in kurfürstlich bayerischem Eigentum und wurde später Staatseigentum. 1850 verkaufte der bayerische Staat das Gut Holzberghof um 7050 Gulden an den Freiherrn Constantin von Gebsattel zu Lebenhan. Nach weiteren Besitzerwechseln ging das Gut 1902 an Graf Paul Frederik Schimmelmann aus Hellebeck in Dänemark, den Adoptivsohn der ledigen Gräfin Adeline Schimmelmann, die ihrerseits Hofdame der Kaiserin Augusta war.

In diese Zeit fällt der Umbau des Wohnhauses. Hinzu kam eine Fassade mit zwei Türmen und einer Veranda. Die Gräfin nannte es nun: »Schloss Frederikstein am Münzkopf.« Am Portal ist an einem Rundturm ein Sandsteinrelief der Heiligen Familie eingelassen, vermutlich der Aufsatz eines Bildstockes.

Nach dem Ersten Weltkrieg verließ Paul Schimmelmann sein Schloss Frederikstein in der Rhön, um nach England überzusiedeln. Die neuen Besitzer Viktor und Anna Hösch investierten erheblich in das Gut, aber die Landwirtschaft erwies sich als unrentabel. Nach weiteren Besitzerwechseln erwarb 1955 der Tuchkaufmann Ferdinand Meinschäfer aus Mellrich, Kreis Lippstadt, den Holzberghof. Heute betreiben das Hotel und Restaurant Holzberghof Ulrike und Bernd Meinschäfer.

Küchenchef Bernd Meinschäfer bereitet vor allem Wild zu. Reh, Hirsch und Wildschwein stammen aus seiner Jagd oder aus Bischofsheimer Nachbarrevieren.

Der Holzberghof blieb bis 1803 in den Händen des Hofstifts Würzburg. Heute lädt er als lohnendes Ausflugsziel Jogger, Wanderer und Mountainbiker zum Verweilen ein. Auf der Speisekarte stehen außer deftigen Brotzeiten auch Wildgerichte.

Vom Bischof und seinen Lüsten

Auf der Lichtenburg oberhalb von Ostheim wurde jahrhundertelang Geschichte gemacht

Ursula Düring

Ruine Lichtenburg

Schon von weitem ist er sichtbar. Der quadratische Turm scheint sich aus dichtem Grün herauszudrängen, ragt hoch hinauf in die Lüfte. Es ist der mächtige Bergfried der Lichtenburg, der das Land der vorderen Rhön so unverrückbar und wehrhaft überragt.

Dort oben, zwischen eingewachsenem Gemäuer und hohen Bäumen, könnte einst Dornröschen in seinen hundertjährigen Schlaf gefallen sein. Doch es waren nicht die schlafende Märchenschöne und ihr edler Prinz, sondern die Henneberger, die im 12. Jahrhundert da lebten, wo heute Open-Air-Konzerte und Kino die Besucher anziehen. Ihr bedeutendster Vertreter, der um 1175 geborene Minnedichter Otto I. von Henneberg-Botenlauben, residierte auf der Burg. Nach ihm gehörte sie verschiedenen Bistümern und allen möglichen Adelsgeschlechtern.

Bewegte Geschichte füllt die Jahrhunderte seit der erstmaligen Erwähnung im Jahr 1159. Vertreter von Stift Würzburg, Stift Fulda und Mainz herrschen einigermaßen friedlich auf der Bergkuppe, nachdem Minnesang und Dichtkunst vorbei sind. Doch schon im 14. Jahrhundert brechen Faust- und Fehderecht ein in die Burg, die heute so idyllisch und märchenhaft anmuten mag.

Korrupte Kirchenfürsten, Grafen und edle Ritter streiten bis aufs Messer mit- und gegeneinander, ein liederlicher Bischof lebt seine Lüste aus, und einst geschlossene Friedensverträge sind keinen Pfifferling mehr wert. Hundert Jahre später kön-

Früher Machtzentrum in der Rhön...

Lichtspiele über dem Bergfried.

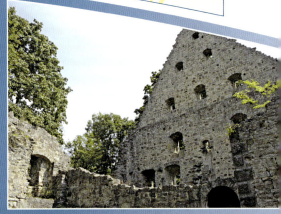

...heute Open-Air-Konzerte und Freilicht-Kino.

Geschichte

Die erste urkundliche Erwähnung der Burg stammt aus dem Jahr 1159. Der Gründer der Burg dürfte Heinrich I. von Henneberg-Irmelshausen gewesen sein, der bedeutendste Burgherr war der Minnedichter Otto I. von Henneberg-Botenlauben. Der Fuldaer Abt Heinrich VI. ließ die Burg 1315 besser befestigen und den Bergfried errichten. Ab dieser Zeit wurde das Amt Lichtenberg von der Lichtenburg aus verwaltet und beschützt. Um die Mitte des 14. Jahrhunderts kam die Burg wieder in den Besitz der Henneberger. Der Bauernkrieg brachte im 16. Jahrhundert größere Zerstörungen, ein Wiederaufbau erfolgte aber rasch. Der letzte Amtmann, Friedrich Sebastian von Stein, verließ die Burg im Jahr 1680. In zwei Schritten, 1819 und 1843, kaufte jedoch dann die damalige Regierung die Überreste auf. Ein Verein zur Erhaltung der Burg und zur Verschönerung ihrer Umgebung nahm sich der Lichtenburg an.

nen auch die neu entstandenen Warttürme rund um die Burg nichts retten, denn gequälte Bauern machen in ihrem Krieg alles kurz und klein. Nur feste Mauern und der unverrückbare Turm bleiben stehen. Auch der Dreißigjährige Krieg geht nicht spurlos an der notdürftig geflickten Burg vorbei. Wieder wird sie von Plünderern heimgesucht und verfällt danach zusehends. Bis Herzog Ernst August von Sachsen-Weimar-Eisenach, ein Liebhaber alter Befestigungsanlagen, in der Mitte des 18. Jahrhunderts vergeblich versucht zu retten, was noch zu retten ist.

Wohnsitz hoher Herren

Nachdem der letzte Amtsvogt nach Ostheim hinuntergezogen ist, kommt die Burg 1816 in Privatbesitz, ihre Steine werden anderweitig zum Bauen gebraucht.

Leicht und leise bringt der Rhöner Wind die grünen Nadeln der knorrigen Föhren zum Zittern, fährt in Linden- und Eichenblätter, streicht über junge Buchen. Kleine Wandergruppen marschieren den sanft ansteigenden Weg, ein paar Reiter führen ihre schnaubenden Pferde Richtung Torhaus. Vereinzelt zwängen sich Autos durch die schmale Zufahrt, und ein paar erschöpfte Mountainbiker stellen im Schatten verfallener Pracht ihre Räder ab.

Viel ist nicht übrig geblieben aus früheren Zeiten, und das, was heute noch zu sehen ist, haben Lichtenburggemeinde und Rhönklub-Zweigverein gemeinsam vor dem Abbruch gerettet und erhalten. Geranien setzen rote Leuchtpunkte auf die Steinmauern und die Schwarzäugige Susanne räkelt sich zwischen Wirtshaustischen.

Ein Rundum-Blick zeigt den Grundriss einer typischen Ritterburg mit Bergfried, Palas, Kemenate, Kapelle und Stallgebäude. Über den mächtigen Wallgraben mag früher eine Zugbrücke geführt haben. Das Renaissancetor zeugt vom Wohnsitz hoher Herren, und wilder Wein rankt meterlang über dicke Mauern und Bastionen.

Wehrhaft sehen die zu Mauerwerk zusammengefügten Steinbrocken aus in der Idylle der Natur. Im ehemaligen Rittersaal ist die Burggaststätte untergebracht. Aus ihrer Küche kommt so manche Leckerei und belebende Erfrischung jeder Art für den durstigen Wanderer. Hier erhält man auch den Schlüssel für den Trutzturm. »Wer den großen Turm zu Lichtenberg besitzt, ist oberster Vogt und Herr«, heißt es in der Geschichte. Wie oberster Vogt und Herr kann sich derjenige fühlen, der hinaufklettert, seine Blicke weit umherschweifen lässt und ein bisschen in die Vergangenheit träumt. Dornröschen schliefe sicher selig hier, und auch für Rapunzels Zopf könnte die Märchenburg eine prächtige Kulisse abgeben...

Reiter, Wanderer, Autofahrer und Fahrradfahrer besuchen heute die Lichtenburg und stärken sich in der Gaststätte.

Wo man Pfeifen singen lässt

Im Orgelbaumuseum in Schloss Hanstein in Ostheim wird den Besuchern der Marsch geblasen

Ursula Düring

Schloss Hanstein

Es brummt und summt. Es knistert und knattert. Es jubiliert und tiriliert. Im Orgelbau-Museum am Rand der Ostheimer Altstadt, im ehemals »Kemenate« genannten Schloss Hanstein, gibt es in jedem Stockwerk, in jedem Winkel und Eck klingende Holzkästen. Dort, wo einst adelig gelebt wurde, geben heute königliche Instrumente den Ton an.

Haus-, Kirchen-, Wasser-, und Drehorgeln sind sorgsam restauriert und zu einer spannenden Sammlung zusammengestellt. Das mit instrumentalen Kostbarkeiten aus vielen Jahrhunderten angefüllte Schloss ist einer der Adelssitze, die steinernes Zeugnis ablegen vom Wohlstand des Rhönstädtchens Ostheim im 16. Jahrhundert. Woher der Reichtum kam, weiß bis heute keiner so recht. Es muss wohl der Gewerbefleiß der Weber und Gerber gewesen sein, die entlang des Flüsschens Streu ansässig waren.

Zu diesen »Ackerbürgern«, denn alle betrieben neben ihrem Handwerksberuf auch ein bisschen Landwirtschaft, kamen die »Ganerben«, Reichsritter, die dem Kaiser unterstellt waren und ihre Güter direkt von ihm erhielten. Fest steht, dass kein Krieg im Lauf der Geschichte den Ortskern Ostheims zerstören konnte. Selbst der Dreißigjährige zog an dem Rhönort vorbei, und die Bürger mussten nur selten Zuflucht in der örtlichen Kirchenburg suchen.

Eines der prächtigen Patrizierhäuser ist Schloss Hanstein mit seinen bis zu einem Meter dicken Bruchsteinmauern. Einige im-

Romanisch-gregorianische Orgel.

Eine Orgelpfeife ziert die Hauswand.

Barocke Hausorgel.

Rhön-Grabfeld

Öffnungszeiten
Mittwoch bis Samstag von 10 bis 12 Uhr und 13 bis 17 Uhr, Sonn- und Feiertag von 13 bis 17 Uhr.

Führungen
Musikalische Museumsführungen finden nach Terminvereinbarung statt. Für Kinder gibt es einen Entdeckerrucksack. Durch Rätselbogen und kleine Aufgaben lernen sie die Funktion der Orgel mit Mechanik, Winderzeugung und Klangbild kennen. Das Maskottchen »Orgelinchen« hilft dabei. An den fünf Kinderstationen im Museum gibt es viele spannende Aufgaben und Infos. Die Kinder erfahren zum Beispiel, was ein »Calcantenwecker« ist. Für Schulen und Kindergärten gibt es gut ausgearbeitete und unterhaltsame Führungen.
Die Stadt Ostheim bietet im Orgelbaumuseum auch Trauungen mit Orgelmusik und Sektempfang an.

posante Bäume vor dem Eingang und der gotische Treppengiebel ragen um die 20 Meter hoch in den weiten Himmel. Dort, wo jetzt die Museumskasse untergebracht ist, war seinerzeit ein Wirtschaftsraum mit Brunnen, in dem auch heute noch neun Meter tiefer das Wasser glitzert. Die offene Küche, das kleine Hinterhöfchen mit Küchengarten und Hühner- und Schweinestall von damals muss man sich heute dazudenken. Ebenso wie den Lustgarten, in dem die im Lauf der Jahrhunderte hier lebenden Schlossbewohner lustwandelten und manch Minütchen genossen haben.

Der Hund und die Wurst

Es waren adelige Herren mit ihren Damen, Georg Marschalk von Ostheim, Johann Heinrich von Hanstein, Marquis de Soyecourt, Dietrich Philipp Freiherr von Stein, die von der Tanns und Reichsgraf von Soden. 1830 zog erstmals ein Nichtadeliger, der Ostheimer Bürger Johann Breitung ins Schloss. Danach wurde es Städtisches Krankenhaus, Flüchtlingswohnheim und Armenhaus.

Sechs Jahre nach der Generalsanierung 1988 öffnete das Orgelbau-Museum seine Tore und setzt seitdem seine klingenden Akzente. Unter anderem mit dem berühmten »Radetzkymarsch«, der sich mit dem Text vom Hund und der Wurscht und dem Eckstein aus einem gut 140 Jahre alten böhmischen Leierkasten quält.

Das alte Instrument lebt sein bewegtes Dasein weiter, ganz oben in dem vierstöckigen Gebäude mit den alten Dielenböden, dem großen Kaminschacht und den heute noch gut sichtbaren Sitzplätzen an den Fenstern, von wo aus die Damen das Leben auf der Gasse mit den Augen zu sich hereinholen konnten. Steinmetzarbeiten an Fenstern und Türen, Quadermalereien, reizvolle Fresken und niedrige Kellergewölbe atmen Historie. Dazwischen stehen sie, die Hausorgeln höherer Töchter, die italienische Kirchenorgel mit dem Schlupfloch für die Katze aus dem ausgehenden 18. Jahrhundert und das Instrument aus der Romanik, dessen schlichtes Äußeres von klarem, glockenreinem Klang erhöht wird.

Wer sich selbst als Komponist versuchen will, kann eigenwillige Melodien kreieren und ungestraft und wild experimentieren. Ein Spieltisch mit 42 Orgelpfeifen unterschiedlichster Größe, Stärke und Beschaffenheit, unter die sich selbstbewusst ein Smarties-Röllchen gesellt, lädt jeden verkannten Musiker zum Austoben seiner Fantasien ein.

Wo früher adelige Herren residierten, sind heute zwischen kunstvollen Steinmetz-Arbeiten, Quadermalereien und reizvollen Fresken Orgeln aus vielen Jahrhunderten aufbewahrt. Im Orgelmuseum ist auch Raum zum musikalischen Experimentieren.

Machtzentrum in der Rhön

Die Salzburg über Bad Neustadt ist eine der größten Burganlagen Deutschlands

Stefan Kritzer

Hoch über Bad Neustadt wacht die altehrwürdige Salzburg über das Saaletal und die Ausläufer der Rhön. Vor 850 Jahren wurde der Bau der riesigen Burg begonnen. Als ein reines Zentrum der Macht nutzten es die Burgherren jahrhundertelang. Bis heute ist die stolze Burg bewohnt.

Einzig der Bauernkrieg im 16. Jahrhundert sorgte mit Not und Leid dafür, dass die Salzburg einmal für mehrere Jahrzehnte brachlag und zur Ruine wurde. Doch schon bald danach erkannte man die Bedeutung der großen Anlage und richtete sie wieder auf.

Ungeahnte Opulenz

Wer heute die Salzburg im Wald über Bad Neustadt entdeckt, der traut zumeist seinen Augen nicht, wenn er die Größe der herrschaftlichen Anlage erkennt. Von der nahen Stadt kaum durch die Bäume auszumachen, nur auf Umwegen über das Rhön-Klinikum mit dem Auto erreichbar, trumpft die Salzburg für ihre Besucher mit einer ungeahnten Opulenz auf: Türme, Herrschaftsansitze, hohe Mauern.

Die Salzburg bietet viel Geschichte, doch nicht unbedingt das, was der Burgenbesucher normalerweise in einer Burganlage sucht. Wehrgänge, Schießscharten, Folterkammern, Ritterrüstungen und Überlieferungen einst geschlagener Schlachten, all das sucht man in der Salzburg vergeblich. Für kriegerische Auseinandersetzungen war die Salz-

Vor 850 Jahren begann der Bau der Burg.

Ehemals eine herrschaftliche Anlage.

Zwischen den alten Mauern hausen häufig Turmfalken

Geschichte

Bereits unter den Karolingern war der Salzgau um Neustadt sehr bedeutend. Es wurde sogar eine Pfalz angelegt, die im Jahr 1000 von Kaiser Otto III. an das Bistum Würzburg verschenkt wurde.
Die Bischöfe bauten die Salzburg in der Folge zum Verwaltungsmittelpunkt des Salzgaues aus, es entstanden je ein Ansitz für den Vogt und den Schultheiß.
Ab 1220 wurden fünf weitere Burgmannensitze eingebaut. Die Burgmannen rekrutierte man aus dem umliegenden würzburgischen Dienstadel.
Den Bauernkrieg überstand die Burg mit nur geringen Schäden, um 1580 war jedoch eine umfassende Sanierung notwendig. In den folgenden Jahrhunderten verschwanden drei der Ganerbensitze bis auf Reste, zwei wurden zu Ruinen. Vollständig erhalten ist nur der ehemalige Ansitz der Voite von Salzburg, den heute die Freiherren von Guttenberg bewohnen.

burg nie gebaut worden. Sie war vielmehr ein Machtzentrum an der Kreuzung zweier wichtiger Handelsstraßen.

Von Süden über Schweinfurt, Münnerstadt führte die Straße in Richtung Meiningen und Erfurt nach Norden, vom westlichen Fulda aus ging es über Bad Neustadt in Richtung Bad Königshofen und weiter nach Coburg und Bamberg.

Wo Turmfalken jagen

Warum die Salzburg jedoch eine so enorme Größe haben musste, darüber können die Burgenforscher bis heute nur rätseln. Im späten 12. Jahrhundert wurde mit dem Bau begonnen und das bereits in den bis heute erhaltenen Ausmaßen. Stolze 430 Meter lang ist die Mauer rund um die Burg.

Auf rund einem Hektar Fläche versammelten sich im späten Mittelalter und der beginnenden Neuzeit schließlich mehrere Ansitze verschiedener Herrschaftsgeschlechter. Die besondere Form der Besitzverhältnisse gaben der Salzburg den Titel einer Ganerbenburg.

Wer nach einem Fußmarsch am besten aus den Saalewiesen hinauf durch den hohen Torturm in den großen Innenhof der Burg kommt, tritt ein in eine andere Welt. Turmfalken jagen über die Mauern, und der Blick fällt auf ein beeindruckendes gotisches Fenster im Gebäudeteil der sogenannten Münze. Ein riesiges Areal erstreckt sich vor dem Auge des Besuchers und lässt erahnen, dass hier zu besten Zeiten viele Menschen gelebt haben müssen.

Inmitten des Hofes steht die Bonifatiuskapelle, die zu Zeiten der Burgenromantik im 19. Jahrhundert die Renaissance der Salzburg einläutete. Damals erkannte man zum Glück den Wert historischer Burganlagen in ganz Europa und versuchte folglich auch, sie zu erhalten. Nicht immer mit baugeschichtlich richtigen Mitteln, und so wurde auch in der Salzburg fleißig mit Kelle und Mörtel verändert, was gar nicht so gewesen sein konnte.

Ein bisschen fantasieren

Seit 1888 gehört die Salzburg zum Besitz der Familie von und zu Guttenberg. Ines Freifrau und Gatte Johannes von und zu Guttenberg bewohnen einen Ansitz in der Burg zeitweise. Zugänglich ist dieser Teil des Burginneren für die Öffentlichkeit jedoch nicht. Ein Besuch der Salzburg lohnt sich dennoch. Rund um die hohen Burgmauern gibt ein Wanderweg Einblicke in die Bautechniken des Mittelalters.

Und ein bisschen spekulieren und fantasieren über das einst so kriegerische Leben innerhalb der Burgmauern lässt es sich auch hier. Die eine oder andere Schießscharte findet sich bei näherem Hinsehen ja doch.

Die Salzburg war ein Machtzentrum an der großen Kreuzung zweier wichtiger Handelsstraßen.

An Silvester ins Schloss verliebt

Vor acht Jahren begann Graf zu Waldburg Wolfegg mit der Sanierung des Wasserschlosses Unsleben

Eckhard Heise

Wasserschloss Unsleben

»Nein, meinen Entschluss habe ich nie bereut.« Entschieden ist die Antwort von Christoph Graf zu Waldburg Wolfegg auf die Frage, ob er angesichts der immensen Arbeit zur Sanierung des Wasserschlosses von Unsleben bedauere, sich mit seiner Frau Viktoria in dem alten Gemäuer niedergelassen zu haben.

Vor acht Jahren hat sich das Ehepaar zu diesem Schritt entschlossen, der eine Wende in ihrem Leben darstellte. »Wir wohnten damals direkt an der Einflugschneise des Frankfurter Flughafens, was die Entscheidung erleichterte«, erzählt der Schlossbesitzer. Vorher habe das Anwesen für ihn kaum eine Rolle gespielt, seine damals frisch angetraute Ehefrau hatte sogar von dem Besitz gar nichts gewusst, sondern erst über einen Freund davon erfahren.

Ein Schloss zum Verlieben

In einer eiskalten Silvesternacht, die sie in dem nahezu unbeheizbaren Gemäuer verbrachten, fiel dann der Entschluss. Das junge Paar hatte sich in das romantische Wasserschloss verliebt und sich zur Aufgabe gemacht, es wieder mit Leben zu füllen. Worauf sie sich einließen, erfuhren sie erst später.

Das Schloss, das 1160 erstmals urkundlich erwähnt wurde, war wahrscheinlich 100 Jahre nicht bewohnt und höchstens hin und wieder zur Sommerfrische genutzt worden. Entsprechend wurde immer nur das Notwendigste zu seinem Erhalt unternommen. Zuletzt hatte der

Reges Leben vor dem Burghof.

Wasser umschließt das Unslebener Schloss.

Clownerein im Schlosshof.

Rhön-Grabfeld

Öffnungszeiten
Das Wasserschloss Unsleben ist für die Öffentlichkeit nicht zugänglich. Für Gäste stehen aber vier Ferienwohnungen zur Verfügung, die angemietet werden können.

Kontakt
Viktoria Gräfin zu Waldburg Wolfegg, Schlossgasse 22
97618 Unsleben
☎ (0 97 73) 89 83 35

Ausflüge
Unsleben liegt am Rande des Biosphärenreservats Rhön. Wenige Kilometer entfernt befindet sich das historische Städtchen Ostheim mit der größten Kirchenburg Deutschlands. Das Kloster Kreuzberg ist eine halbe Autostunde von Unsleben entfernt.

Anfahrt
Autobahn A 71, Abfahrt Bad Neustadt Nord, etwa sechs Kilometer Richtung Mellrichstadt / Meiningen. Das Wasserschloss befindet sich am Ende einer von der Hauptstraße abzweigenden Seitengasse.

Vater des Grafen in den 1980er-Jahren einen Teil des Fachwerks erneuert.

Die Einrichtung ist noch original und dürfte aus der Zeit seines Urgroßonkels und damaligen Besitzers, Hugo Joseph Anton Freiherr von Habermann, stammen. Auch er restaurierte um 1900 das Fachwerk sowie die Innenräume des Ostflügels; dort hatte er sein heute noch erhaltenes Atelier, denn er war Professor an der Akademie der schönen Künste. Er muss dem Charme des Schlosses genauso erlegen sein, denn häufiger hatte er den Sommer in Unsleben verbracht und eine ganze Reihe von Gemälden des Anwesens erstellt. Henriette, eine der beiden Töchter des Malers, heiratete 1960 Maximilian Graf zu Waldburg Wolfegg, Christophs Vater.

Sammelsurium

Was ist das Reizvolle an diesem Schloss? »Es ist ein Sammelsurium verschiedener Stile: Mittelalter, Renaissance, Barock – von allem ist etwas drin«, sagt der Kunsthistoriker, der seinen Beruf zugunsten seiner neuen Lebensaufgabe hintanstellte. Die Ursprünge reichen bis ins 12. Jahrhundert. Im Laufe der Zeit kamen immer wieder neue Bauteile hinzu, wie im 16. Jahrhundert der Ostflügel. Zudem nahmen die Besitzer häufiger Umbauten vor. Entsprechend ihrer unterschiedlichen finanziellen Möglichkeiten fielen auch die Arbeiten jeweils anders aus. Die Einflüsse weniger betuchter Vorgänger sind nun schmerzlich zu erkennen.

Das Sanierungsprojekt begann mit der Restaurierung der eigenen Wohnräume und der Zimmer ihrer inzwischen drei Kinder. Ein erster Versuch, die leer stehenden Räume zu nutzen, war die Einrichtung einer Ferienwohnung. Die große Nachfrage ermutigte sie, noch drei weitere Räumlichkeiten für Gäste zur Verfügung zu stellen. Die rustikale Ferienwohnung im »Burghäuschen« liegt in einem Nebengebäude, das direkt an das Schloss gebaut ist und sich damit auch innerhalb des Wassergrabens befindet. Das Schlossapartment liegt im Schloss selbst, das »Falkennest« im Kapellenturm.

Am Rande des Schlossareals steht das Gärtnerhaus. Auch die landwirtschaftlichen Gebäude außerhalb des Wassergrabens, die bis vor kurzem noch vermietet waren, sollen in Zukunft für repräsentative Zwecke genutzt und bei Feierlichkeiten oder kulturellen Veranstaltungen mit Leben erfüllt werden.

Das Ziel des Grafen, das Anwesen wieder auf wirtschaftliche Füße zu stellen, soll aber stets mit dem Wunsch einhergehen, den Charakter des Schlosses zu erhalten. Dass er die Sanierung eines Tages vollendet, bezweifelt er, in Anbetracht der vielen noch renovierungsbedürftigen Bauteile. »Doch wenn ich jeden Morgen aufwachte und nur noch die Hände über dem Kopf zusammenschlüge, könnte ich gleich aufhören.«

Im Schloss finden sich unterschiedlichste Stile: Mittelalter, Renaissance, Barock – von allem etwas.

Vier Türme für vier Jahreszeiten

Die wechselvolle Geschichte des Sternberger Schlosses: Barocker Prachtbau und Flüchtlingslager

Silke Kurzai

Schloss Sternberg

Kein Schloss im Grabfeld umgibt eine so geheimnisvolle Aura wie das in Sternberg. Das mag zum einen an der versteckten Lage hinter hohen Mauern liegen, zum anderen an der Tatsache, dass man meist nur aus der Ferne einen Blick auf die Spitzen der vier mächtigen Türme mit den Zwiebelhauben des Schlosses erhaschen kann.

Wer direkt vor dem Schloss steht, reckt den Hals meist vergeblich. Wie groß der Wunsch in der Bevölkerung ist, auch mal einen Blick hinter die Mauern zu werfen, zeigte sich im Juli dieses Jahres, als beim Musikfest der Sternberger Musikanten fast 3000 Besucher der Einladung zur Besichtigung folgten und in den Schlosshof, den Garten und ins Innere des barocken Prachtbaus drängten.

Sternberg wurde ursprünglich nicht als Schloss gebaut, sondern war Verwaltungszentrum und vor allem Herrschaftssymbol. Heinrich von Henneberg, der die Burg im Jahre 1199 errichten ließ, demonstrierte hier seine Macht und nannte sich danach stolz »der von Sternberg«. Der berühmteste Vertreter dieser Familie war übrigens sein zweitgeborener Sohn Berthold, der von 1274 bis 1287 als Bischof von Würzburg regierte.

Mitte des 15. Jahrhunderts wurde Sternberg zu einer der größten Ganerbenburgen im Hochstift Würzburg. Das bedeutete, dass sich mehrere adelige Eigentümer den Besitz teilten. Schon bald sicherten sich die Truchsesse von Wetzhausen die Burg. Der Bauernkrieg und die Wirren des Dreißigjährigen

Das Speisezimmer adeliger Herren.

Die quadratische Anlage des Schlosses.

Kunst in außergewöhnlicher Form.

Öffnungszeiten
Eine Besichtigung des Schlosses ist nicht möglich. Allerdings bietet die »Menschenfreundliche Gesellschaft« Interessenten die Möglichkeit zu einer kurzfristigen Teilnahme am Gemeinschaftsleben.

Kontakt
Menschenfreundliche Gesellschaft
Berthold-von-Sternberg-Platz 4
97528 Sulzdorf

Ausflüge
Als Wanderziel von Sternberg aus bietet sich der 48 Meter hohe Bayernturm im nahen Zimmerau an, von dem aus man einen beeindruckenden Rundblick nach Thüringen, in die Rhön und die Haßberge hat.

Anfahrt
Sternberg liegt zehn Kilometer südöstlich von Bad Königshofen. Von der Autobahn A 71 nimmt man die Ausfahrt Bad Neustadt, fährt weiter Richtung Bad Königshofen, von dort auf der Umgehungsstraße Richtung Eyershausen, Trappstadt, Alsleben und Sternberg.

Kriegs zerstörten die Anlage fast vollständig. Wolff Dietrich Truchsess von Wetzhausen ließ im Jahr 1667 auf den Grundmauern ein prächtiges Barockschloss nach dem Geschmack der Zeit errichten.

Wechselnde Besitzer

Die vier in verschiedene Himmelsrichtungen weisenden Türme erinnern an die vier Jahreszeiten, zwölf Kamine symbolisieren die Monate, 52 Türen die Wochen und 365 Fenster die Tage des Jahres. In dieser Form präsentiert sich das Schloss auch heute noch, die Besitzer aber wechselten im Laufe der Jahrhunderte in rascher Folge.

Zunächst zogen die Freiherrn von Guttenberg ein, die das Schloss 1839 an Herzog Ernst I. von Sachsen-Coburg-Gotha verkauften. Dessen Erben veräußerten es an den Kitzinger Weinhändler Oskar von Deuster. 1930 stattete der damalige Reichspräsident Paul von Hindenburg dem Schloss einen Besuch ab. Drei Jahre später verkauften die Deusters ihr Schloss für 30000 Mark an L.A. Freytag, den Begründer der »Menschenfreundlichen Gesellschaft«, einer religiösen Gemeinschaft, deren Lebensgrundlage das Evangelium Christi ist. Die Nationalsozialisten vertrieben die Bewohner und richteten im Schloss ein Ausbildungslager für die SA ein. Später zogen »Arbeitsmaiden« ein, nach Kriegsende die Amerikaner, dann wurden Flüchtlinge dort untergebracht.

All das spielte dem Schloss übel mit. Es war in einem bedauernswerten Zustand, als die rechtmäßigen Besitzer 1947 wieder einzogen. Dass seither viel geschehen ist, davon konnten sich die Besucher am Tag der offenen Tür überzeugen. Wer allerdings Luxus erwartet hatte, wurde enttäuscht. Die Einrichtung ist gediegen, aber durchweg schlicht gehalten.

Es gibt Gemälde im romantisierenden Stil, die den Traum der Mitglieder der Menschenfreundlichen Gesellschaft von einem friedlichen Miteinander versinnbildlichen. Auf die Geschichte ihres Schlosses sind sie doch ein wenig stolz. Im Keller, so erklärte ein Bewohner, seien noch die Mauern der ersten Burganlage zu sehen. Das Schloss atmet heute noch Geschichte.

Luxus gibt es keinen auf Schloss Sternberg, aber zauberhafte Stimmungen, denn das Anwesen atmet Geschichte und Symbolik. Die vier in verschiedene Himmelsrichtungen weisenden Türme erinnern beispielsweise an die vier Jahreszeiten.

Hölderlins schlaflose Nächte

Der Dichter in Waltershausen – Für Hölderlin ein sorgenfreies Leben oder ein verlorenes Jahr?

Silke Kurzai

Schloss Waltershausen

Auf einer Anhöhe oberhalb der Milz liegt gut versteckt hinter hohen Bäumen das Schloss Waltershausen. Erst wer unmittelbar davor steht, erahnt die Ausmaße: Drei Flügel, die in einem massiven Karree zusammengedrängt sind und von vier Türmen flankiert werden. Das Ganze mit drei Geschossen. Als Wehrburg wurde es einst auch errichtet, um den Angriff möglicher Feinde abzuwehren.

Doch die Zeiten, in denen das Schloss als Verteidigungsanlage diente, sind lange vorüber. Hausherr Dr. Ulrich Moebius, in dessen Besitz das Anwesen seit 1986 ist, erzählt, dass das Schloss zu dem Zeitpunkt, als die Ballistik weitreichende Geschosse entwickelte, seine Bedeutung als Festungsanlage verlor. Um 1750 wurde der Wallgraben zugeschüttet und in den Garten integriert, man errichtete im Park auf mehreren Ebenen Terrassen, um mehr Platz für den Obst- und Weinanbau zu gewinnen.

»Das Schloss war damals Eigentum der Freiherren Marschalk von Ostheim«, erzählt der Schlossherr. »Militärs, die den größten Teil ihres Lebens im Kriegsdienst verbrachten und deren Lebenserwartung entsprechend gering war«. Georg Philipp Marschalk von Ostheim ließ Mitte des 17. Jahrhunderts eine zunächst einstöckige Schlossanlage errichten, gut 100 Jahre später übernahm angeblich der Stararchitekt des Barock, Balthasar Neumann, die Aufgabe, dem Haus seine heutige Form zu geben. Im Mittelbau konstruierte er ins Dachgeschoss hinein einen wunderbaren Rokokosaal,

Ein vornehmes Zimmer.

Hier dichtete Friedrich Hölderlin.

Ein Motiv für Maler.

Rhön-Grabfeld

Öffnungszeiten
Mittwoch bis Sonntag, Mai bis Oktober zusätzlich Dienstag
Einlass 9 bis 16 Uhr

Ausstellungen und historische Räume
Stadtgeschichte
Tenneberger Schaumagazin
»Sie kehren zurück nach Haus.«
Thüringer Puppen – Puppen der Welt

Kontakt
Museum Schloss Tenneberg
Thomas Reinecke
99880 Waltershausen
☏ (0 36 22) 6 91 70

Umgebung
Schon von weitem sieht man das Schloss Tenneberg in landschaftlich reizvoller Lage am Rand des Thüringer Waldes liegen. Hier oben erblickt man im Südwesten den Kamm des Thüringer Waldes mit seinem Höhenweg, dem Rennsteig, sowie dem Inselsberg. Im Nordosten breitet sich die Stadt Waltershausen und weiter das Thüringer Becken aus.

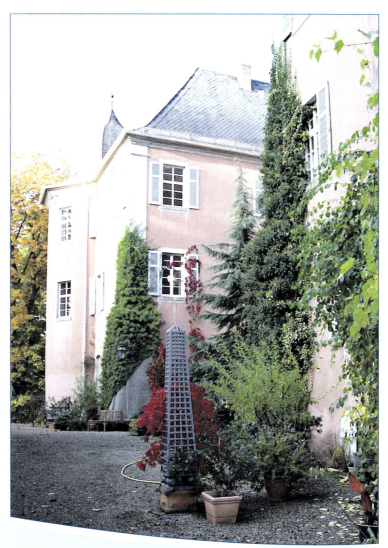

Gut versteckt hinter hohen Bäumen ragen die Türme von Schloss Waltershausen über das Land. Ehemalige Bewohnerin war Charlotte von Kalb, eine geborene Marschalk von Ostheim, die Kontakt pflegte mit Jean Paul, Goethe und Schiller.

den feine Stuckarbeiten aus der Hand des Untereßfelder Künstlers Helmuth zieren, der auch das Ipthäuser Kirchlein geschmückt hat.

Bei einem Rundgang durch das Schloss, in dem von der großen Eingangshalle aus eine breite Treppe in die oberen Stockwerke führt, ist man beeindruckt von den lichtdurchfluteten Räumen, die wunderbare Blicke in den 6,5 Hektar großen Park im englischen Stil gewähren. Nichts mehr erinnert hier an die martialische Vergangenheit.

Im Gegenteil, das Schloss hat heute ganz andere Attraktionen zu bieten als dicke Mauern und einen Burggraben. Hoch oben in einem der Türme stellt der Hausherr das Zimmer vor, in dem ein Jahr lang Friedrich Hölderlin lebte, der große deutsche Dichter aus der Zeit zwischen Klassik und Romantik. Ihn, den vom Geist der französischen Revolution beseelten Schwärmer, engagierte Schlossherrin Charlotte von Kalb, eine geborene Marschalk von Ostheim, auf Vermittlung ihres Freundes Schiller als Hauslehrer für ihren Sohn Fritz. Sie entschied sich für Hölderlin, weil er als Erzieher die Ideale Rousseaus vertrat. Kinder sollten sich frei entwickeln können und nicht dressiert werden. Aber auch Hölderlin erhoffte

sich Vorteile von der Stelle in Waltershausen. Charlotte sollte ihm den Zugang zu den Koryphäen der Literatur in Weimar und Jena öffnen. Denn sie war nicht nur mit Schiller und später mit Jean Paul befreundet, sondern korrespondierte auch mit Goethe, Wieland und Herder.

Peinliche Situation

Heute vermutet man, dass Hölderlin die Stelle womöglich auch annahm, weil er Waltershausen mit dem gleichnamigen Ort in Thüringen verwechselte. Man kann sich vorstellen, was es für den 24-Jährigen für ein Schock gewesen sein muss, als er am 28. Dezember 1793 an der Pforte des abgelegenen Schlosses im Milzgrund stand, wo man ihn zudem nicht erwartete. Hölderlin wurde von seinem Vorgänger im Amt des Hauslehrers begrüßt, der noch nicht einmal wusste, dass man ihm den Laufpass gegeben hatte. Eine peinliche Situation!

In Hölderlins Briefen erfährt man von seinen ausgedehnten Wanderungen in der Rhön und zu den Gleichbergen, von Fahrten nach Meiningen, Jena und Weimar. Doch Hölderlins Aussagen zu Waltershausen sind eher zwiespältig. Zunächst

schwärmt er von dem »sorgenfreien stillen Waltershausen«, fühlte sich dann aber zunehmend zermürbt.

Sein Aufenthalt war, was die Erziehungsarbeit angeht, jedenfalls nicht von Erfolg geprägt. Zögling Fritz erwies sich als verstockter, gestörter Knabe, der Hölderlin schlaflose Nächte bereitete. Nach nur einem Jahr verließ der Dichter Waltershausen, wohl auch, weil während seines Aufenthaltes Wilhelmine Kirms, die Gesellschaftsdame Charlottes, mit der er sich gerne austauschte, schwanger wurde und der Verdacht nahe lag, der Dichter könne der Vater sein.

Aber immerhin vollendete Hölderlin in Waltershausen seinen Briefroman »Hyperion« und schrieb von hier zahllose Briefe, die auch heute helfen, sich das »Schlossleben« zur damaligen Zeit vorzustellen. »Sein kleines Zimmer in einem der Türme jedenfalls wird wohl damals nicht viel anders ausgesehen haben als heute«, meint Moebius. Ein Bett, ein wackeliger Schreibtisch und Stuhl. Erst kürzlich ist das Hölderlin-Zimmer mit finanzieller Hilfe des Bezirks Unterfranken wiederhergestellt worden. Es war am 18. Mai dieses Jahres auch Ziel einer Exkursion der Hölderlin-Gesellschaft, die ihre Jahrestagung in Bamberg ab-

hielt. Zukünftig ist geplant, das Schloss zu einem Hölderlin-Zentrum zu machen.

Dafür gibt es auch Unterstützung von Seiten der Grabfeldallianz und der Hölderlin-Gesellschaft, berichtet Ulrich Moebius. Ein Lesekabinett mit Audio- und Videohilfen soll eingerichtet werden. Es soll dann auch zu bestimmten Zeiten für die Öffentlichkeit zugänglich sein. Für den Einlass genügt die telefonische Voranmeldung.

Als Leihgabe der Verwaltung der thüringischen Schlösser und Burgen befindet sich derzeit im Festsaal von Waltershausen eine Ausstellung aus Schloss Molsdorf zum Thema »Anspruch und Wirklichkeit im Leben der Charlotte von Kalb«.

Geschichte des Schlosses

Das Schloss Waltershausen war bis 1806 im Besitz der Freiherren Marschalk von Ostheim und wurde vorrangig als Sommersitz verwendet. Als Johann Friedrich Marschalk von Ostheim starb, durfte Charlotte, die älteste Tochter, den Besitz erst übernehmen, als sie den in französischen Diensten stehenden Freiherren Heinrich von Kalb ehelichte, dem das Vermögen seiner Frau sehr gelegen kam.

Der aufwändige Lebenswandel ihres Mannes führte letztendlich dazu, dass die Familie das Schloss verlor. Charlotte zog nach Berlin, wo sie 1843 völlig verarmt starb. Kurz darauf kaufte Georg Friedrich Sartorius, ein Gelehrter aus Göttingen, das Schloss Waltershausen. Sein Schüler Ludwig I., König von Bayern, erhob ihn in den Adelsstand, und er nannte sich Sartorius, Freiherr von Waltershausen.

Durch Zwangsversteigerung gelangte das Schloss in den Besitz der Arztgattin Margit Bergrath aus Würzburg, die dort ein Sanatorium einrichten wollte. Als sich dieser Plan nicht verwirklichen ließ, pachtete es der weibliche Reichsarbeitsdienst für zwei Jahre. 1944 kaufte die Reichspost das Anwesen und machte es zu einem Erholungsheim für ihre Bediensteten. Nach dem Krieg wurde es von der Bundespost weiterbetrieben. Auch hier wurde renoviert, diesmal war es der Stararchitekt der 60er, Egon Eiermann, der Postoberbauräte anregte, Teile des Hauses umzugestalten.

1986 erwarb Dr. Ulrich Moebius das Schloss. Zu einem guten Preis, sagt er, aber fügt hinzu, dass die Folgekosten beträchtlich seien. Immer noch sind die Arbeiten zur Wiederherstellung nicht abgeschlossen.

■ Umgebung

Puder und Parfüm für perfekte Prinzessinnen

Barock- und Rokokomöbel, Leuchter aus Böhmen und Spiegel aus Venedig – in Weikersheim ist alles original.

Ursula Düring

Schlafen zwischen Samt und Seide, träumen unter güldenem Himmel… Ob die blaublütigen Hohenlohe-Weikersheim-Langenburgs in ihren Prunkparadebetten auf Schloss Weikersheim gut geruht haben? Niemand weiß das heute.

Wir sehen nur, dass die adeligen Damen und Herren mittels eines kleinen Hockers hochsteigen mussten, um sich unter ihre Federberge kuscheln zu können. Oder um dort oben im Bett zu thronen. Audienzen zu geben. Huldvoll zu nicken. Mit kleiner Perücke und sicher, dass der Baldachin über ihnen, ein edles Stoffgewölk, das Ungeziefer auffangen würde und dass Zofe und Diener ihnen mit Puder und Parfüm zu nobler Blässe und vornehmem Geruch verholfen haben.

Herren und Damen, die seinerzeit hier nächtigten, zeitweise auch wohnten, begegnet man auch heute noch, unsterblich geworden in den Ölporträts im Treppenhaus von Schloss Weikersheim (Main-Tauber-Kreis).

Wer im Ostflügel die flachen Steinstufen hinaufschreitet, schaut meist in blaue Augen. Entdeckt selbstbewusste, manchmal arrogante Gesichtszüge, ernste Würde in den Mienen und dicke Gesichter auf ebensolchen Hälsen. Schließlich hatten die Hohenloher samt weitläufiger Verwandtschaft satt zu essen, und das hatte der Maler gefälligst im Bild zu demonstrieren. Doppelkinn und große lange Nasen bedeuteten nämlich Reichtum. Auch die hohe Stirn der Adeligen ist symbolträchtig, zeugte sie von Wissen und Macht.

Brettspiel mit Bohnen

Der Wohntrakt oben ist voller Überraschungen. Da die jeweiligen Schlossherren nicht allzu viel Zeit in Weikersheim verbracht haben, sind die Prachträume unbeschadet erhalten. Original Barock- und Rokokomöbel, flandrische Wandteppiche, glänzende Leuchter aus Böhmen, blitzende Spiegel aus Venedig und Spieltische für Räuberschach und Kalaha, einem mit Erbsen, Linsen oder Bohnen zu spielenden Brettspiel, dem Gameboy dieser Zeit sozusagen.

Man gönnte sich ja sonst nichts. Ein bisschen Jagd, ein bisschen Tändelei außerhalb der Ehe. Vielleicht mit einem Logiergast, der nach einem Schäferstündchen nächtens an die Decke seines Schlafgemachs starren konnte. Dort flackerte das Kerzenlicht von einem Mord zum anderen. Die Deckenmedaillons mit ihren dargestellten Kriminalgeschichten aus der Historie ersetzen die Gutenachtgeschichte.

Und man gönnte sich ab und zu ein warmes Bad. Die Wanne und eine Toilette mit raffinierter Außenentsorgung waren seinerzeit eine Rarität. Damenkränzchen im Spiegelkabinett dagegen Alltag. Die Edlen trafen sich in einem der »schönen Zimmer Ihrer Durchlaucht«, dem Spiegelkabinett, nippten zwischen dickbäuchigen Porzellan-Buddhas und zartesten Tulpenväs-

Schloss Weikersheim

Der Faule aus der Gnomengalerie.   Medaillons aus Stuck.   Plätschernde Wasserspiele im Park.

Öffnungszeiten

Schlossbesichtigung, Schlossgarten, Dauerausstellungen
November bis März
täglich von 10 bis 12 Uhr und von 13 bis 17 Uhr, April bis Oktober täglich von 9 bis 18 Uhr.

Kontakt

Staatliche Schlösser und Museen
Schloss Weikersheim
Marktplatz 11
97990 Weikersheim
☎ (0 79 34) 99 29 50
Fax (0 79 34) 99 29 512
www.schloss-weikersheim.de

Anlage

Als Stammsitz des Hauses Hohenlohe stellt Weikersheim ein Musterstück einer ländlichen Residenz dar. Schloss, Park und Stadt bilden eine harmonische Einheit. Am Marktplatz empfängt einen das Schloss mit einer ihm eigenen Anziehungskraft. Imposant und von außergewöhnlicher Ausstrahlung gibt sich der große barocke Schlosspark.

chen aus dünnwandigen Tässchen. Hier war man unter sich. Bisweilen jedoch leisteten sie auch den Herren Gesellschaft bei Gelagen im Rittersaal zur Musik einer achtköpfigen Hofkapelle.

Der Rittersaal ist ein überladenes Kuriosum mit einer astrologischen Spieluhr mit sechs Uhrwerken und Stucktieren an den Wänden, deren echte Geweihe und unförmige Gliedmaßen in den Saal hineinragen. Heiß mag es dort unter der Kassettendecke bisweilen hergegangen sein. Man weiß von mehrtägigen Feiern, bei denen im Schnitt gute 6000 Liter Wein getrunken und 700 Kilogramm Fleisch sowie zehn Spanferkel verzehrt worden sind.

Pinsel und Palette

Die abgebildeten Szenen oben erzählen Geschichten von Jagdglück, Freuden in der Natur und menschlicher Notdurft. Mitten in das Bildergewusel an der Decke hat der Maler eine Parforcejagd dargestellt und sich mit Pinsel und Palette selbst verewigt. Die hier feierten und lebten, sind auf verschiedenen Ahnentafeln verzeichnet. Eine reicht bis ins 15. Jahrhundert und fächert sich auf wie das Rad

eines stolzen Pfaus. Graf Wolfgang II. von Hohenlohe-Langenburg beispielsweise.

Er war es, dem nach Regelung der Erbangelegenheiten ab 1586 die 450 Jahre früher erstmals erwähnte mittelalterliche Burg gehörte. Ihm, dem Renaissancefürsten, der in dieser spannenden Zeit zwischen Mittelalter und Neuzeit weit gereist war und ein Bewusstsein für Kunst und Kultur entwickelt hatte, war das von einem Wassergraben umschlossene Gemäuer nicht mehr fein genug, zu finster und eng. Er ließ anbauen und erweitern. Einer seiner Nachfahren, Carl Ludwig Graf von Hohenlohe, verwandelte 250 Jahre später das Renaissance-Schloss in eine barocke Residenz mit zauberhaftem Schlossgarten.

Dort stehen sie alle, steinerne Gnome mit Gestalt und Gesicht der Zofe und der Haushofmeisterin, des Hofrats, Hofjuden und Wachtmeisters, des Kassiers und des Trommlers. Auch der Faulpelz gehört zum Hofstaat. Er träumt in die Luft, lehnt lässig auf einem breiten Stock und schiebt das Bäuchlein behäbig Richtung Rosengarten.

Heute, 300 Jahre später, überziehen etwa 60 verschiedene historische Rosensorten dieses lustvolle Gartenreich mit ihrem Duft, den auch Göttinnen

und Nymphen in sparsamem Gewand bevölkern. Personal durfte damals den Garten nicht betreten. Heute ist er für jedermann begehbar, bis hinter zur Orangerie, die natürlich in keiner höfischen Anlage fehlen durfte. Sowohl im Gewehrhaus als auch im Gärtnerhaus gibt es immer wieder Veranstaltungen der Jeunesses Musicales, die die ehemals herrschaftlichen Räume mit internationalem Wohlklang füllt.

In der ehemaligen Schlossküche dagegen geht es noch alchemistisch zu. Die Wissenschaftler im Mittelalter und der Renaissance wollten bekanntermaßen zu gern aus Metall Gold machen und waren auf der Suche nach Erklärungen und Zusammenhängen. Auch jener Graf Wolfgang II. von Hohenlohe, der an der Universität Tübingen studiert und auf ausgedehnten Reisen und Besuchen an europäischen Fürstenhöfen seinen Horizont erweitert hatte, war hinter diesem Geheimnis her. Eigenhändige Notizen, Listen von Chemikalienbestellungen und Gerätschaften sind in der Schlossküche zusammengetragen. Den Stein der Weisen hat auch er nicht gefunden. Aber er hat ein Schloss hinterlassen, das in seiner unversehrten Geschlossenheit einmalig ist.

Gottes Auge hinter trutziger Mauer

Deutschordensschloss
Bad Mergentheim beherbergt sehenswerte Exponate

Ursula Düring

Deutschordensmuseum

So oder so ähnlich muss der Weg in den Himmel aussehen. Hinein ins strahlende Auge Gottes. Berwarttreppe heißt die filigrane Himmelsleiter. Sie ist eine von vielen kunstvollen Kostbarkeiten, mit denen das Deutschordensschloss in Bad Mergentheim begeistern kann.

Hofbaumeister Blasius Berwart hat die kunstvolle Konstruktion 1574 errichten lassen. Es ist eine Wendeltreppe mit flachen Stufen. Leicht schraubt sich die offene Spindel, Schneck genannt, auf gedrehten Säulchen, mit in Stein ziselierten Ranken, Engel- und Tiergestalten verziert, bis hinauf zum Gottesauge. Dort oben ist nicht der Himmel, aber die Tür zum Dachboden über dem einstigen Palas.

Viel Platz gibt es unter den alten Balken – und Staub und Spinnweben. Durch altersblinde Fenster blinken die Dächer der Stadt, auf der anderen Seite sieht man hinunter in den Burghof und zur Residenzkirche der Hoch- und Deutschmeister. 202 Stufen sind es bis zur Türmerwohnung, vorbei an Uhrwerk und Wappen der Ordensritter. Bescheiden lebten der Türmer und seine Frau in den engen Stuben mit Kindern und Schafen bei offenem Feuer und ohne Wasser und Klo – der Nachttopf wurde durch die kleinen Fenster entleert. Von hier blies der Türmer sein »Ännchen von Tharau« und manches Abendlied in alle Himmelsrichtungen, hier hatte er die 21 anderen Türme der Stadt im Blick, achtete auf Feuerteufel und gefürchtete Feinde. Im Gewand ihrer Zeit erzählen die Türmerin oder der in Mer-

Die Residenzkirche der Hoch- und Deutschmeister.

Derbe Mauern und kunstvolle Fassaden.

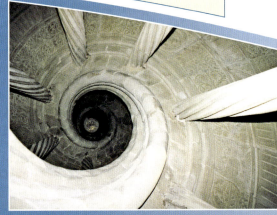

Die spindelförmige Berwart-Treppe im Schloss.

Umgebung

Öffnungszeiten
April bis Oktober Dienstag bis Sonntag 10.30 bis 17 Uhr, November bis März Dienstag bis Samstag 14 bis 17 Uhr, Sonn- und Feiertage 10.30 bis 17 Uhr.

Themenführungen
»Zur Geschichte des Deutschen Ordens, »Alles unter einem Dach«, »Die Höhepunkte im Deutschordensmuseum«, »Die fürstlichen Wohnräume im Schloss«, »Eduard Mörike und seine Zeit«, »Die Puppenstubensammlung«, »Vom höfischen Zeremoniell in die heimische Gartenlaube«.

Kostümführungen
»Die Türmerin erzählt«, »Magister Lorenz Fries führt«, »Margarethe Mörike und das Leben im Biedermeier«.

Außerdem gibt es Führungen auf den Bläserturm mit anschließender Weinprobe und eine Familienführung unter der Überschrift »Alltag bei den Hochmeistern«. Nähere Informationen im Museumsshop.

gentheim geborene Magister Lorenz Fries, ein fränkischer Geschichtsschreiber des 16. Jahrhunderts, bei Führungen unterhaltsame Histörchen und Fakten aus der Vergangenheit. Manchmal streift auch ein stattlicher Herr im Kostüm des Stadthauptmanns der Deutschordenskompanie um 1760 im weißen Gehrock mit blauer Applizierung und goldenen Zapfen und Schulterstränge mit den Gästen durchs Schloss und steigt anschließend mit ihnen hinauf auf den Turm.

Erstmals erwähnt wird die mittelalterliche Mergentheimer Burg mit ihren ringförmig angeordneten Gebäuden im 11. Jahrhundert. Nachdem drei der adeligen Hohenloher Herren nach einem Kreuzzug und einem Gelübde ihre Behausung dem Deutschen Orden geschenkt haben, wird das Wasserschloss um- und ausgebaut und bekommt rund 300 Jahre lang überregionale Bedeutung. Bis Napoleon mit der großen Flurbereinigung Europas beginnt, ist es die Residenz des Deutschen Ordens und spiegelt den Fortgang der Jahrhunderte in unterschiedlichen Baustilen wider.

Im Schloss gibt es viel zu entdecken. Da sind zum einen die fürstlichen Räume mit der zauberhaften Puppenstuben-Sammlung und zum anderen das Mörike-Kabinett mit teils kuriosen Überbleibseln des Dichters – er lebte zeitweise in Mergentheim. Außerdem wird die Geschichte des Deutschen Ordens lückenlos – weltweit einmalig – dargestellt. Sonderausstellungen im Museum, Konzerte und Vortragsreihen bringen das Leben des 21. Jahrhunderts hinter die trutzigen Mauern.

Aus der mittelalterlichen Mergentheimer Burg mit ihren ringförmig angeordneten Gebäuden wurde die Residenz des Deutschen Ordens. Heute spiegelt sich der Fortgang der Geschichte in unterschiedlichen Baustilen wider.

Heiße Liebe auf der roten Ruine

Auch der Minnesänger Wolfram von Eschenbach dichtete auf der ehemaligen Wertheimer Burganlage

Ursula Düring

Burg Wertheim

Löwenzahn und Brennnesseln haben ihre Blüten längst abgeworfen, fette Holunderbüsche nicken lautlos im Hauch des frühen Morgens. Dort unten, wo Main und Tauber sich träge zusammenschieben, scheint die Welt friedlich. In dieser frühen Stunde ruht das Fachwerkstädtchen Wertheim gemächlich zu Füßen der roten Ruine, die Dächer von Stiftskirche und Herrenhäusern glitzern in der Sonne.

Solch lichtdurchflutete Morgenstunden regen alle Sinne an. Nichts lenkt ab vom Herzschlag der Natur. Hunderte von Jahren ist es her, dass sich tapfere Helden diverser Kreuzzüge und mächtige Verwandte der Hohenstaufer auf der schmalen Felszunge über Wertheim niedergelassen und eine Burg errichtet haben.

Den Grafen von Wertheim gewährte Kaiser Friedrich Barbarossa am Ende des 12. Jahrhunderts das Recht, von den vorbeigleitenden Mainschiffen Zoll einzufordern. So wurden die Herrschaften dieses deutschen Adelsgeschlechts wohlhabend. Und mächtig. Höfisches Leben durchflutete ihre Burgfeste, an denen der berühmte Minnesänger Wolfram von Eschenbach teilnahm und die Besuche in seiner Dichtung »Parzival« Poesie werden ließ.

Im 13. Jahrhundert machte Graf Boppo II. aus der Turmhügelburg seines Vorfahren Boppo I. eine kleine Residenz. Seit dieser Zeit wurde die Burg bis ins 17. Jahrhundert hinein kontinuierlich ausgebaut. Der Weg zur gigantischen Ruine hinauf steigt gemächlich an. Zaghaft

Die rote Ruine erstreckt sich über den Berg.

Früher erspähte man von hier die zollpflichtigen Schiffe.

Gigantische Ruinenreste.

Umgebung

Öffnungszeiten
Der Zugang zur Burg ist vom 7. April bis zum 15. Oktober möglich von 9 bis 22 Uhr, vom 16. Oktober bis zum 6. April von 10.30 bis 16 Uhr. Einer der beiden Rundgänge innerhalb der Burganlage ist im Augenblick wegen Renovierungsarbeiten gesperrt. Trotzdem gibt es genug zu entdecken, auch für Kinder. Die Beschriftungen an den einzelnen Ruinen sind ansprechend, informativ und auf das Wesentliche beschränkt.

Kontakt
Die Öffnungszeiten der Burggaststätte erfahren Sie unter
☎ (0 93 42) 91 32 38

Spazierweg und Anfahrt
Von den Parkplätzen am Main geht es nur ein paar Schritte Richtung Grafschaftsmuseum und Stiftskirche über ein paar Stufen auf den Weg Richtung Burg.

beginnt das Leben in der Stadt, die schon um 1200 ein eigenes Stadtmaß für das Messen von Korn bekam. Heute legen die neuen Kreuzfahrtschiffe hier an, Touristen schwappen hinein in die schmalen Sträßlein zur Stiftskirche und zum Grafschaftsmuseum, in dem Gemälde des norddeutschen Malers Otto Modersohn hängen.

Verheerende Explosion

Die letzten Meter über den unebenen Untergrund zu den zwei trutzigen Rundtürmen sind mühsam. Ihre festen Mauern haben die Stürme der Jahrhunderte scheinbar überdauert. Da war jener Märztag im Jahr 1619, an dem eine Magd mit ihren Gedanken nicht bei der Sache war. Ihr Strohsack fing Feuer an einer flackernden Kerze, Pulverfässer entzündeten sich und lösten eine verheerende Explosion aus. Vorbei war es mit Wohnräumen und Stallungen der alten Rittersleut, übrig blieben steinerne Kleinodien an Mauerresten und verschlungene Geländer.

Kopfsteinpflasterschritte führen über die Brücke, die nicht mehr gezogen werden kann, weil sie seit 1785 fest gemauert ist und den Weg in die sandsteinrote Ruine freigibt. Ein Blick in den Brunnen mit seinen 42 Metern bis hinunter zum Mainspiegel verliert sich in tiefster Schwärze, wo lebenserhaltendes Wasser während der Belagerungen der Schweden und der bayerischen Armee im Dreißigjährigen Krieg geholt werden konnte.

Trotzdem erhielt die einst stattliche Anlage in diesen Jahren ihre endgültigen Todesstöße. Heute ragt nur noch der staufische Bergfried in den Himmel, ein Renaissanceportal von 1562 protzt in voller Schönheit, Wehranlagen künden von trutziger Stärke. Meterdicke Sandsteinmauern und verrostete Eisengitter vor Löchern, die einstmals Fenster waren, sind die Reste einstiger Behausungen. Der Weiße Turm aus dem 15. Jahrhundert mit der Feuerglocke war jahrelang Wohnraum des Wächters. Heute ist hier das Burgrestaurant eingerichtet. Zwischen alten Kastanien lassen sich warmer Apfelstrudel und Heiße Liebe genießen – die Speisekarte holt zurück ins Heute.

Der Weiße Turm mit der Feuerglocke war viele Jahre Wohnraum des Wächters. Heute ist in dem Fachwerkbau das Burgrestaurant untergebracht und bietet außer Stärkung für Leib und Seele herrliche Ausblicke auf die Stadt Wertheim.

Ein Bergfried wie von Riesen erbaut

Auf Burg Colmberg finden Urlaubsgäste ein ritterliches Zuhause auf Zeit

Claudia Kneifel

Burg Colmberg

Christian Unbehauen hat etwas, wovon andere träumen. Der 25-Jährige lebt seit seiner Geburt in einem richtigen Schloss. Heute ist er Juniorchef des elterlichen Hotel- und Restaurantbetriebs im Burghotel Colmberg.

Seit 1964 befindet sich die Burg Colmberg im Familienbesitz der Unbehauens. Christians Großvater hat die Anlage erworben und sie in einen modernen Gastronomiebetrieb umgewandelt. Die völlig intakte Burg liegt gut befestigt auf einem Felssporn zwischen Rothenburg und Ansbach. Von 1927 bis 1964 gehörte sie dem letzten kaiserlichen Konsul in Japan, Ernst-Arthur Voretzsch.

Als kleiner Bub war Christian immer auf Entdeckungstour durch die geheimen Gänge der Burg. »Vom Dachboden bis zum Keller wird hier Geschichte spürbar«, schwärmt er. Der älteste Teil der Burg ist der aus der Stauferzeit stammende Palas. In dem dreigeschossigen Bau mit mächtigem Walmdach befinden sich der Rittersaal, die Hauskapelle, in der heute wieder Trauungen und Taufen stattfinden, und auch die Privatwohnung der Unbehauens.

Urkunde zweier Burgfräuleins

Die Anfänge der Burg reichen bis ins 11. Jahrhundert zurück. Erstmals schriftlich erwähnt wurde sie jedoch erst im Jahr 1269 im Zusammenhang mit der Nennung zweier Burgfrauen, Sophie und Gertrud, in einem Ratsbuch

Romantisch-rustikales Dinner zu zweit.

Das mittelalterliche Rothenburg ist nicht weit entfernt.

Schmucke Zimmer für Nächte im Schloss.

Kontakt

Burg Colmberg, ein Hotel- und Gastronomiebetrieb, ist das ganze Jahr über geöffnet. Für Gäste gibt's Burgrundgänge. Kontakt über Familie Unbehauen, An der Burgenstraße, 91598 Colmberg, ☎ (0 98 03) 9 19 20 www.burg-colmberg.de

Ausflüge

Colmberg liegt im Naturpark Frankenhöhe mit seinen Wander- und Radwegen. An Colmberg führen der Altmühlradweg, Jakobsweg und der Wasserscheideweg vorbei. Zudem liegt der Ort an der Romantischen Straße sowie an der Burgenstraße.

Anfahrt

Mit dem Auto: Von der A 7 Ausfahrt Rothenburg, Colmberg und auf der Landstraße noch 18 Kilometer bis nach Colmberg. Die Burg befindet sich oberhalb der gleichnamigen Ortschaft und ist ausgeschildert. Mit der Bahn: über Bahnhof Ansbach (15 Kilometer) oder Rothenburg / Steinach (17 Kilometer).

der Stadt Rothenburg. Eine der wichtigsten Urkunden über die Burg ist ein Vertrag vom 17. Juli 1318, in welchem der Verkauf der Anlage seitens des Grafen von Truhendingen zum Preis von knapp 1,5 Millionen Heller bestätigt wird. Wenn man zugrunde legt, dass ein Heller dem Wert eines großen Käses entsprach, war die Burg ein Vermögen wert.

Romantische Hochzeit im Rittersaal

Christian Unbehauen kennt die Geschichte seiner Burg bis ins kleinste Detail, und man merkt sofort, dass er sie schon vielen Gästen der Hochzeits- und Taufgesellschaften erzählt hat. Bis zu 60 Personen können problemlos auf der Burg nächtigen, feiern können im Rittersaal bis zu 125 Personen. Die Hotelzimmer sind teilweise modern, teilweise historisch eingerichtet. »Wir haben uns auf Hochzeiten spezialisiert«, erklärt der Burgherr.

In der Burgkapelle, die im 15. Jahrhundert erbaut worden ist, finden Trauungen und Taufen beider Konfessionen statt. Dabei kümmert sich das Hotelteam selbstverständlich um die perfekte Trauung – und organisiert für das Brautpaar alles: an-

gefangen vom Priester über die Pediküre bis hin zum Frisörtermin im Haus.

Weder im Städtekrieg 1449 noch im Bauernkrieg 1525 konnte die Anlage eingenommen werden. Sie widerstand auch den kaiserlichen Truppen, die im Dreißigjährigen Krieg (1618 bis 1648) den zur Burg gehörenden Marktflecken verwüsteten. Eindrucksvoll ist der vollkommen erhaltene Bergfried mit seinen 35 Metern Höhe.

Aus Dankbarkeit Kapelle gebaut

Die extrem steile Treppe ist für die Öffentlichkeit nicht zugänglich. Christian Unbehauen freilich hat die schmalen Stiegen schon oft erklommen. »Der Bergfried galt früher als letzter Zufluchtsort.« Über das Buckelquader-Mauerwerk mit den Zangenlöchern kann der Hausherr eine Anekdote erzählen. »Jeder Stein des Turms hat zwei Löcher. Daher sagte man, der Bergfried wurde von Riesen erbaut. Die Löcher sind der Daumen- und Zeigefinger-Abdruck der Giganten.«

Auch zur Kapelle kennt Unbehauen eine kleine Geschichte: Zwei Frauen, die sich im Wald verlaufen hatten und erst mit

Hilfe der Kirchglocken wieder herausfanden, ließen sie aus Dankbarkeit erbauen.

1791 kamen Burg und Ort mit dem Markgrafentum Ansbach zu Preußen, 1806 zu Bayern. 1806 bis 1880 wurde die Burg Sitz des Rentamtes des Königreiches Bayern.

Übrigens: Auch als Drehort hat Burg Colmberg bereits gedient. In den 1970er Jahren wurde dort für die ARD-Vorabendserie »Graf Yoster gibt sich die Ehre« gedreht.

Auch die Kleinen kommen auf ihre Kosten

Auf Burg Colmberg kommen auch die jüngsten Besucher auf ihre Kosten: Hinter dem Bergfried ist ein Spielplatz mit Schaukel, Sandkasten und Wippe angelegt. Und vielleicht erhascht man noch einen Blick auf einen Rothirschen, ein Reh oder ein Mufflon aus dem angrenzenden Wildgehege.

Wachgeküsst wie einst Dornröschen

Ab 2011
ein Deutsches Burgenmuseum:
Professor erfüllt sich einen Lebenstraum *Alfred Kordwig*

Heldburg

Es gibt sicher größere Burganlagen in Deutschland und vielleicht auch bedeutendere als die im Süden Thüringens gelegene Veste Heldburg. Doch eines wird sie in wenigen Jahren allen anderen voraushaben: Sie wird ab dem Jahr 2011 das Deutsche Burgenmuseum beherbergen.

Hoch über der gleichnamigen Ortschaft thront sie, die Heldburg, und sie sieht aus wie ein Märchenschloss, wenn man sich ihr von Westen her nähert. Kamen die Besucher bislang fast ausschließlich aus dem näheren Umland, wird sich das in absehbarer Zeit ändern: Die Deutsche Wartburggesellschaft mit ihrem Vorsitzenden Ulrich Großmann will aus der Burganlage ein Museum von europäischem Rang machen.

Die Besucherzahlen von rund 20 000 im Jahr werden sich dann vervielfachen, davon ist Großmann überzeugt. »Wir wollen ein Museum schaffen, wie es im deutschen Sprachraum noch keines gibt.« Großmann ist Burgenforscher mit Leib und Seele. Sein Lebenstraum ist es, in Deutschland ein großes Burgenmuseum zu realisieren. Seitdem die Heldburg als Standort feststeht, wird er nicht müde, ihre Vorzüge herauszustellen. »Die Heldburg ist ein echter Glücksfall, denn sie steht beispielhaft für eine Burg des Mittelalters, ihre weitere Nutzung in der Renaissancezeit und die Burgenromantik«, erklärt er.

Im Klartext: Die Burg wird das größte Ausstellungsstück des Museums sein. Das reicht aber bei weitem nicht aus, um Großmanns Ansprüche an ein

Türme und Türmchen.

Die Wetterfahne.

Steinerne Zinnen.

■ Umgebung

Öffnungszeiten
Die Heldburg ist von April bis Oktober Dienstag bis Sonntag von 10 bis 18 Uhr und von November bis Mai jeweils von 10 bis 16 Uhr geöffnet. Alles über die Geschichte der Heldburg und das Deutsche Burgenmuseum unter www.deutschesburgenmuseum.de

Veranstaltungen
Auf der Heldburg finden regelmäßig Gruppenführungen sowie Veranstaltungen wie Konzerte, Burgfeste oder Theateraufführungen statt. Auch Trauungen sind möglich. Mehr Informationen gibt es im Internet unter www.bad-colberg-heldburg.de

Anfahrt
Von der A 71 (Schweinfurt–Erfurt) über Bad Königshofen und Westhausen, von der A 73 (Erfurt–Coburg–Bamberg) über Rodach oder ab Coburg über Ummerstadt oder von Bamberg aus über die B 4 bis Itzgrund, dann über Seßlach oder die B 279 bis Maroldsweisach.

Burgenmuseum zu erfüllen. »Es wird deshalb eine umfassende Ausstellung im französischen Bau der Heldburg geben, die weitgehend Originale zeigen und das Leben in einer Burg illustrieren soll«, so Großmann. Rund 3000 Quadratmeter werde sie groß sein und ein geführter Rundgang dreieinhalb bis vier Stunden dauern. »Ein bisschen Kondition sollten die Besucher des Burgenmuseums schon mitbringen«, sagt der Professor und Burgenforscher.

Aufbruchstimmung in der Region

Die erforderlichen Umbau- und Sanierungsmaßnahmen werden mindestens neun Millionen Euro verschlingen. »Darin sind Museumsausstattung und Einrichtung eines gastronomischen Betriebs noch gar nicht berücksichtigt«, erklärt Dr. Helmar-Eberhard Paulus, Direktor der Stiftung Thüringer Schlösser und Gärten und Hausherr der Heldburg. Das Geld komme hauptsächlich von der Europäischen Union, aber auch der Förderverein Veste Heldburg steuere Mittel bei.

Vorsitzende dieses Vereins ist Anita Schwarz, seit 1995 Bürgermeisterin von Bad Colberg-Heldburg. »Für uns ist das Deutsche Burgenmuseum auf der Heldburg wie ein Sechser im Lotto«, schwärmt sie. Die ganz großen Strukturprobleme, mit denen die Region zu kämpfen habe, werde zwar auch das Museum nicht lösen. »Doch ich spüre bei den Bürgern eine regelrechte Aufbruchstimmung, wenn die Sprache auf das Deutsche Burgenmuseum kommt.«

Die im Süden Thüringens gelegene Veste Heldburg sieht aus wie ein Märchenschloss, wenn man von Westen auf sie zufährt. Sie wird ab dem Jahr 2011 das Deutsche Burgenmuseum beherbergen.

Montagssänger auf der Milseburg

In Berghütte und Berghof treffen sich Menschen, die Freude an Musik und Geselligkeit vereint *Tilman Toepfer*

Milseburg

Die Milseburg ist das Ziel, die markanteste Basaltkuppe im Mittelgebirge. Es ruft der Berg, es lockt der Gipfel in 835 Meter Höhe mit seiner an manchen Tagen grandiosen Rundumsicht. Stärker noch reizt mich das Sängertreffen. Jeden Montag erklimmen Dutzende Menschen den Berg, um Heimat-, Volks- und Wanderlieder zu singen, immer auch das Rhönlied.

»Ich weiß basaltene Bergeshöhn im Herzen der deutschen Gaun, nicht riesenhoch, doch bezaubernd schön, möcht' immer und immer sie schaun!« »Da triffst Du Gleichgesinnte, die Freude an der Natur haben, an der Geselligkeit, an der Musik«, erklärt mir Herbert (65) auf der Fahrt nach Norden, und schiebt gleich nach: »Da ist die Welt noch in Ordnung.«

Kein schöner Land in dieser Zeit? Ich will Herbert nicht widersprechen, kenne ich doch etliche Kuppen der Rhön von Wanderungen: Wasserkuppe, Kreuzberg, Heidelstein, die Schwarzen Berge. Auch die Milseburg erstieg ich schon, von Kleinsassen aus, dem Künstlerdorf zu ihren Füßen. Damals allerdings nicht in Erwartung der Montagssänger.

Norbert (71) ist der Dritte im Bunde, wir sind in Hettstadt bei Würzburg gestartet. Ich sitze im Fond des Fahrzeugs, höre die Vorfreude in den Stimmen der Vorderleute, ahne das Leuchten in ihren Augen, während sie erzählen. Vom Weg hinauf, von der netten Hüttenwirtin, der heimeligen Atmosphäre, wenn 50 bis 60 Menschen in der 30 Quadratmeter großen Gaststube

Die Milseburg erreicht man nur zu Fuß.

Das Rhönlied: »Ich weiß basaltene Bergeshöhn…«

Die Milseburgkapelle ist dem heiligen Gangolf geweiht

■ Umgebung

Milseburg
Der Berg Milseburg ist mit 835 Meter eine der höchsten Erhebungen der Rhön. Der markante Basaltfelsen befindet sich etwa 25 Kilometer östlich Fulda unweit des Künstlerdorfes Kleinsassen. Wanderer besteigen den Berggipfel, um die Sicht zu genießen oder den archäologischen Wanderpfad zu erkunden, der die Entstehung des Fels' vulkanischen Ursprungs ebenso beschreibt wie die Siedlung der Kelten, die von etwa 1200 v. Chr. bis um etwa Christi Geburt auf und rings um die Milseburg existierte. Auf der Bergspitze befindet sich eine Kreuzigungsgruppe aus dem Jahre 1756, unterhalb des Gipfels eine kleine Wallfahrtskapelle zu Ehren des heiligen Gangolf.

Milseburghütte
Die Milseburghütte unmittelbar unterhalb des Gipfels spricht Wanderer und Naturfreund ebenso an wie Familien und Gruppen. Die Wirtsleute Wolfgang und Patrizia Kümpel organisieren auch geführte Wanderungen.

Die Milseburg ist die markanteste Basaltgruppe des Rhöner Mittelgebirges und bietet eine umwerfende Rundumsicht. Nach der Wanderung entspannen sich Mensch und Getier aus Fleisch und Blut neben steinernen Skulpturen.

musizieren und singen. Höre sie von einem Hauptmann reden, der die Kommandos gibt, und von dem Eintopf, den sich Herbert immer bestellt, nachdem er die Milseburghütte erreicht hat: Erbseneintopf »mit ordentlich Wurst drin«.

Am Parkplatz vor dem Restaurant Berghof beginnt der mühsamere Teil des Weges – die Milseburg erreicht man nur zu Fuß. Gestärkt durch einen ersten Enzianschnaps nehmen wir die steilere der beiden Alternativen zum Gipfel. Wir – 54, 65 und 71 Jahre alt, sind die jüngeren unter den Gipfelstürmern. Herbert und Norbert erklären mir – voller Hochachtung flüsternd – zu wem wir aufschließen, wen wir überholen auf dem Anstieg. »Das ist der Reinhold, der wird in ein paar Tagen 80«, oder: »Das ist der Eduard, der ist schon 88.« Wandern hält jung, sagt Herbert, singen auch, sagt Norbert, und gibt gleich eine Kostprobe.

Und kennst du die herrlichen Berge nicht, gehorche dem Freunde, der zu dir spricht: Zieh an die Wanderschuh und nimm den Rucksack auf und wirf die Sorgen ab, marschier zur Rhön hinauf.

Wir passieren Reste eines Ringwalls. Einst diente die Milseburg einer keltischen Siedlung als Wohnplatz. Erstmals urkund-

lich erwähnt wurde der Berg in einer Urkunde Kaiser Ottos II. am 25. Juli 980. Darin war von der »Milsiburg« die Rede. Die Bezeichnung als Burg lässt kaum einen anderen Schluss zu, als dass bereits zu dieser Zeit eine Burg auf dem Berg existierte. Man vermutet, dass sie spätestens im 13. Jahrhundert verlassen wurde und dann allmählich verfiel.

Die Sage vom Riesen Mils

Kurz vor dem Ziel erklärt eine Tafel dem Wanderer die Sage vom »Riesen Mils«. Der soll hier im Verbund mit dem Teufel sein Unwesen getrieben haben, bis der heilige Gangolf ihn schließlich bezwang. Danach brachte sich der Riese selbst um. Der Teufel bedeckte den Leichnam schließlich mit Steinen – das ist die heutige Milseburg.

Die Milseburghütte ist einzigartig, heißt es im Prospekt, und urig. Letzteres stimmt allemal, vor allem am Montag der Sänger. Schon 1884 errichtete der Rhönclub die Schutzhütte. Noch heute schützt sie den Wanderer vor den Unbilden der rauen Rhön. Und doch scheint sie heute ebenso wichtig als Zufluchtsstätte derer, die das deutsche Volkslied vor dem Vergessen schützen wollen.

Wieder kommen etwa 50 Gleichgesinnte. »Ich bin der Eddi«, stellt sich mein Nachbar fröhlich vor. Ich zögere keinen Moment und erkläre ebenso frohgemut, ich sei »der Til« und auf die Burg gekommen, um von den Montagssängern zu berichten. Gelegentlich begegnet man Presseleuten reserviert, lehrt die Erfahrung. Nicht so auf der Milseburg. Am Alkohol kann das brüderlich-schwesterlich-freundschaftliche Miteinander nicht liegen, denn zum Erbseneintopf trinken die meisten Wasser mit Hollerblütengeschmack. »Man muss einen klaren Kopf behalten, sonst bringen wir die Oktaven durcheinander«, erklärt Eddi.

Dann, der Raum ist mittlerweile bis auf den letzten Platz gefüllt, steht »der Hauptmann« in der Schiebetür. Martin Haas ist 85 und pensionierter Lehrer aus Bad Neustadt. Schnell sind die Liederbücher ausgeteilt, dann hören alle auf ein Kommando. Lied Nummer soundso, ruft »der Hauptmann«. Reinhold greift in die Tasten des Akkordeons, Herbert setzt die Trompete an die Lippen. Gitarristen lassen die Saiten vibrieren, mehr als 50 Sänger die Stimmbänder.

Milseburglied, Kreuzberglied, Rennsteiglied... Ich versuche, es den anderen gleich zu tun.

Stimmlich kein Problem, textlich wohl. Wohin ich auch blicke, kaum einer, der die Strophen nicht auswendig singt, vier, fünf, sechs und mehr. Egal, welche Nummer »der Hauptmann« auch ausruft.

Lied reiht sich an Lied, wie Perlen eines Rosenkranzes, und die Inbrunst des Gesangs wird nicht geringer mit den Stunden. »Alle lieben die Hohe Rhön, weil die Welt dort wunderschön...«, schallt's zum Schluss zur Schiebetür hinaus. »Herrlich ist die klare Luft, köstlich auch der Blumen Duft...«

Loblied auf die Rhön

Es ist 16 Uhr. »Der Hauptmann« steht jetzt hinter der Theke und hebt sein Glas auf Patrizia Kümpel, die Hüttenwirtin. »Dankeschön und auf Wiedersehn, müssen nun nach Hause gehen...«, singen alle.

Nach Hause geht es noch lange nicht. Vielmehr folgen die meisten Sänger dem Fotografen bereitwillig auf den Gipfel zur Kreuzigungsgruppe von 1756. Dort tragen die Stimmen der Sänger weit hinunter ins Tal – um bald darauf noch einmal von unten bergan zu steigen. Denn, wer denkt, die Glut, die in der Milseburghütte

für das deutsche Lied lodert, sei droben auf dem Basaltrücken erkaltet, der irrt. Im »Berghof« will das Singen kein Ende nehmen. Reinhold, Herbert, Norbert und viele andere können nicht genug bekommen. Wirtin Gaby, die Bedienungen, die Gäste auf der Veranda – alle singen. Ich suche nach einer Person, die nicht singt – und finde keine. Selbst Richtung Toilette gehen sie mit einem fröhlichen Lied auf den Lippen, und kommen mit einem anderen auf den Lippen von dort zurück. Ist es Einbildung, wenn ich aus der Küche singen höre: »Ein schöner Tag...?«

Vier Stunden vor Mittnacht muss ich zur Kenntnis nehmen, dass ausdauerndes Singen mich mehr anstrengt als Wandern. Wie durch Watte höre ich auf der Rückfahrt noch manches Loblied auf die Rhön, und Herbert plädiert nachdrücklich für Urlaub in Deutschland.

Ich möchte viel noch erzählen dir und singen von Berg und von Tal, doch nein, viel Worte erspar ich mir und sage nur eins noch einmal: Ja, kennst du die herrliche Rhön noch nicht...

Erschöpft vom Lobgesang widerspreche ich nicht. Gut, die Rhön ist schön. Ich aber habe jetzt Sehnsucht nach der Ruhe, die den einsamen Wanderer umgibt.

Der Koloss über dem Main

Ein Jahr residierte Gustav Adolf von Schweden im Aschaffenburger Schloss Johannisburg

Roland Flade

Schloss Johannisburg

Bevor die Amerikaner Ende März 1945 das mit sinnloser Erbitterung verteidigte Aschaffenburg eroberten, beschoss ihre Artillerie Schloss Johannisburg – und einer der prächtigsten deutschen Renaissance-Paläste brannte aus.

Dass Schwedenkönig Gustav Adolf im Dreißigjährigen Krieg den Bau verschont hatte, lag wohl daran, dass die Bürger damals weniger fanatisch waren. Nach einer Legende ging 1631 ein alter Kapuzinerpater dem König entgegen und übergab ihm die Stadtschlüssel. Noch war die Gefahr nicht gebannt. Nach dem Einzug in Aschaffenburg äußerte der Schwede sein Bedauern darüber, das erst 17 Jahre zuvor fertiggestellte Schloss der Mainzer Erzbischöfe niederbrennen zu müssen, da er es leider nicht nach Hause mitnehmen könne. Der listige Pater soll entgegnet haben, dies sei möglich, er müsse es nur in Richtung Norden rollen. Fragend runzelte Gustav Adolf die Stirn, und der Pater verwies auf die unter jedem Fenster eingemeißelten Räder, das Mainzer Wappen. Die Legende berichtet, dass der König lachte, auf die Zerstörung verzichtete und ein Jahr in dem Prachtbau residierte – was er womöglich ohnehin vorgehabt hatte.

Porträt auf Münzen

Selbst- und machtbewusst wie Gustav Adolf war auch der Erbauer des Schlosses, der Mainzer Erzbischof, Kurfürst und Reichserzkanzler Johann Schweickard

Ein deutscher Renaissance-Palast.

Hier lebten die Mainzer Kurfürsten.

Vom Wein umrankter roter Sandstein.

Umgebung

Öffnungszeiten
April bis September 9 bis 18 Uhr, Oktober bis März 10 bis 16 Uhr, montags geschlossen.

Schlossweinstube
Gemütliches Restaurant im Erdgeschoss. Montag Ruhetag.

Kontakt
Schloss- und Gartenverwaltung
Schlossplatz 4
63739 Aschaffenburg
☎ (0 60 21) 38 65 70, E-Mail
sgvaschaffenburg@bsv.bayern.de
www.schloesser.bayern.de

Umgebung
Pompejanum, geöffnet von April bis Mitte Oktober von 9 bis 18 Uhr, montags sowie Mitte Oktober bis März geschlossen. Stiftskirche mit der »Beweinung Christi« von Matthias Grünewald. Schloss und Park Schönbusch: Der Park ist ganzjährig zugänglich. Das Schloss ist von April bis September außer montags von 9 bis 18 Uhr geöffnet und kann bei einer Führung besichtigt werden.

Der reizvolle Fußweg schenkt dem Besucher unvergessliche romantische Momente und Ausblicke aufs Maintal. An der Mauer entlang und unter dem Blätterdach geht es vom Schloss zum Pompejanum.

von Kronberg (1604 bis 1626), zu dessen Besitztümern Aschaffenburg gehörte. Schweickard, ein Renaissancefürst reinsten Wassers, war nach dem Kaiser die Nummer zwei im Reich und der erste Kurfürst, der sein Porträt auf Münzen schlagen ließ.

Seinen Baumeister Georg Ridinger ließ er zwischen 1605 und 1614 einen 90 mal 90 Meter großen, majestätischen Koloss aus rotem Sandstein über den Main setzen, der als seine repräsentative Zweitresidenz fungierte. Das nötige Geld stammte zum Teil aus dem beschlagnahmten Vermögen angeblicher Hexen.

Als Gustav Adolf erstmals die Schlosskapelle betrat und den Altar aus Alabaster und Marmor mit 150 Figuren erblickte, muss dem Protestanten der Atem gestockt haben: Eine der zwei größten Statuen stellt den Erbauer selbst dar; stolz hält Schweickard ein Modell seines Schlosses in der rechten Hand.

An gleicher Stelle hatte bis 1552 eine mittelalterliche Burg gestanden. Als einziges Relikt fand der schwedische Eroberer den Bergfried vor, das Hauptbollwerk, das ursprünglich wohl nur über eine Leiter zugänglich war. Schon zu den Zeiten der alten Burg hatten die Mainzer Kurfürsten eine Schlüsselrolle im Reich inne; sie brachten Glanz

und berühmte Besucher in das Städtchen. Der Bau sah zahlreiche Fürstenversammlungen, außerdem Bischofs- und Provinzialsynoden in seinen Mauern. 1447 berief Kaiser Friedrich III. einen Reichstag nach Aschaffenburg ein.

Der kunstsinnige Albrecht von Brandenburg (1490 bis 1545) holte bedeutende Künstler in die Stadt, darunter Matthias Grünewald und Lukas Cranach. Noch heute ist im Schloss die bedeutendste Cranach-Sammlung Europas zu sehen.

Die Katastrophe brach 1552 herein. Markgraf Albrecht Alcibiades von Brandenburg-Kulmbach ließ die mit Kunstschätzen angefüllte »herrlich alt Reichskanzlei« niederbrennen. Nur der Bergfried überstand die Zerstörung. Der ein halbes Jahrhundert später errichtete Neubau galt in Reisebeschreibungen des 17. und 18. Jahrhunderts als eines der schönsten Schlösser Deutschlands.

Zahlreiche Kaiser und Fürsten haben auf der Fahrt zu den Kaiserkrönungen in Frankfurt hier Station gemacht. 1619 lud der Bauherr zu Ehren des neu gewählten Kaisers Ferdinand II. zu einer festlichen Hoftafel ein. Es folgten 1658 Kaiser Leopold, 1775 Kaiser Franz I. und Kaiserin Maria Theresia und 1790 Kaiser Leopold II. Sie alle genossen von den Kaiserzimmern im zweiten Stock aus den weiten Blick über das Maintal.

In der Napoleonischen Zeit geriet Aschaffenburg als Teil des Rheinbunds unter französischen Einfluss. 1806 besuchte Napoleon die Stadt zum ersten Mal; er wiederholte seine Visite 1812 und 1813. Auch das Baldachinbett, in dem er damals wahrscheinlich übernachtete, ist ausgestellt.

Affäre mit Lola Montez

1814 kam die Stadt an Bayern; Glanz brachte gelegentlich noch der Kronprinz und spätere König Ludwig I., der zeitweise im Schloss wohnte und auch das benachbarte Pompejanum errichten ließ, den Nachbau eines Wohnhauses der vom Vesuv verschütteten Stadt Pompeji. Als die Arbeiten 1848 ihrem Ende zugingen, musste der König als Folge revolutionärer Ereignisse und wegen seiner skandalösen Affäre mit der Tänzerin Lola Montez abdanken.

Zeit seines Lebens begeisterte sich Ludwig für die Antike. Im Schloss fand er eine Reihe von Modellen antiker Ruinen Roms vor, die Hofkonditor Carl May aus Kork zunächst als Tischaufsatz für festliche Tafeln geschaffen hatte. Im Klassizismus, der in der römischen und griechischen Architektur das unerreichte Vorbild sah, wuchs das Interesse an diesen Ruinen dermaßen, dass May sich schließlich ganz auf die Produktion von Korkmodellen verlegte und seine Schöpfungen auch ins Ausland verkaufte, wo man sie in Bildungseinrichtungen studierte; eine Reise nach Italien konnten sich nur Begüterte wie Goethe oder König Ludwig leisten.

Mays Sohn Georg perfektionierte die Herstellung und stieß in ganz neue Dimensionen vor. Sein für Ludwig I. angefertigtes Kolosseum hat einen Durchmesser von über dreieinhalb Metern. Zwei Räume im Schloss sind heute der mit 54 Exponaten weltweit größten Kollektion von aus Kork angefertigten Architekturmodellen gewidmet.

Als die Johannisburg 1945 ausbrannte, ging auch die an den Wänden befestigte Ausstattung der klassizistischen Stilräume verloren, während das Mobiliar zum Glück rechtzeitig in Sicherheit gebracht worden war. Mehrere Jahrzehnte dauerten Wiederaufbau und Rekonstruktion der Wohnräume von Erzbischöfen und Kaisern. Nachforschungen ergaben, dass in französischen Manufakturen die Originalvorlagen der Wandbespannungen erhalten geblieben waren, was die Arbeit erheblich erleichterte.

Werke von Lukas Cranach

Aschaffenburg besitzt im Schloss die größte Außenstelle der bayerischen Staatsgemälde-Sammlung. Sie präsentiert Dutzende von Arbeiten Lukas Cranachs des Älteren, seines Sohns und seiner Gesellen, dazu Werke des Rembrandt-Schülers Aert de Gelder und anderer flämischer und holländischer Meister.

Das städtische Schlossmuseum erinnert in Silberkammer und Jagdraum an die fürstliche Vergangenheit Aschaffenburgs. Auch wer moderne Malerei schätzt, wird fündig: Christian Schad (1894 bis 1982), Maler der Neuen Sachlichkeit, ist mit Porträts vertreten.

In Aschaffenburg hängt auch Schads Selbstbildnis »Die Umgebung« von 1967: Es zeigt den Maler in selbstbewusster Pose vor einer Kulisse mit der Rokokofigur Andromeda aus dem Veitshöchheimer Hofgarten, Pariser Prachtbauwerken und einer Straße an der Riviera. Dem auf seine Wirkung überaus bedachten Johann Schweickard von Kronberg hätte das Bild sicher gefallen.

Ein Fürst und seine Liebe zur Kunst

Schloss Weißenstein in Pommersfelden beeindruckt durch seine Gemäldegalerie

Ursula Düring

Schloss Weißenstein

Stimmengewirr und Hufgetrappel. Räder knirschen, Peitschen knallen. Kutsche um Kutsche holpert den kleinen Anstieg hoch, am Marstall vorbei, hinein in den Hof. Lothar Franz von Schönborn hat geladen. Ein barocker Genussmensch, ein geistlicher Fürst, Kurfürst-Erzbischof von Mainz und Fürstbischof von Bamberg, Zeitgenosse von Ludwig XIV., von Zar Peter dem Großen und August dem Starken.

Ein heiterer Mensch soll er gewesen sein, liebenswürdig, klug, von treffsicherer Menschenkenntnis. Und – nach eigener Einschätzung – befallen vom Bauwurm. Denn Schloss Weißenstein, einstmals ein kleines Wasserschlösschen, entspringt nicht nur seinem Bedürfnis nach Opulenz und Machtdemonstration, sondern seiner großen Liebe zu Kunst, Architektur und Malerei. Er, dem von Staats wegen mehrere Schlösser zustehen, leistet sich aus privater Kasse ein Eigenheim, das bis heute zum Hauptwerk des deutschen Barocks zählt und von seinen Nachfahren, der Familie von Schönborn, als Sommerresidenz genutzt wird. Nach nur siebenjähriger Bauzeit – Grundsteinlegung war am 1. Oktober 1711 – ist sein Traumschloss vollendet.

Stellen wir uns vor, wir gehören zu den geladenen Gästen. Die Türen zum zweistöckigen, sonnig-ockerfarben schimmernden Treppenhaus sind weit geöffnet. Seidene Röcke rauschen über flache Stufen. Neugierig und verstohlen schauen wir uns um: Stolpert jemand über seine perlenbesetzten Seidenschuhe? Verrutscht

Palmen und Blumenrabatten vor dem Schloss.

Die Orgel in der Schlosskapelle.

Edle Eingangstüren.

Öffnungszeiten
Mit über 800 Bildern ist die Schönbornsche Gemäldesammlung die größte in privater Hand. Zu besichtigen ist sie vom 1. April bis 31. Oktober während der Führungen zur vollen Stunde täglich von 10 bis 17 Uhr, letzte Führung 16 Uhr. Der englische Park mit alten Bäumen und Damwild ist das ganze Jahr über geöffnet.

Einkehrtipp
Die Schlossgaststätte bietet eine ansprechende Speise- und Getränkekarte. Übernachtungsmöglichkeiten im Schlosshotel.

Konzerte
Von Mitte Juli bis Mitte August stellen sich die internationalen Teilnehmer der Sommerakademie in regelmäßigen Konzerten vor.

Kontakt
Schloss Weißenstein
☎ (0 95 48) 98 18 - 0
www.schoenborn.de/
weissenstein.html

die hochdrapierte Perücke? Wie modisch ist das gewählte Gewand? Unsere Augen flitzen hin und her. Schielen durch die Arkaden zum farbenfrohen Deckenfresko hinauf, kehren um in Richtung Gastgeber.

Opulenter Marmorsaal

In seiner ganzen Pracht steht Lothar Franz dort oben. Empfängt Bücklinge, Knickse der Gäste. Dem Kaiser, der nie hier war, wäre er natürlich entgegengeschritten. Wer wem wie viele Schritte entgegengeht, wer wo wie viele Diener machen muss, bestimmt das Protokoll.

Gefeiert wird im opulenten Marmorsaal. In Öl blickt die gesamte Verwandtschaft von den Wänden, wohlgenährt und stattlich, nur manche Damen mit leiser Qual im Blick wegen der Dreißig-Zentimeter-Taillen, die in härtester Arbeit geschnürt wurden. Unter ihren Augen musizieren heute junge Künstler in diesem Saal. Sie sind für vier Wochen aus aller Welt angereist, um ihr Können an der Internationalen Sommerakademie des Collegium Musicum auf dem Schloss zu perfektionieren.

Zur Rekreation gibt es den Gartensaal, vom Grottierer mit allem ausdekoriert, was glitzert und funkelt: Glaskugeln, Perlmutt, Spiegel, schimmernde Steinchen, glänzende Splitter.

Das Fest ist zu Ende, Kutschen rollen vom Hof, der Gastgeber zieht sich in die Privatgemächer zurück. Schreitet über eingelegte Fußböden, streicht mit der Hand über die kostbare Wandtäfelung, wirft einen Blick ins repräsentative Spiegelkabinett. Bevor er, auf seinem Himmelbett sitzend, in Schlaf fällt, mag er noch ein paar Schritte durch seine Gemäldegalerie geschlendert sein. Er sammelt nämlich große Meister, lässt Werke von Rubens, Breughel, van Dyck, Tizian und Dürer in zeitgemäßer Formation an die Wände hängen. An die 2000 Gemälde zeitgenössischer Künstler hat er auf Auktionen zusammengetragen. Die Bilder erzählen in barocker Fülle von Tod und Leben, von frommem Denken, Idylle oder schreiendem Unrecht. So wie das Bild »Susanna und die beiden Alten«, auf dem sich Artemisia Gentileschi, eine der ganz wenigen Malerinnen ihrer Zeit, ihre Pein von der Seele gemalt hat.

Die Schlossanlage eines barocken Genussmenschen. Lothar Franz von Schönborn war »befallen vom Bauwurm«. Von Staats wegen standen ihm mehrere Schlösser zu, doch Schloss Weißenstein leistete er sich aus der Privatschatulle.

Bildnachweise

Alle Infografiken:
Jutta Glöckner, Heike Grigull

A

Reinhold Albert: Seite 160 (2)

Martina Amkreutz-Götz:
Seite 60 (2), 61

Anand Anders: Seite 145, 160

B

Kathrin Beck: Seite 56 (3)

Angelika Becker: Seite 14

Lena Berger: Seite 100

Katja Beringer: Seite 71

Günter Berthel: Seite 116, 136

Rudi Brantner: Seite 138

Stefanie Brantner: Seite 126

Alexandra Braun: Seite 40 (2)

Martha Braun: Seite 40 (2)

Markhard Brunecker:
Seite 34 (4), 35

Angela Bungert: Seite 159

Stefan Burkard: Seite 130, 131,
132, 133, 134 (3), 135, 137, 138 (2)

D

Beate Dahinten: Seite 120, 128

Wolfgang Dehm: Seite 58 (2), 59

Wolfgang Dünnebier:
Seite 106, 107

Ursula Düring: Seite 18 (2), 19,
56, 152 (3), 153, 154 (3), 155,
167, 168 (3), 170 (4), 171, 172 (4),
173, 174, 186 (4), 187

Ingrid Dusold: Seite 51

E

Silvia Eidel: Seite 84 (4), 85

Matthias Endriss: Seite 88

F

Siegfried Farkas:
Seite 94 (3), 102 (4), 103, 104

Christian Fenn: Seite 106

Michael Fillies: Seite 66 (2)

Norbert Finster: Seite 88, 89, 91

Waltraud Fuchs-Mauder:
Seite 74 (2), 75, 82 (4), 86 (4)

G

Alfred Gehring: Seite 16 (4), 17

Klaus Gimmler: Seite 122 (4),
123, 126, 128 (3), 129

Manfred Glass: Seite 118

Helmut Glauch: Seite 146 (4),
147, 148

Nils Graefe: Seite 12

Natalie Gress: Seite 136

Jutta Gruppe-May: Seite 144

H

Robert Haaß: Seite 48 (2), 49

Thomas Hälker: Seite 152

Gerlinde Hartel: Seite 120, 121

Jürgen Haug-Peichl: Seite 26

Herbert Hausmann: Seite 54

Heimatverein Botenlauben
Reiterswiesen: Seite 110

Eckhard Heise:
Seite 156, 158 (3), 160

Wolfgang Heß: Seite 64 (4), 65

Sebastian Heurich: Seite 98

Wiebke Höpfert: Seite 60, 62

Günter Hübner: Seite 42, 72

Helmut Hussong: Seite 53, 67

J

Christine Jeske: Seite 54, 57

K

Patricia Kaspar: Seite 76 (2)

Eva-Maria Kess:
Seite 14 (3), 15, 24 (4), 25

Ulrich Kind: Seite 136

Inken Kleibömer:
Seite 68 (3), 69

Andreas Knappe: Seite 48

Katharina Körber: Seite 96

Alfred Kordwig:
Seite 176 (2), 177

Eva Kreisel: Seite 150

Stefan Kritzer: Seite 156 (3)

Silke Kurzai:
Seite 144, 161, 162 (2)

L

Gerhard Launer / WFL GmbH:
Seite 144 (Foto von 2005)

Ursula Lippold: Seite 93, 94

Bianca Löbbert: Seite 54, 66

Roland Ludwig: Seite 78

M

Claudia Mahr: Seite 178, 179

Michael Mahr: Seite 96, 97,
98 (3), 99, 100 (3), 101

Torsten Maier: Seite 157

Gerhard Meissner: Seite 22

Uschi Merten: Seite 22 (3), 23

Kerstin Mittelsteiner: Seite 158

Michaela Moldenhauer: Seite 60

Claudia Müller:
Seite 144, 162 (2), 163

Theresa Müller: Titelbild
(Umschlag), Seite 12, 150 (2),
151, 182 (4), 183, 184

N

Franz Nickel: Seite 18

Jana Niedermeyer: Seite 90

O

Thomas Obermeier: Seite 9, 12

Wolfgang Ortloff: Seite 139

P

Michael Petzold:
Seite 112 (4), 113

Thomas Pfeuffer:
Seite 141, 142 (4), 150, 178 (2)

Roland Pleier: Seite 66, 108

R

Peter Rauch: Seite 108, 109

Renate Reichl: Seite 42, 50

Helmut Rienecker: Seite 26 (3)

Ilse Röding: Seite 76

Werner Ruf: Seite 79

Laszlo Ruppert:
Seite 74 (2), 78, 80, 87

S

Gerd Schaar: Seite 106 (2)

Josef Schäfer: Seite 72 (3)

Peter Scheubel: Seite 32

Oliver Schikora: Seite 96 (2)

Torsten Schleicher: Seite 38 (4),
41, 42 (2), 43, 48, 50 (2)

Herbert Schlerf: Seite 32 (2), 33

Monika Schmich: Seite 130

German Schneider:
Seite 116 (3), 120 (2), 126 (2),
127, 132 (3), 136, 138

Maria Schwab: Seite 18

Joachim Schwamberger:
Seite 27

Norbert Schwarzott:
Seite 11, 12, 20, 28 (4), 29, 30

Siegfried Sebelka:
Seite 44 (4), 45, 46

Katja Semleit: Seite 176

Gerold Snater: Seite 130 (2), 134

Irene Spiegel: Seite 108 (2)

Stadtarchiv Schweinfurt:
Seite 78

Klaus L. Stäck: Seite 32

Maximilian Stuhl: Seite 176

T

Anette Tiller: Seite 83

Tilman Toepfer: Seite 178, 180

U

Andreas Unbehaun:
Seite 76, 174 (3)

Johannes Ungemach: Seite 58

V

Norbert Vollmann: Seite 88 (2)

Regina Vossenkaul: Seite 164

W

Frank Weichhan: Seite 50

Bernd Weißbrod (DPA): Seite 168

Susanne Wiedemann:
Seite 54, 68

Eva Wienröder: Seite 154

Alois Wohlfahrt:
Seite 118 (3), 119, 124 (4), 125

Z

Schloss Zeilitzheim: Seite 90 (3)